Anton Ochsenkühn · Johann Szierbeck

iCloud & Apple-ID

Mehr Sicherheit für Ihre Daten im Internet

Anton Ochsenkühn · Johann Szierbeck

iCloud & Apple-ID
Mehr Sicherheit für Ihre Daten im Internet

Copyright © 2017 amac-buch Verlag

ISBN 978-3-95431-062-3

Hergestellt in Deutschland

Trotz sorgfältigen Lektorats schleichen sich manchmal Fehler ein. Autoren und Verlag sind Ihnen dankbar für Anregungen und Hinweise!

                amac-buch Verlag
                Erlenweg 6
                D-86573 Obergriesbach
                E-Mail: info@amac-buch.de
                http://www.amac-buch.de
                Telefon +49(0) 82 51/82 71 37
                Telefax +49(0) 82 51/82 71 38

Alle Rechte vorbehalten. Die Verwendung der Texte und Bilder, auch auszugsweise, ist ohne die schriftliche Zustimmung des Verlags urheberrechtswidrig und strafbar. Das gilt insbesondere für die Vervielfältigung, Übersetzung, die Verwendung in Kursunterlagen oder elektronischen Systemen. Der Verlag übernimmt keine Haftung für Folgen, die auf unvollständige oder fehlerhafte Angaben in diesem Buch zurückzuführen sind. Nahezu alle in diesem Buch behandelten Hard- und Softwarebezeichnungen sind zugleich eingetragene Warenzeichen.

Inhaltsverzeichnis

Vorwort — 6

Kapitel 1 – Apple-ID — 9

Was ist eine Apple-ID? — 10
Wofür kann die Apple-ID verwendet werden? — 10
Apple-ID erstellen bzw. einrichten — 11
   Voraussetzungen — 11
   Apple-ID in iTunes am Computer erstellen — 12
   Apple-ID auf dem Mac erstellen — 14
   Apple-ID auf dem iPhone bzw. iPad erstellen — 15
   Kostenlose icloud.com E-Mail-Adresse als Apple-ID — 17
Apple-ID verwenden — 18
   iPhone/iPad/iPod touch — 18
   Mac — 23
   Apple Watch — 33
Apple-ID auf dem Apple TV — 34
Zwei-Faktor-Authentifizierung für die Apple-ID — 35
   Anwendungsspezifische Passwörter — 39
Apple-ID-Kennwort vergessen – iForgot — 42
Account-Daten bearbeiten — 47
Apple-ID löschen — 54

Kapitel 2 – iCloud — 55

Datenschutz — 57
Voraussetzungen — 58
Welche Daten können bei iCloud abgelegt werden? — 60
   Mac — 60
   Windows — 61
   iOS-Geräte — 62
   Apple TV — 63
iCloud einrichten — 63
   Apple-ID — 63
   Einrichten am Mac — 63
   Einrichten unter Windows — 64
   iPad, iPhone und iPod touch — 66
Arbeiten mit iCloud — 70
Mail — 70
   Mail Drop für macOS und iOS — 71
Kontakte — 73
Kalender — 74
   Neue Kalender — 75
   Kalender freigeben — 76

Servereinstellungen	80
Erinnerungen	**81**
Erinnerungen freigeben	83
Internetbrowser	**85**
iCloud-Tabs	87
Notizen	**89**
Fotostream bzw. iCloud-Fotofreigabe	**90**
Fotos auf dem iPhone, iPad und Mac für iCloud konfigurieren	91
Objekte aus Fotostream entfernen	93
Bilder und Filme für andere Personen freigeben	94
Filme hochladen	99
Fotostreambilder weiterverwenden und kommentieren	100
Fotostream-Einstellungen ändern	102
Öffentliche Fotostreams	103
iCloud-Fotomediathek	105
iCloud Drive	**109**
iCloud Drive im Finder	110
iCloud Drive im Browser	111
Die App „Dateien" auf dem iPhone und iPad	**112**
Oberfläche	113
Dateiverwaltung mit iCloud Drive	114
Dateien teilen	115
Mit Tags arbeiten	116
Favoriten	118
Andere Cloud-Dienste nutzen	119
iCloud Drive am Mac nutzen	121
iCloud Drive und Windows	123
Schlüsselbund	**124**
iCloud-Schlüsselbund einrichten	124
iCloud-Schlüsselbund auf weiteren Geräten verwenden	124
Passwörter und Kreditkarten im Schlüsselbund speichern	125
Passwörter automatisch generieren lassen	129
Passwörter und Kreditkartendaten ändern	130
iPad/iPhone/Mac etc. suchen	**133**
Vorbereitungen für iPhone und iPad	133
Vorbereitungen für den Mac	134
Die Geräte mit der Web-Applikation suchen	135
Backups vom iPad/iPhone	**140**
Welche Daten werden gesichert?	140
Einstellungen	141
Backup wiederherstellen	143
Speicherplatz verwalten	**146**
iPhone, iPad und iPod touch	146
macOS	147
Windows	148
Wallet	**149**
Automatischer Download von Musik, Apps und Büchern	**150**
Zugang zu meinem Mac	**154**
Familienfreigabe	**157**
Einrichten	157
Familienmitglieder hinzufügen	159
Dienste für die gemeinsame Nutzung festlegen	161
Familienmitglieder entfernen und Freigabe stoppen	162

Handoff	163
Voraussetzungen für Handoff	165
Web-Applikationen	166
Mail	167
Kontakte	169
Kalender	171
Fotos	172
iCloud Drive	173
Notizen	174
Erinnerungen	175
iWork: Pages, Numbers und Keynote	176
Freunde	181
iPhone-Suche	182
Einstellungen von icloud.com	182
Systemstatus	184
iCloud entfernen	185
Funktionsüberblick	188

Kapitel 3 – iTunes und iCloud   191

iTunes und iCloud	192
Gekaufte Apps und Bücher erneut laden	194
Apps für iPhone und iPad erneut herunterladen	194
Gekaufte Artikel aus- und einblenden	196
Apps ausblenden auf dem iPhone oder iPad	198
Einkäufe im Mac App Store ein- und ausblenden	199
Noch nicht geladene iCloud-Titel ein- und ausblenden	201
Versehentliche Einkäufe widerrufen	202
Geräte zum Abspielen von Einkäufen verwalten	204
Privatfreigabe	207
Privatfreigabe auf dem iPhone und iPad	209
Zurück zur iPhone- bzw. iPad-Mediathek	211

Kapitel 4 – iTunes Match und Apple Music   213

iTunes Match	214
Wissenswertes	217
iTunes Match und Apple TV	219
Apple Music	220

Kapitel 5 – Meine Freunde finden   223

App „Meine Freunde suchen"	224
Eigener Standort	225
Freunde finden	227
Freunde entfernen	229
Zusätzliche Funktionen	230
Kindersicherung	232

Indexverzeichnis   233

Vorwort

Apple hat Ende 2011 mit iCloud einen Dienst zur Verfügung gestellt, der das Leben eines Apple-Anwenders erheblich erleichtert. Mit nur wenigen Klicks kann jeder Nutzer nun seine Daten der Apple-Endgeräte, wie iPhone, iPad, iPod touch, Apple Watch oder Apple TV, untereinander oder auch mit einem Computer abgleichen. Dabei ist es völlig unerheblich, ob es sich um einen Mac oder einen Windows-PC handelt.

Notwendig hierfür ist der Einsatz einer Apple-ID. Über diese können nicht nur Einkäufe in den Stores für Musik, Apps, Bücher etc. (App Store, iBooks Store usw.) getätigt werden. Apple entwickelt ständig neue Dienste, die eine Apple-ID zwingend voraussetzen, dem Anwender dafür jedoch jede Menge Zusatznutzen bieten. Neben FaceTime oder iMessage ist dies vor allem der kostenfreie Dienst iCloud.

Ist die Einrichtung von iCloud erfolgreich vollzogen, läuft der Datenabgleich über die Apple-Wolke vollautomatisch ab. Schießen Sie beispielsweise mit der iPhone-Kamera ein Foto, so kann dieses sofort in die Datenwolke kopiert werden und steht dann am Computer oder auf einem iPad in Sekundenschnelle zur Verfügung. Ganz einfach!

Genauso rasch und zuverlässig klappt die Synchronisation mit Kalender-, Kontakt- und Lesezeichendaten. iCloud macht also wirklich richtig Spaß. Apples Wolke ist nicht nur sehr einfach einzurichten, sie funktioniert zuverlässig und hält zudem die eingesetzten Geräte immer up to date. Und das Beste: iCloud ist kostenlos, sofern weniger als 5 GByte Datenvolumen benötigt wird. Darüber hinaus gibt es preisgünstige Upgrades.

Über die Backup-Funktion von iOS werden ohne Ihr Zutun die wichtigen Daten Ihres iPhones bzw. iPads im Handumdrehen auf Apples Server übertragen und stehen dort jederzeit zur Verfügung.

„Sind meine Daten denn auch sicher?", lautet die berechtigte Frage vieler Anwender. Ja, denn Apple verschlüsselt standardmäßig die komplette Kommunikation mit der iCloud. Und durch die Zwei-Faktor-Authentifizierung können Sie zudem selbst dazu beitragen, dass niemand an Ihre persönlichen Informationen herankommen kann.

In diesem Buch zeigen wir Ihnen, wie einfach Sie eine Apple-ID erstellen und wie Sie dann den iCloud-Dienst aktivieren, um dessen vielfältige Funktionen an den verschiedenen Geräten nutzen zu können.

So bleibt uns nur noch übrig, Ihnen viel Freude beim Ausprobieren zu wünschen.

Johann Szierbeck und Anton Ochsenkühn

November 2017

Kapitel 1 Apple-ID

Jeder, der schon einmal etwas online bei Apple erworben hat, kennt die Apple-ID. Die meisten Anwender verwenden sie nur, um bei Apple etwas zu kaufen, aber mit ihr kann man noch viel mehr machen. Sie wird beim Gebrauch von Apple-Geräten bei sehr vielen Gelegenheiten eingesetzt bzw. ist bei einigen Funktionen sogar dringend erforderlich. Aus diesem Grund wollen wir Ihnen in diesem Kapitel den Umgang mit der Apple-ID etwas näherbringen.

 Wer bereits mehrere Apple-IDs besitzt, hat derzeit leider keine Möglichkeit, diese zu einer einzigen zusammenzufassen (Stand: Oktober 2017). Zurzeit können Sie nur die **Familienfreigabe** verwenden, mit deren Hilfe Sie verschiedene Apple-IDs gemeinsam nutzen bzw. zusammenfassen können (siehe Kapitel 2 ab Seite 157).

Was ist eine Apple-ID?

Wie der Name schon vermuten lässt, ist eine Apple-ID ein Identifikationsschlüssel, der dem Inhaber die Kommunikation mit den unterschiedlichen Diensten von Apple erleichtert. Anstatt bei jedem Einkauf im App Store oder iTunes Store immer wieder seine persönlichen Daten wie Name, Adresse und Bezahlmethode anzugeben, reicht die Verwendung der Apple-ID. Dadurch weiß Apple, wer den Einkauf tätigt, an welche Adresse das gekaufte Produkt geschickt werden muss und wie abgerechnet wird. Der Einkauf ist aber nur ein Aspekt für den Einsatz der Apple-ID. Mit ihr kann noch einiges mehr gemacht werden.

Wofür kann die Apple-ID verwendet werden?

Am häufigsten wird die Apple-ID im App Store, Mac App Store, iTunes Store, iBooks Store oder Apple Store verwendet, also kurz gesagt, für den Einkauf bei Apple. Dafür ist die Apple-ID sogar zwingend erforderlich. Im Zusammenhang mit mobilen Geräten wie dem iPhone oder iPad wird die Apple-ID noch anderweitig eingesetzt. Dazu gehören der kostenlose iCloud-Dienst von Apple, FaceTime, iMessage und iCloud Drive.

 Selbst Mac-Computer profitieren von einer Apple-ID. Durch eine Apple-ID können Sie mit FaceTime einen Video- bzw. Audiochat durchführen. Und der Netzwerkzugriff auf den eigenen Rechner kann ebenfalls über eine Apple-ID erfolgen.

Sie sehen also, die Apple-ID bietet einige Vorteile, und da sie kostenlos ist, steht dem Einrichten nichts mehr im Wege.

Kapitel 1 Apple-ID

Apple-ID erstellen bzw. einrichten

Eine Apple-ID kann auf vielfache Weise erstellt werden. Sie können eine neue Apple-ID auf dem iPhone, iPad, iPod touch oder in iTunes, dem Apple Store, dem Mac App Store oder übers Internet via *https://appleid.apple.com/de* auf dem Rechner anlegen. Dabei ist die Vorgehensweise immer gleich. Wir wollen Ihnen anhand von iTunes und iPhone zeigen, wie Sie eine Apple-ID einrichten.

Voraussetzungen

Die Mindestvoraussetzung, die Sie beim Erstellen einer neuen Apple-ID erfüllen müssen, ist der Besitz einer gültigen E-Mail-Adresse. Diese wird nicht nur gebraucht, damit Ihnen Apple die Rechnungen für die diversen Einkäufe schicken kann, sondern sie ist auch gleichzeitig der Name der Apple-ID. Wenn Sie also z. B. beim Einrichten die E-Mail-Adresse *josef.muster@mustermann.de* angeben, wird diese E-Mail-Adresse als Apple-ID definiert. Für zukünftige Anmeldungen in den diversen Online-Stores von Apple müssen Sie dann diese E-Mail-Adresse verwenden.

Für den Einkauf im Apple Store und bei iTunes benötigen Sie zusätzlich eine Kreditkarte oder einen Gutscheincode. Je nach Land stehen noch andere Bezahlmethoden zur Verfügung, wie z. B. PayPal in Deutschland und Österreich. Außerdem ist es möglich, die Einkäufe via Handyrechnung zu bezahlen. Das hängt aber vom Mobilfunkanbieter ab. In Deutschland können Kunden von O2 und Vodafone die Einkäufe von den diversen Stores über die Handyrechnung bezahlen.

Gutscheincodes für die Stores können z. B. in diversen Elektronikmärkten (wie Media Markt oder Saturn) und Supermärkten gekauft werden, oder Sie lassen sich zum Geburtstag einen Gutschein für den iTunes Store von Ihren Lieben schenken.

Haben Sie die Voraussetzungen (E-Mail-Adresse, Bezahlmethode) erfüllt, können Sie damit beginnen, die Apple-ID einzurichten.

Apple-ID erstellen bzw. einrichten

Apple-ID in iTunes am Computer erstellen

Um eine Apple-ID einzurichten, nutzen Sie das Programm iTunes, das es sowohl für Mac als auch für Windows gibt. Wenn Sie iTunes starten, finden Sie im Menü *Account* die Funktion *Anmelden*. In dem darauffolgenden Dialogfenster finden Sie dann die Funktion *Neue Apple-ID erstellen*. Damit werden Sie automatisch zum iTunes Store geleitet, und es wird eine Schritt-für-Schritt-Anleitung angezeigt, die Ihnen beim Einrichten der Apple-ID behilflich ist.

Im Anmeldedialog für den iTunes Store können Sie eine neue Apple-ID erstellen.

Zuerst gelangen Sie zur Eingabemaske für die Apple-ID. Dort geben Sie im Feld *E-Mail* eine gültige E-Mail-Adresse ein, die dann auch als Apple-ID verwendet wird. Danach müssen Sie ein Passwort für die Apple-ID definieren. Das Passwort muss mindestens acht Zeichen lang sein und eine Ziffer und einen Groß- und einen Kleinbuchstaben enthalten, ansonsten wird es von Apple nicht akzeptiert.

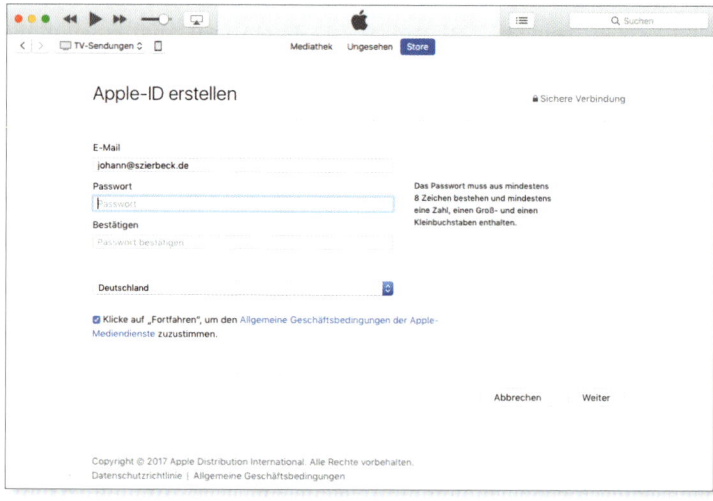

Die E-Mail-Adresse wird als Apple-ID verwendet.

 Vergessen Sie nicht, die **Allgemeinen Geschäftsbedingungen** zu akzeptieren, da Sie ansonsten nicht weitermachen können.

Das nächste Eingabefenster beschäftigt sich mit Ihren persönlichen Daten, also Name und Geburtsdatum. Außerdem müssen Sie hier drei Sicherheitsfragen festlegen. Diese werden benötigt, falls Sie die Einstellungen Ihrer Apple-ID zu einem späteren Zeitpunkt ändern wollen. Damit wird sichergestellt, dass keine fremden Personen Ihre Apple-ID verwenden.

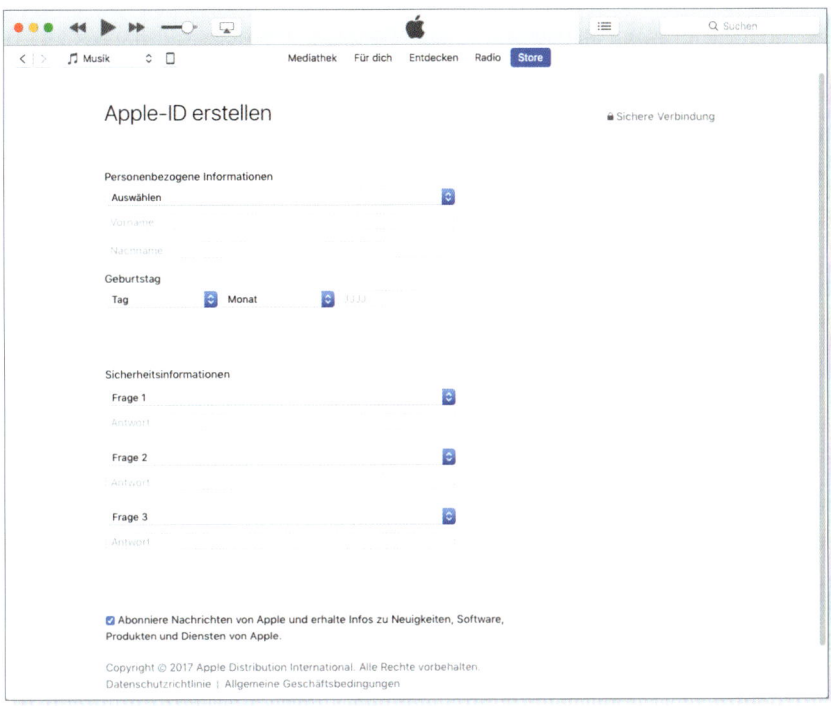

In diesem Fenster werden Ihr Name und drei Sicherheitsfragen hinterlegt.

Wenn Sie die Sicherheitsfragen festgelegt haben, klicken Sie auf *Weiter*, um zur nächsten Seite zu gelangen. Dort müssen Sie im oberen Bereich die Daten für die Bezahlmethode hinterlegen. Im unteren Bereich werden die persönlichen Daten für die Rechnungsanschrift eintragen.

Apple-ID erstellen bzw. einrichten

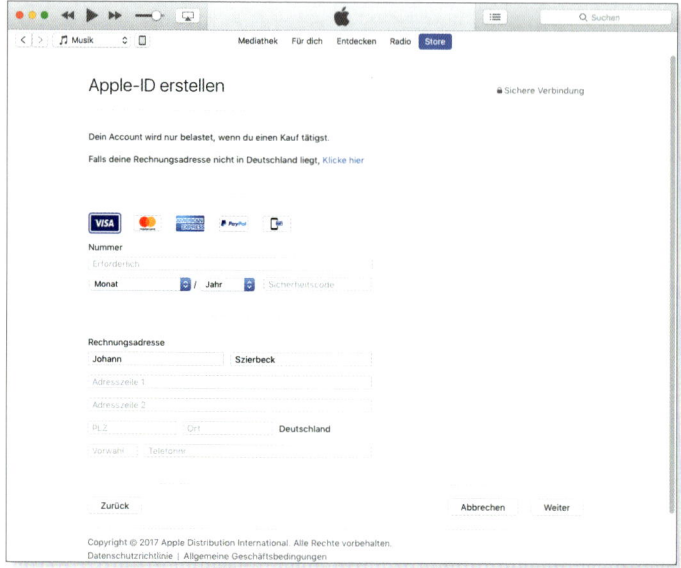

Die Eingabemaske für die Zahlungsart und die persönlichen Daten.

Haben Sie alles korrekt eingetippt, können Sie auf die Schaltfläche *Weiter* rechts unten klicken. Daraufhin wird ein mehrstelliger Bestätigungscode an Ihre E-Mail-Adresse geschickt. Damit soll gewährleistet werden, dass die richtige Person die neue Apple-ID beantragt hat. Erst nach Eingabe dieses Codes ist Ihre neue Apple-ID eingerichtet und kann sofort für den Einkauf in den diversen Stores verwendet werden.

Apple-ID auf dem Mac erstellen

Wenn Sie im Besitz eines Macs sind, dann können Sie eine neue Apple-ID auch über die *Systemeinstellungen* bei *iCloud* erstellen. Dort klicken Sie auf Apple-ID erstellen und folgen den Anweisungen am Bildschirm. Wie bei iTunes müssen Sie einige Angaben zu Ihrer Person machen.

Eine Apple-ID kann auf dem Mac in den „Systemeinstellungen" erstellt werden.

Kapitel 1 Apple-ID

Apple-ID auf dem iPhone bzw. iPad erstellen

Um auf dem iPhone oder iPad eine Apple-ID zu erstellen, gibt es mehrere Wege. Sie können den Weg über den *App Store*, den *iTunes Store* oder die *Einstellungen* gehen. Die Vorgehensweise ist dabei immer dieselbe. Wir haben uns für den Weg über die *Einstellungen* entschieden. In den *Einstellungen* finden Sie an erster Stelle die Funktion *Beim iPhone/iPad anmelden*. Tippen Sie auf diese Funktion. Nun erscheint ein Anmeldedialog, wo Sie die Option *Noch keine Apple-ID oder hast du sie vergessen?* finden. Wählen Sie diese Option aus und tippen Sie anschließend auf *Apple-ID erstellen*.

In den „Einstellungen" auf dem iPhone bzw. iPad kann eine neue Apple-ID erstellt werden.

Als Erstes müssen Sie Ihr Geburtsdatum angeben, damit festgelegt werden kann, welche Dienste auf dem Gerät verfügbar sein sollen. Danach folgt die Eingabe von Vor- und Nachname.

Nach der Eingabe des Namens müssen Sie die E-Mail-Adresse für die Apple-ID festlegen. Dabei können Sie entweder eine bereits vorhandene beliebige Adresse ❶ verwenden oder eine Gratis-E-Mail-Adresse von iCloud einrichten ❷ wie z. B. *max.mustermann@icloud.com*.

 Wenn Sie eine E-Mail-Adresse von iCloud erstellen, wird automatisch die Zwei-Faktor-Authentifizierung aktiviert. Mehr darüber erfahren Sie ab Seite 35.

Apple-ID erstellen bzw. einrichten

Welche E-Mail-Adresse soll für die Apple-ID verwendet werden?

Nach der E-Mail-Adresse legen Sie das Passwort für die Apple-ID fest. Dieses muss mindestens acht Zeichen lang sein. Außerdem muss mindestens eine Zahl und ein Großbuchstabe enthalten sein. Um Ihre Identität zu bestätigen, wird Ihnen per Textnachricht oder Anruf ein Bestätigungscode durchgegeben. Diesen müssen Sie dann entsprechend eingeben.

Jetzt müssen Sie nur noch den Nutzungsbestimmungen zustimmen und Ihre neue Apple-ID ist eingerichtet. Anschließend können Sie die neue Apple-ID nutzen, um sich bei iCloud anzumelden.

Nachdem die Apple-ID angelegt ist, können allerdings noch nicht in den Stores einkaufen. Dazu muss erst Ihr Profil vervollständigt werden. Es fehlen ja noch die Angaben über Ihre Adresse und die Bezahlmethode. Ihr Profil lässt sich auch im App Store oder iTunes Store vervollständigen.

Im „App Store" können Sie die Daten Ihrer Apple-ID vervollständigen, um in den Stores einkaufen zu können.

Wenn Sie z. B. im App Store auf das Symbol für den Account tippen Ⓐ, müssen Sie zuerst Ihre Apple-ID und das dazugehörige Passwort eingeben Ⓑ. Danach erhalten Sie die Meldung, dass die Apple-ID noch niemals für den Einkauf verwendet wurde und sie überprüft werden muss Ⓒ. Damit gelangen Sie nun zu den Eingabemasken um Ihr Profil zu vervollständigen. Schritt-für-Schritt werden Sie u. a. nach Ihrer Anschrift und der Bezahlmethode gefragt. Erst wenn diese Daten angegeben wurden, können Sie den Einkauf in den Stores beginnen.

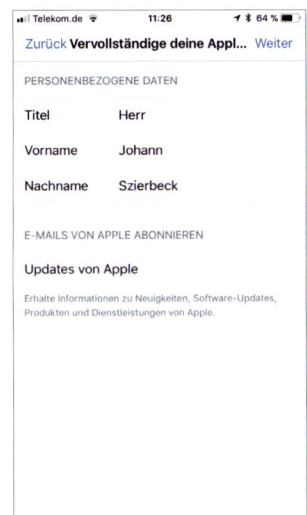
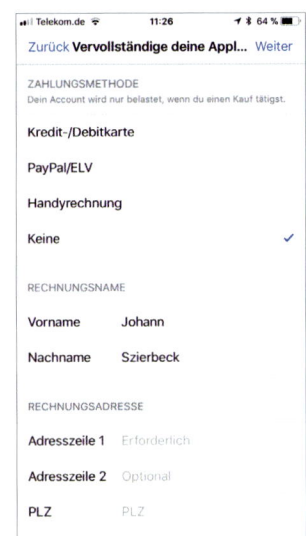

Die Angaben für die Apple-ID können nun vervollständigt werden.

Kostenlose icloud.com E-Mail-Adresse als Apple-ID

Viele Anwender nutzen ihre eigene E-Mail-Adresse für die Apple-ID. Sie können aber ebenso eine kostenlose Adresse bei icloud.com erzeugen, um die Nutzung der diversen Apple Stores von Ihren restlichen Einkäufen und Tätigkeiten abzugrenzen. Die kostenlose E-Mail-Adresse hat noch weitere Vorteile, so wird die 2FA-Sicherung sofort eingerichtet und man muss sie nicht per E-Mail bestätigen. Sie ist sofort aktiv und kann genutzt unmittelbar werden.

Es gibt zwei Wege, zum Erwerb einer kostenlosen E-Mail-Adresse für eine Apple-ID:

1. Wenn Sie auf einem iOS-Gerät eine Apple-ID einrichten (*Einstellungen –> [Ihr Name]*), gibt es die Option *Gratis E-Mail von iCloud* anzulegen. Diese E-Mail-Adresse hat dann die Endung *@icloud.com*.
2. Auf dem Mac öffnen Sie *Systemeinstellungen –> iCloud*. Wenn Sie dort eine neue Apple-ID anlegen, haben Sie ebenso die Auswahlmöglichkeit eine

17

E-Mail-Adresse von icloud.com zu verwenden. Diese hat ebenfalls immer die Endung *@icloud.com*.

Am Mac kann man für die Apple-ID eine kostenlose E-Mail-Adresse von icloud.com anlegen.

 Unter Windows gibt es zur Zeit keinerlei Möglichkeit, eine kostenlose E-Mail-Adresse von iCloud anzulegen. Sie benötigen also zuvor eine normale E-Mail-Adresse, mit deren Hilfe Sie eine Apple-ID anlegen und dann iCloud einrichten können.

Apple-ID verwenden

Wenn Sie eine Apple-ID besitzen, dann haben Sie damit die Eintrittskarte für die unterschiedlichen Kaufangebote und Dienste von Apple. Da Apple verschiedene Online-Stores und Dienste anbietet, wollen wir Ihnen nun zeigen, wo die Apple-ID beim Einkaufen eingesetzt wird. Beginnen wollen wir mit den mobilen Geräten.

iPhone/iPad/iPod touch

Auf den mobilen Geräten von Apple wird die Apple-ID am häufigsten benötigt, da es dort die meisten Online-Stores von Apple gibt. Folgende Stores und Dienste benötigen auf dem iPhone, iPad oder iPod touch eine Apple-ID:

- App Store
- iTunes Store
- iBooks Store
- FaceTime
- iMessage (ab iOS 5)
- iCloud (ab iOS 5)

App Store, iTunes Store und iBooks Store

Für diese drei Stores gibt es eine zentrale Einstellung für die Angabe der Apple-ID. In den *Einstellungen* bei *[Ihr Name] –> iTunes & App Store* muss die Apple-ID eingetragen werden. Nachdem Sie die Apple-ID und das zugehörige Passwort angegeben haben, können Sie in den drei Stores einkaufen.

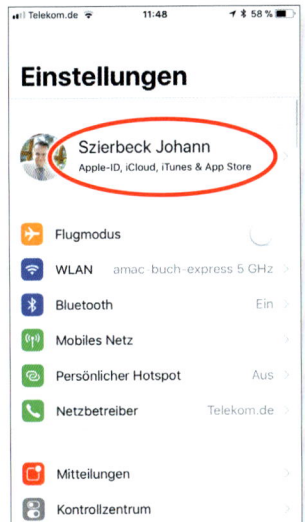 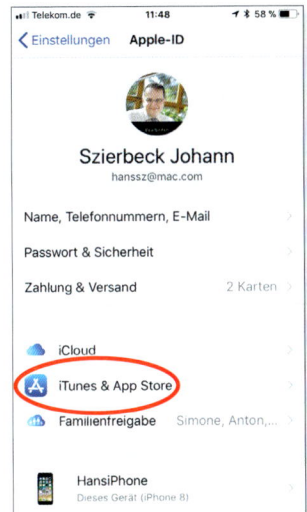 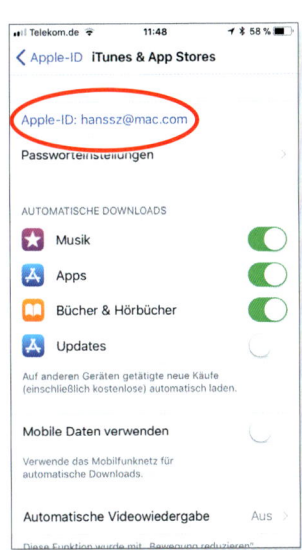

In den Einstellungen wird die Apple-ID zentral für die unterschiedlichen Stores hinterlegt.

 Obwohl der App Store und der iBooks Store kostenlose Produkte anbieten, wird zum Download eine Apple-ID benötigt. Selbst wenn Sie nichts kaufen, sondern nur die kostenlosen Angebote nutzen wollen, kommen Sie um eine Apple-ID nicht herum.

Alternativ zur Apple-ID können Sie Ihren Fingerabdruck oder beim iPhone X Ihr Gesicht für den Einkauf verwenden. Apple nennt diese Funktion *Touch ID* bzw. *Face ID*. Die neueren iPhone- und iPad-Modelle besitzen einen Fingerabdrucksensor, und das iPhone X hat eine Gesichtserkennung. Die iPhone-Modelle ab 5s sowie die iPad-Modelle ab iPad Air 2 und Mini 3 haben den Fingerabdrucksensor und können somit einen Fingerabdruck für den Einkauf in den diversen

Apple-ID verwenden

Stores verwenden. Dafür muss in den *Einstellungen* bei *Touch ID & Code* bzw. *Face ID & Code* (iPhone X) die Option *App und iTunes Stores* eingeschaltet sein.

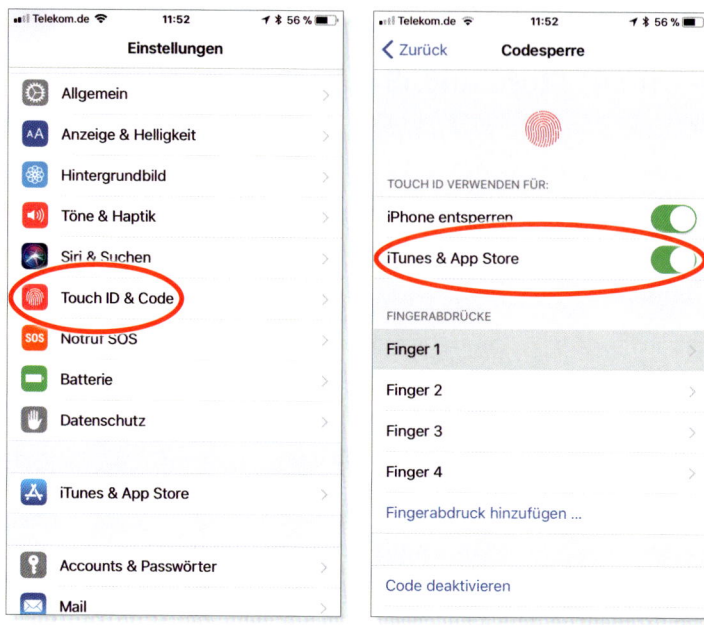

Damit Ihr Fingerabdruck zum Einkaufen verwendet werden kann, muss „Touch ID" richtig konfiguriert sein.

> **!** Touch ID ist eine sehr sichere Technologie. So wird z. B. beim Aufzeichnen eines Fingerabdrucks nicht das Bild des Fingers gesichert, sondern lediglich eine mathematische Darstellung. Ein tatsächlicher Fingerabdruck kann aus dieser mathematischen Darstellung nicht hergeleitet werden. Des weiteren wird der Fingerabdruck in einem eigenen Chip im Gerät gespeichert und ist vor dem Zugriff durch andere Apps geschützt. Der Fingerabdruck wird auch nicht zu Apple übertragen, sondern verbleibt nur auf dem iPhone bzw. iPad. Ebenso sicher ist die Face ID! Über elektronische Komponenten auf der Oberseite des Gerätes wird Ihr Gesicht mit über 30.000 Punkten abgescannt. Diese Daten werden nur im iPhone abgelegt und dienen der eindeutigen Identifikation.

FaceTime und iMessage

FaceTime ist ein Dienst von Apple, mit dessen Hilfe Sie Videochats bzw. Telefonate führen können. Und dafür benötigen Sie eine gültige Apple-ID. FaceTime gibt es seit iOS 4, ab dem iPhone 4 und ab dem iPad 2.

iMessage hingegen ist eine Funktion, die es seit iOS 5 gibt. Mit diesem Dienst können Sie Nachrichten inklusive Bilder, Videos (SMS bzw. MMS) und Audionachrichten kostenlos über das Internet verschicken. Anstatt den SMS-Dienst des Providers zu nutzen, der ja nicht kostenlos ist, wird mit iMessage die Nachricht übers Internet auf das Zielgerät verschickt. Voraussetzung dafür ist nur, dass der Sender und der Empfänger über eine gültige Apple-ID verfügen.

Beim Einrichten der Apple-ID wird diese automatisch für FaceTime und iMessage verwendet. Sie können das bei den *Einstellungen* unter *[Ihr Name] –> Name, Telefonnummern, E-Mail* kontrollieren. Dort sind die E-Mail-Adressen aufgelistet, mit denen Sie via FaceTime und iMessage zu erreichen sind. Und Ihre Apple-ID ist hier bereits angegeben. Sie können weitere E-Mail-Adressen hinzufügen, wenn Sie auf *Bearbeiten* und anschließend auf *E-Mail oder Telefon hinzufügen* tippen.

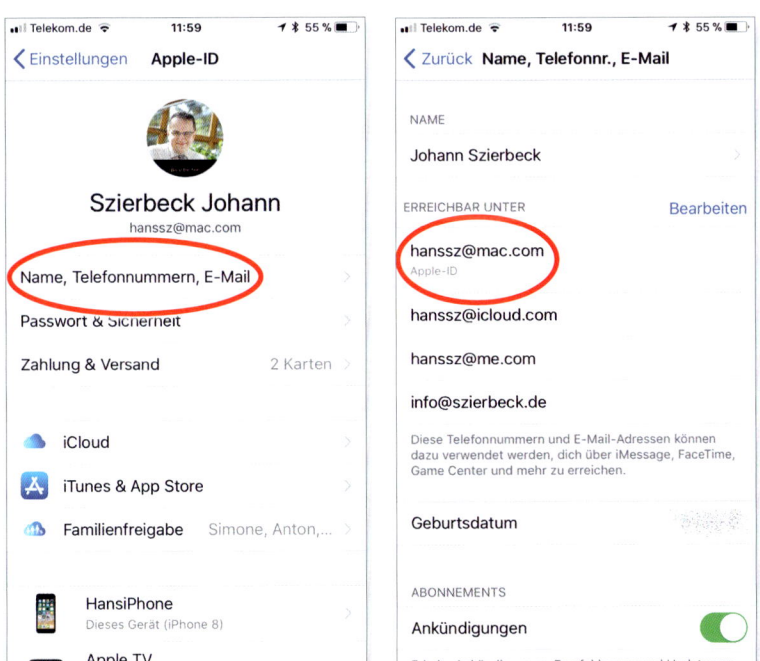

Für die Nutzung von FaceTime und iMessage wird eine Apple-ID benötigt.

Apple-ID verwenden

! FaceTime kann auch mit dem mobilen Datennetz benutzt werden. Dazu müssen Sie in den **Einstellungen** bei **Mobiles Netz** im Bereich **Mobile Daten** die Option **FaceTime** aktivieren. Das funktioniert allerdings erst ab iOS 5 und ab dem iPhone 4S und iPad 2.

Mit der App *Nachrichten* auf dem iPad oder iPhone kann eine iMessage an einen Teilnehmer verschickt werden, der diesen Dienst ebenfalls aktiviert hat. Eine iMessage ist beim Erstellen einer Nachricht an der blauen Farbe zu erkennen.

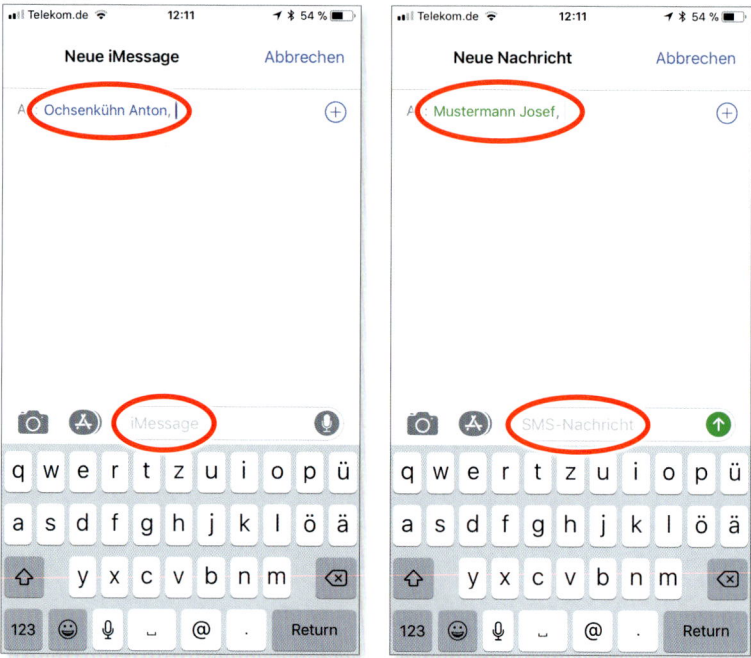

Eine iMessage erkennt man an der blauen Farbe (links), im Unterschied zu einer normalen SMS (rechts), die mit grüner Farbe dargestellt wird.

iCloud

iCloud ist ein weiterer kostenloser Dienst von Apple, der seit iOS 5 angeboten wird und eine Apple-ID benötigt. Wie man iCloud einrichtet bzw. wo man die Apple-ID angeben muss, können Sie im Kapitel 2 nachlesen.

Mac

Die mobilen Geräte von Apple sind nicht die einzigen Nutznießer einer Apple-ID. Auch der Mac profitiert davon, denn auch auf ihm lassen sich Einkäufe tätigen bzw. einige kostenlose Apple-Dienste nutzen.

iTunes Store

Mit dem Programm *iTunes* bekommt man Zugang zum iTunes Store (Musik, Filme, TV-Sendungen, Podcasts und Hörbücher). Für den iBooks Store (E-Books) benötigen Sie die App *iBooks*. Und wie bei den mobilen Geräten brauchen Sie für den Einkauf eine Apple-ID.

Die Apple-ID kann auf mehreren Wegen in iTunes eingetragen werden. Falls Sie Ihre Apple-ID mit iTunes erstellt haben (siehe Seite 12), dann sind Sie bereits angemeldet. Sie können dies im Menü *Account* überprüfen: Wenn am Beginn des Menüs Ihr Name bzw. Ihre Apple-ID angezeigt wird, sind Sie bereits angemeldet. Falls Sie noch nicht angemeldet sind, so können Sie dies nachholen, indem Sie die Funktion *Anmelden* aus dem Menü *Account* wählen. In der App *iBooks* am Mac ist der Menüpunkt *Store* hierfür zuständig.

Sie können im „Account"-Menü kontrollieren, ob Sie bereits angemeldet sind.

Bei der Anmeldung wird ein Anmeldedialog geöffnet, in dem Sie nun Ihre Apple-ID mit dem dazugehörigen Passwort eingeben müssen. Nach der Bestätigung der Eingabe wechselt die Anzeige im Menü *Account*.

Apple-ID verwenden

Die Apple-ID wird für die Anmeldung im iTunes Store benötigt.

Mac App Store

Seit Januar 2011 betreibt Apple für die Macs einen Store zum Download von Software. Genauso wie im App Store auf dem iPhone/iPad/iPod touch kann der Anwender kostenlose und gebührenpflichtige Programme für seinen Mac herunterladen bzw. die gekaufte Software mit automatischen Updates aktuell halten.

Die Anmeldung beim Mac App Store ist genauso einfach wie bei iTunes. Sie können entweder die Funktion *Anmelden* im Menü *Store* oder im Bereich *Alles auf einen Klick* auf der rechten Fensterseite verwenden.

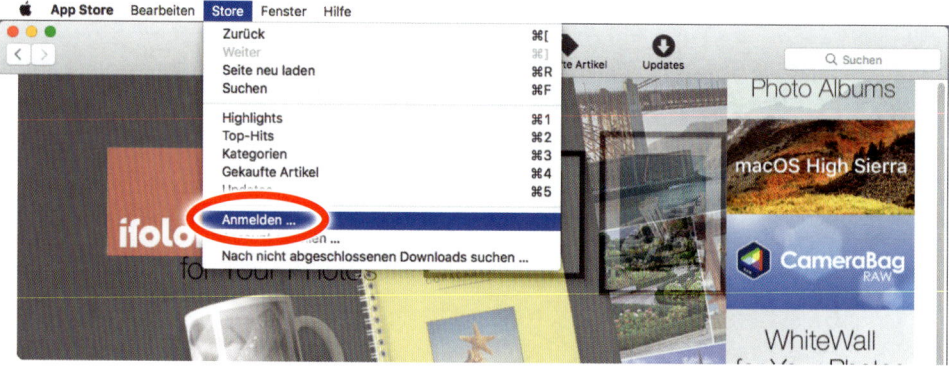

Die Anmeldung im Mac App Store.

In beiden Fällen wird ein weiteres Fenster geöffnet, in dem Sie nun Ihre Apple-ID und das entsprechende Passwort eintippen müssen. Falls Sie noch keine Apple-ID besitzen, können Sie dort eine neue beantragen bzw. erstellen.

Die Apple-ID wird für die Anmeldung im Mac App Store benötigt.

Nach der erfolgreichen Anmeldung wird Ihr Name im Bereich *Alles auf einen Klick* auf der rechten Fensterseite angezeigt. Dort finden Sie dann auch eine Anzeige über Ihr aktuelles Guthaben bei Apple.

Im Bereich „Alles auf einen Klick" wird das Guthaben angezeigt.

> Mit iCloud lassen sich Apps, die Sie am Mac erworben haben, automatisch auf andere Rechner übertragen. Sie müssen nur in den **Systemeinstellungen** bei **App Store** die Option **Gekaufte Apps automatisch auf andere Macs laden** aktivieren. Alle Macs müssen dabei die gleiche Apple-ID verwenden.

Apple-ID verwenden

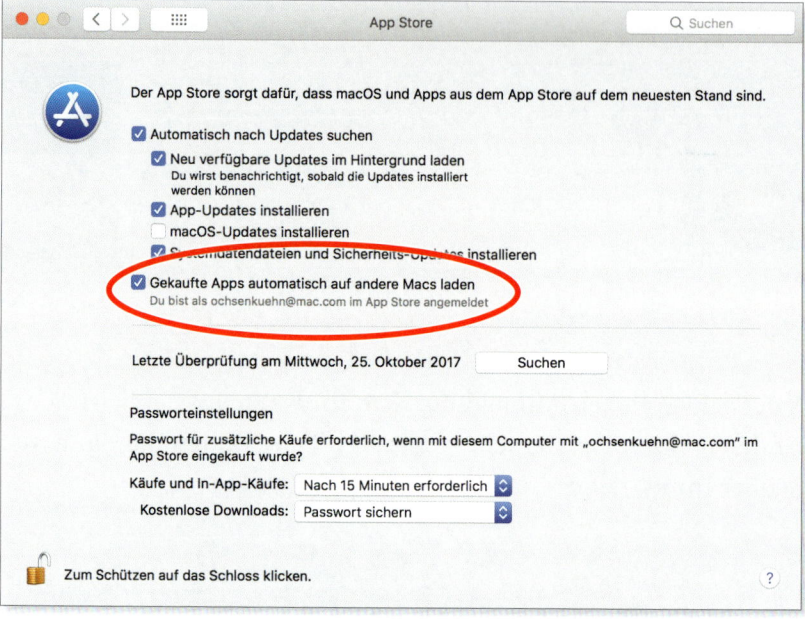

Die erworbenen Apps auf dem Mac können automatisch auf andere Rechner übertragen werden.

FaceTime

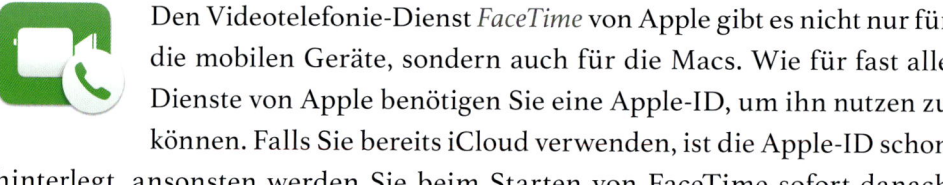 Den Videotelefonie-Dienst *FaceTime* von Apple gibt es nicht nur für die mobilen Geräte, sondern auch für die Macs. Wie für fast alle Dienste von Apple benötigen Sie eine Apple-ID, um ihn nutzen zu können. Falls Sie bereits iCloud verwenden, ist die Apple-ID schon hinterlegt, ansonsten werden Sie beim Starten von FaceTime sofort danach gefragt.

Anschließend geben Sie zusätzlich die E-Mail-Adressen an, unter denen Sie per FaceTime erreichbar sein möchten. Nach erfolgreicher Aktivierung wird die Apple-ID in den *Einstellungen* angezeigt und automatisch als Standard-Empfängeradresse für einen FaceTime-Anruf verwendet.

FaceTime benötigt ebenfalls die Apple-ID.

Seit iOS 7 ist der Audiochat in FaceTime integriert. So wie mit Skype können Sie auch via FaceTime einen Anruf zu anderen iOS-Geräten oder Macs tätigen, der nicht über das Mobilfunknetz, sondern über das Internet läuft.

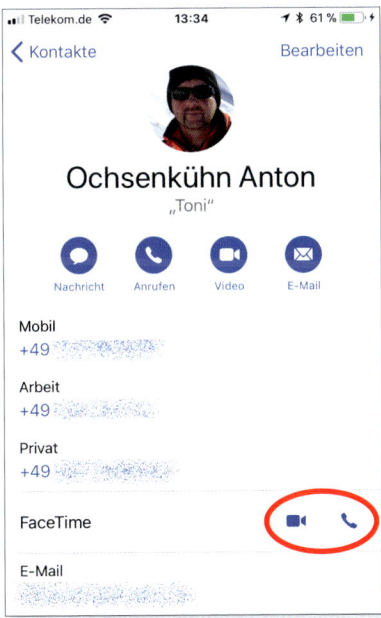

FaceTime kann Video- und auch Audiochats durchführen.

Nachrichten

Seit OS X Mountain Lion ist es möglich, auch auf dem Mac iMessages zu verschicken. Und wie auf dem iPhone oder iPad benötigt das Programm *Nachrichten* auf dem Mac dazu eine Apple-ID, um iMessages zu verschicken und zu empfangen.

Die Apple-ID ist im Programm *Nachrichten* in den *Einstellungen* (*cmd + Komma*) in der Rubrik *Accounts* hinterlegt. Normalerweise steht dort die Apple-ID, mit der Sie auch die iCloud auf Ihrem Mac betreiben. Wollen Sie eine andere verwenden, können Sie sie hier ändern.

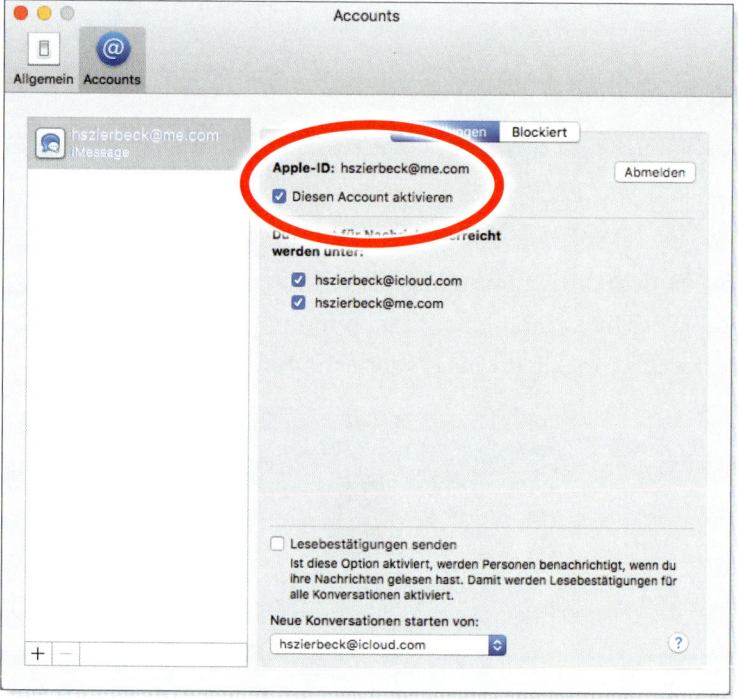
Das Programm „Nachrichten" auf dem Mac benötigt die Apple-ID zum Versenden und Empfangen von iMessages.

Besonders clever ist, dass eine Unterhaltung, die am Computer begonnen wurde, dann einfach unterwegs mit dem iPhone oder iPad fortgesetzt werden kann. Denn alle Nachrichten – ein- oder ausgehend – werden via Apple-ID an alle Geräte automatisch versendet (per Push). So werden Sie wichtige Informationen nicht mehr verpassen.

Verwendung unter macOS

Selbst unter macOS kommt die Apple-ID an verschiedenen Stellen zum Einsatz:
- Wenn Sie mit *FileVault* Ihre Daten auf dem Mac-Rechner verschlüsseln möchten, so kann Ihr Account für die Wiederherstellung zum Einsatz kommen.

„FileVault" verfügt zum einen über ein Kennwort und kann alternativ einen Wiederherstellungsschlüssel erzeugen oder eben Ihre Accountdaten verwenden.

- Selbst der Netzwerkzugriff auf den eigenen Rechner kann über die Apple-ID erfolgen.

Netzwerkzugriff über die Apple-ID.

Apples Onlineshop

Neben den vielen Stores auf den einzelnen Geräten hat Apple einen Onlineshop, der mit jedem Internetbrowser angesteuert werden kann. In Deutschland erreicht man den Shop unter *apple.de*, der österreichische Shop hat die Adresse *apple.at*, und in der Schweiz lautet sie *apple.ch*. Im Onlineshop verkauft Apple hauptsächlich eigene Hardware, also iPhones, iPads, Apple Watch und Macs sowie Zubehör zu den Apple-Geräten.

Apple-ID verwenden

> **!** Für den Einkauf im Onlineshop kann die Apple-ID ebenso verwendet werden. Der Onleshop ist jedoch der einzige Store von Apple, für den Sie nicht unbedingt eine Apple-ID benötigen. Sie können auch als einmaliger „Gast" einkaufen. Der Vorteil der Apple-ID sind aber die bereits eingetragenen Daten wie Rechnungs- bzw. Lieferanschrift und die Bezahlmethode. Sie können beim Bezahlen im Shop also direkt durchstarten und müssen keine lästigen Angaben mehr zu Rechnungs- oder Lieferadresse machen.

Die Apple-ID wird im Onlineshop erst beim Bezahlen angegeben. Wenn Sie also den Warenkorb mit Artikeln gefüllt haben und dann zur Kasse gehen, werden Sie aufgefordert, entweder Ihre Apple-ID anzugeben oder sich als Gast anzumelden.

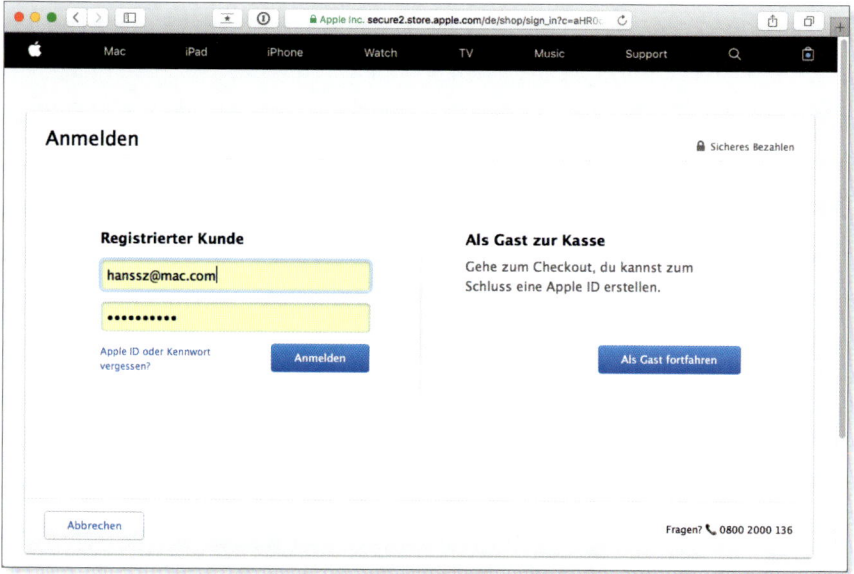

Erst beim Bezahlen kann die Apple-ID angegeben werden.

Nach der Anmeldung erhalten Sie eine Übersicht über die ausgewählten Artikel, in der nun auch automatisch Ihre Adresse und Ihre Bezahlmethode eingetragen sind. Sie müssen nur noch die Bestellung kontrollieren und abschicken.

Es gibt auch eine eigene App für den Apple Store. In der App können Sie direkt die Apple-Produkte ansehen und kaufen. Der Umweg über einen Internetbrowser entfällt damit. Bezahlt wird auch hier wieder mit Ihrer Apple-ID bzw. den Bezahlmethoden, die Sie dafür hinterlegt haben.

Mit der App „Apple Store" können Sie auf dem iPhone oder iPad im Onlineshop von Apple stöbern und einkaufen.

Nachrichten – SMS-Empfang und -Versand

Ab der iOS-Version 8 können Sie mit macOS und der App *Nachrichten* auf dem Mac oder dem iPad ebenso „normale" SMS- bzw. MMS-Nachrichten versenden und empfangen. Nötig hierfür ist die einmalige Verbindungsherstellung zwischen dem Computer bzw. dem iPad und dem iPhone sowie die gleiche Apple-ID für iCloud. Öffnen Sie dazu auf dem iPhone die *Einstellungen* und wechseln zu *Nachrichten*. Dort finden Sie dann den Punkt *SMS-Weiterleitung*, wo der Mac aufgelistet ist. Sobald Sie diesen aktivieren, werden das iPhone und der Mac bzw. das iPad gekoppelt. Eine Sicherheitsabfrage gewährleistet die korrekte Verbindung der Geräte. Auf die gleiche Weise kann natürlich die SMS-Weiterleitung jederzeit wieder deaktiviert werden.

Nach der Eingabe des Codes ist die Verbindung hergestellt.

Apple-ID verwenden

Nun können Sie am Rechner an beliebige Mobilfunknummern SMS-Nachrichten versenden. Dabei werden diese über das iPhone verschickt.

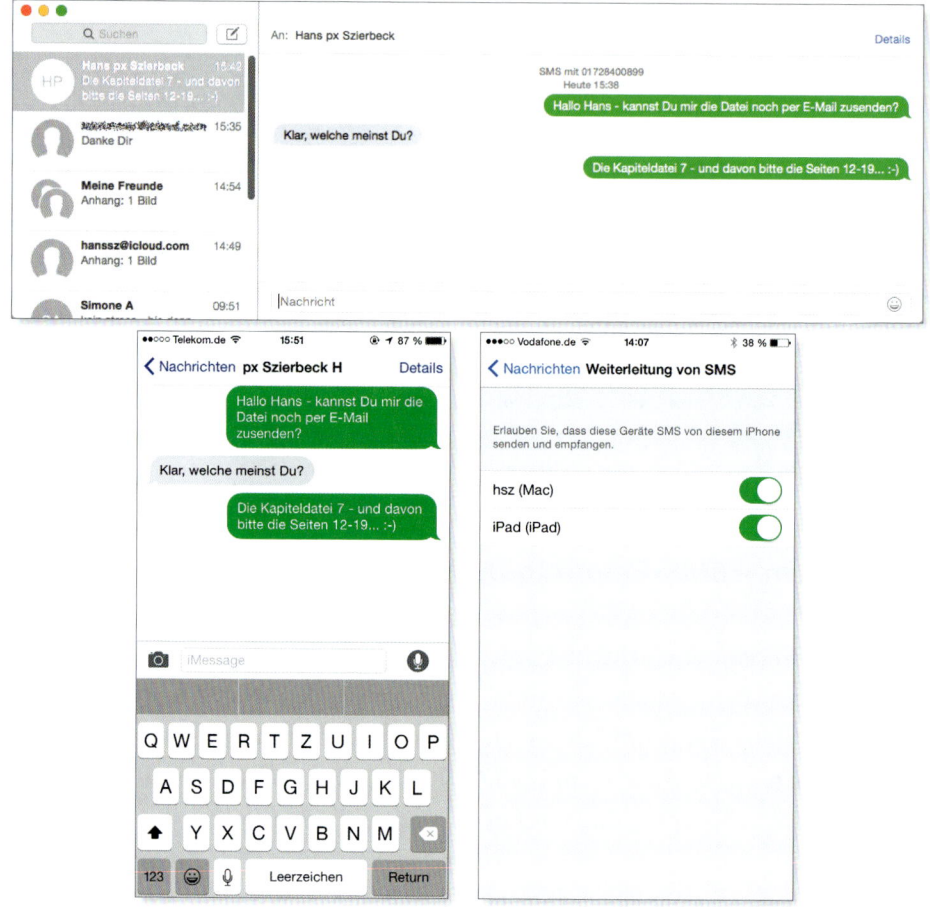

Die Nachrichten-App kann den ausgewählten Geräten SMS- und MMS-Nachrichten senden und empfangen.

Persönlicher Hotspot

Eine weitere Funktion, die ohne Apple-ID nicht möglich ist, ist die Nutzung des iPhones oder iPads als Hotspot für die Einwahl ins Internet. Stellen Sie sich vor, Sie sind mit Ihrem Laptop unterwegs und wollen ins Internet, besitzen aber keinen Surfstick, sondern „nur" ein iPhone. In solchen Fällen, können Sie die Internetverbindung des iPhones auf dem Rechner nutzen. Dazu müssen Sie die beiden Geräte nur verbinden, und zwar über den persönlichen Hotspot.

Als Voraussetzung für den Aufbau eines Hotspots muss auf beiden Geräten die gleiche Apple-ID verwendet werden und Bluetooth und WLAN aktiviert sein.

Auf dem Mac finden Sie dann im WLAN-Symbol rechts oben in der Menüleiste das iPhone oder iPad im Bereich *Persönlicher Hotspot* aufgelistet. Wenn Sie das angezeigte Gerät auswählen, wird eine drahtlose Verbindung aufgebaut, und Sie können am Mac oder Windows Laptop über das iPhone/iPad im Internet surfen.

Der Mac kann den Internetzugang des iPhones nutzen.

Apple Watch

Selbst die Apple Watch benötigt eine Apple-ID, damit die Kommunikation mit einem iPhone reibungslos läuft. Beim Einrichten der Apple Watch wird der Anwender aufgefordert, eine Apple-ID anzugeben. Diese wird auf der Apple Watch zum Versenden von Nachrichten und der Datenübergabe benötigt. Sie können die Apple-ID, die auf der Watch hinterlegt ist, nachträglich eintragen oder ändern: Starten Sie dazu die *Watch-App* auf dem iPhone und navigieren Sie zu *Allgemein –> Apple-ID*.

Für die Nutzung der Apple Watch wird eine Apple-ID benötigt.

Apple-ID auf dem Apple TV

Beim Apple TV kommt die Apple-ID ebenfalls zum Einsatz. Denn ohne eine Apple-ID können Sie das Apple TV nicht nutzen. Die Apple-ID wird nicht nur für das Ausleihen von Filmen benötigt, sondern auch, um mit Hilfe von Fotostream Ihre Bilder auf einem großen HD-Fernseher zu betrachten. Auch die Privatfreigabe (siehe Kapitel 3 ab Seite 207) benötigt eine Apple-ID.

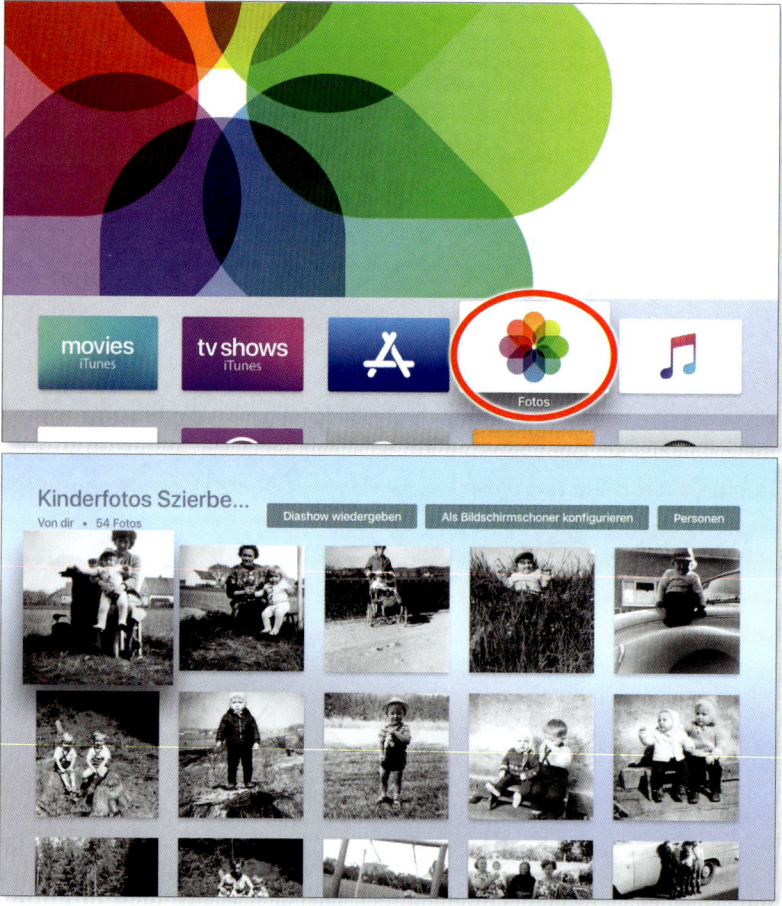

Mit „Apple TV" können Fotostreams auf einem HD-Fernseher betrachtet werden.

Auf dem Apple TV können Sie nicht nur Filme vom iTunes Store ausleihen, sondern auch direkt Musik kaufen. Auch dafür benötigen Sie eine Apple-ID. Die gekaufte Musik ist natürlich nicht nur auf dem Apple TV verfügbar, sondern wird Ihrer Apple-ID gutgeschrieben und ist somit auf allen registrierten Abspielgeräten vorhanden.

Die Apple-ID zum Einkauf von Musik bzw. Ausleihen von Filmen wird zentral in den *Einstellungen* bei *Accounts* hinterlegt.

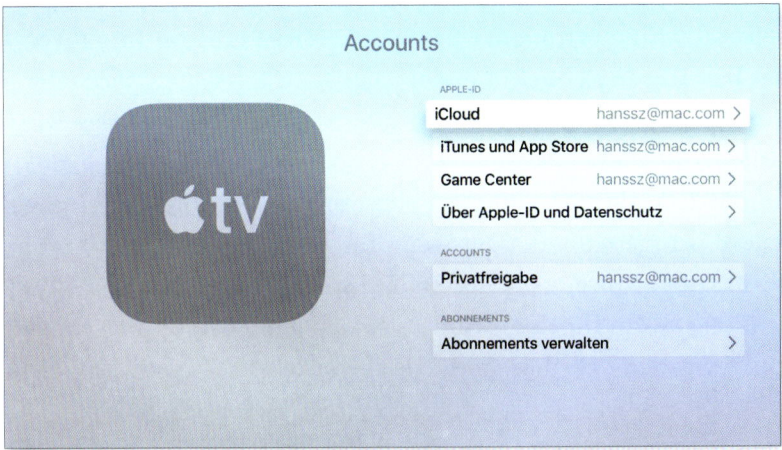

Auch für die Nutzung des Apple TV wird eine Apple-ID benötigt.

Zwei-Faktor-Authentifizierung für die Apple-ID

Die Apple-ID ist der wichtige Pass für die Nutzung der Apple-Geräte, der Stores und der iCloud-Dienste. Dementsprechend sollte sie auch ganz besonders gesichert werden. Die Apple-ID ist normalerweise durch ein Kennwort geschützt. Das Kennwort selbst muss zwingend mindestens eine Ziffer und einen Großbuchstaben enthalten. Dadurch wird es schon ziemlich sicher. Allerdings kann es doch passieren, dass böse Menschen Ihr Kennwort herausfinden und dann damit uneingeschränkt Zugang zu Ihrem iCloud-Account haben und sogar in den diversen Stores einkaufen können.

Apple stellt aus diesem Grund eine Zwei-Faktor-Authentifizierung, kurz 2FA, für die Apple-ID zur Verfügung. Diese ist aber standardmäßig ausgeschaltet und muss von Ihnen zuerst konfiguriert werden.

Zwei-Faktor-Authentifizierung für die Apple-ID

Wenn Sie beim Anlegen einer neue Apple-ID eine kostenlose E-Mail-Adresse von iCloud nutzen, wird die 2FA sofort aktiviert. Nur wenn Sie eine eigene E-Mail-Adresse für Ihre Apple-ID verwenden, ist die 2FA standardmäßig ausgeschaltet.

Wenn Sie die 2FA einrichten, registrieren Sie ein oder mehrere vertrauenswürdige Geräte. Ein vertrauenswürdiges Gerät ist ein von Ihnen verwendetes Gerät, das Bestätigungscodes über den Dienst *Mein iPhone suchen* oder per SMS empfangen kann. Allerdings muss mindestens eine SMS-fähige Rufnummer angegeben werden.

Sobald die 2FA aktiv ist, müssen Sie immer, wenn Sie sich anmelden, um Ihre Apple-ID zu verwalten, oder wenn Sie von einem neuen Gerät aus einen Einkauf im iTunes Store, App Store oder iBooks Store tätigen, zur Bestätigung Ihrer Identität sowohl Ihr Kennwort als auch einen Bestätigungscode eingeben, der an das vertrauenswürdige Gerät geschickt wird.

Die 2FA wird übrigens auch benötigt, wenn Sie mit einer Apple Watch Ihren Mac entsperren wollen.

Die 2FA können Sie auf dem iPhone, Pad oder Mac aktivieren. Wir zeigen Ihnen, wie Sie auf dem iPhone die 2FA aktivieren können. Öffnen Sie dazu die *Einstellungen –> [Ihr Name]* und tippen auf Ihre Apple-ID. Tippen Sie anschließend auf *Passwort & Sicherheit*, dort finden Sie dann die Funktion *Zwei-Faktor-Authentifizierung einrichten*.

Sollten Sie in der Vergangenheit die alte Zweistufige-Bestätigung für Ihre Apple-ID eingerichtet haben, dann müssen Sie diese zuerst deaktivieren, bevor Sie die 2FA nutzen können. Öffnen Sie das Internetportal **appleid.apple.com** und loggen sich ein. Anschließend klicken Sie im Bereich **Sicherheit** auf **Bearbeiten** und deaktivieren die Zweistufige-Bestätigung.

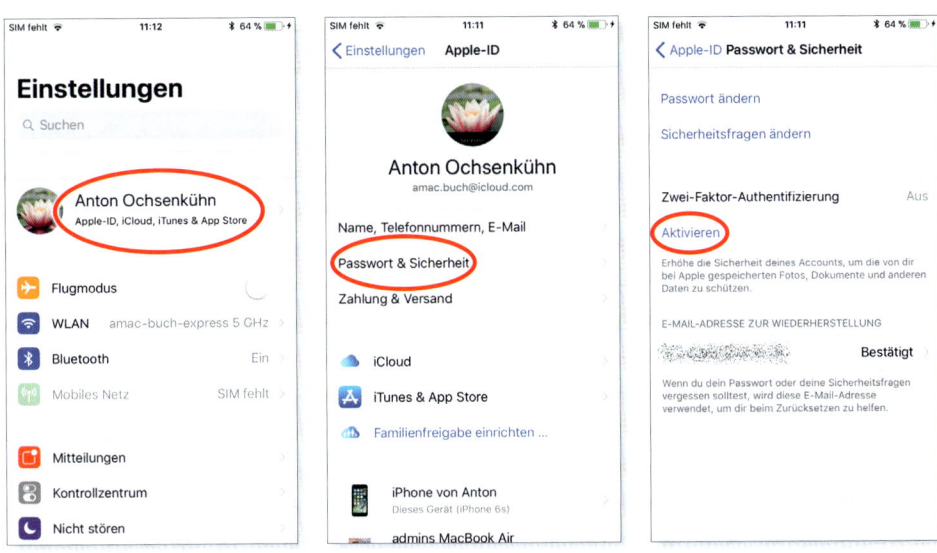

Die „Zwei-Faktor-Authenifizierung" wird in den iCloud-Einstellungen eingerichtet.

Mit einer Schritt-für-Schritt-Anleitung werden Sie durch das Einrichten der 2FA geführt. Halten Sie dafür die Telefonnummer für ein Gerät bereit, das SMS-Nachrichten empfangen kann. Im Laufe der Installation erhalten Sie einen Zahlencode per SMS, der als Bestätigung eingegeben werden muss.

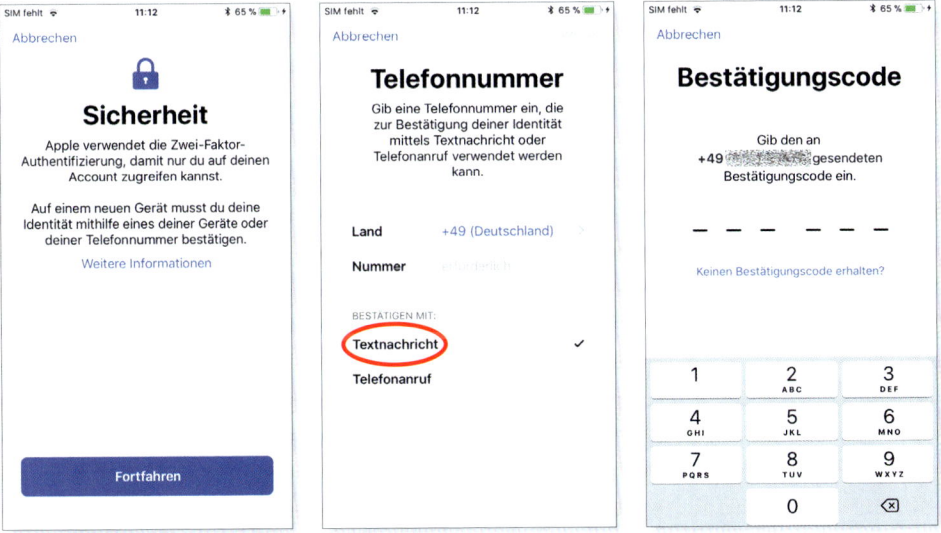

Im Lauf der Einrichtung müssen Sie eine Telefonnummer für den Empfang von Textnachrichten angeben.

Haben Sie alle Schritte durchgeführt und den Bestätigungscode eingegeben, ist die Zwei-Faktor-Authentifizierung aktiviert. Ab sofort können Sie also Ände-

Zwei-Faktor-Authentifizierung für die Apple-ID

rungen an Ihrem Account oder Einkäufe mit einem neuen Gerät (iPad, iPhone, Mac, Windows) nur unter Verwendung der Zwei-Faktor-Authentifizierung tätigen. Sie benötigen dazu in Zukunft also das Passwort Ihrer Apple-ID und den 6stelligen zugesendeten Code, den Sie jedes Mal neu erhalten. Damit ist ein sehr guter Schutz Ihres Accounts bzw. Ihrer Apple-ID gewährleistet.

Wollen Sie die Daten Ihrer Apple-ID einsehen oder ändern, benötigen Sie den 6stelligen Code, ...

... der per Textnachricht an Ihr vertrauenswürdiges Gerät geschickt wird.

Anwendungsspezifische Passwörter

Beim Einsatz der zweistufigen Sicherung können Sie zusätzlich eigene Passwörter für fremde Anwendungen definieren, die Zugriff auf das iCloud-Konto haben müssen. Dazu zählen z. B. E-Mail-Programme wie Outlook oder Thunderbird, mit denen Sie Ihre iCloud-E-Mail-Adresse verwalten. Doch warum sollte man anwendungsspezifische Passwörter definieren?

Stellen Sie sich mal vor, Ihr Rechner wird ausspioniert oder gelangt in falsche Hände. Bisher konnten böse Menschen durch z. B. das Auslesen des Thunderbird-Schlüsselbunds das Passwort für die Apple-ID erhalten und hatten damit Vollzugriff auf Ihr Apple-Konto. Das ist mit dem speziellen Passwort für die jeweilige Anwendung nun nicht mehr möglich. Wird dieses Passwort erbeutet, haben zwar die Hacker Zugriff auf Ihr iCloud-Mail-Konto und das Adressbuch, eine Anmeldung bei Apple oder iTunes mit Ihrer Apple-ID hingegen ist nicht mehr möglich. Außerdem können Sie die anwendungsspezifischen Passwörter jederzeit über die Einstellungen Ihrer Apple-ID wieder deaktivieren bzw. löschen.

Einrichten

Das Einrichten eines speziellen Passworts für eine andere Anwendung ist relativ einfach. Voraussetzung dafür ist die zweistufige Sicherung Ihrer Apple-ID (siehe vorhergehenden Abschnitt). Zuerst müssen Sie sich bei *appleid.apple.com* anmelden. Scrollen Sie anschließend zum Bereich *Sicherheit*. Dort finden Sie dann die Funktion *Anwendungsspezifische Passwörter*. Klicken Sie dort auf *Passwort erstellen*.

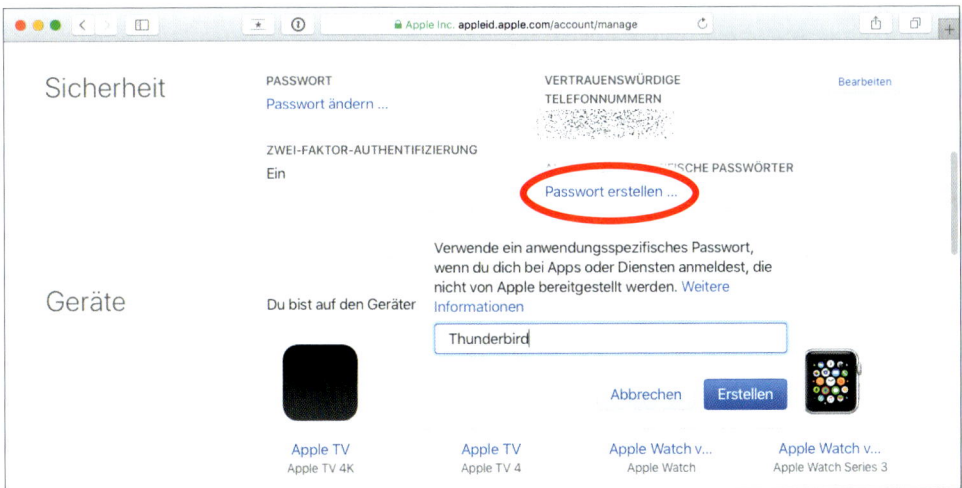

Ein anwendungsspezifisches Passwort wird erstellt.

Zwei-Faktor-Authentifizierung für die Apple-ID

Wenn Sie die Funktion anklicken, werden Sie aufgefordert, einen Verwaltungsnamen zu vergeben wie z. B. Thunderbird oder Outlook. Dieser ist wichtig, damit Sie die unterschiedlichen Passwörter besser verwalten und bei Bedarf auch wieder entfernen können. Sobald Sie die Eingabe des Namens bestätigen, erhalten Sie ein automatisch generiertes Passwort angezeigt. Dieses können Sie dann ab sofort für die fremden Anwendungen nutzen.

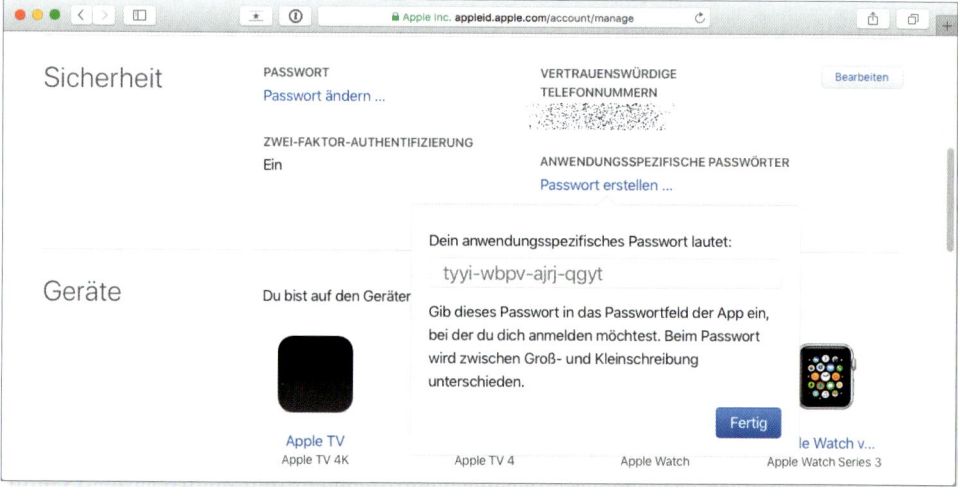

Nach der Vergabe des Namens erhalten Sie das Passwort.

 Sie können bis zu 25 Passwörter für andere Anwendungen anlegen.

Entfernen

Die anwendungsspezifischen Passwörter können jederzeit wieder entfernt werden. Dazu klicken Sie zuerst auf *Bearbeiten* ❶, damit die erweiterten Funktionen eingeblendet werden. Anschließend klicken Sie auf *Verlauf anzeigen* ❷. Nun werden alle Passwörter aufgelistet und Sie müssen nur noch auf das x-Symbol ❸ klicken, um ein Passwort zu löschen.

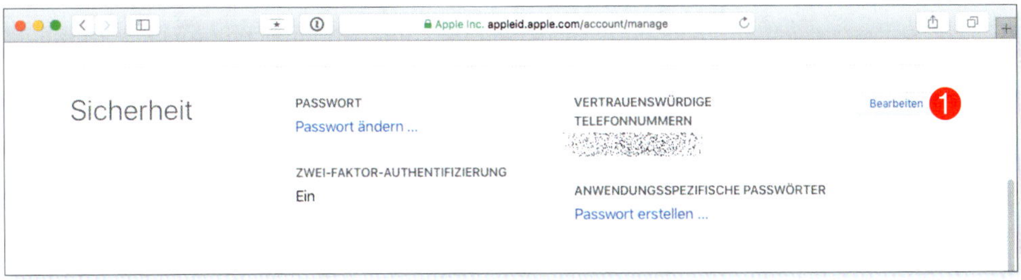

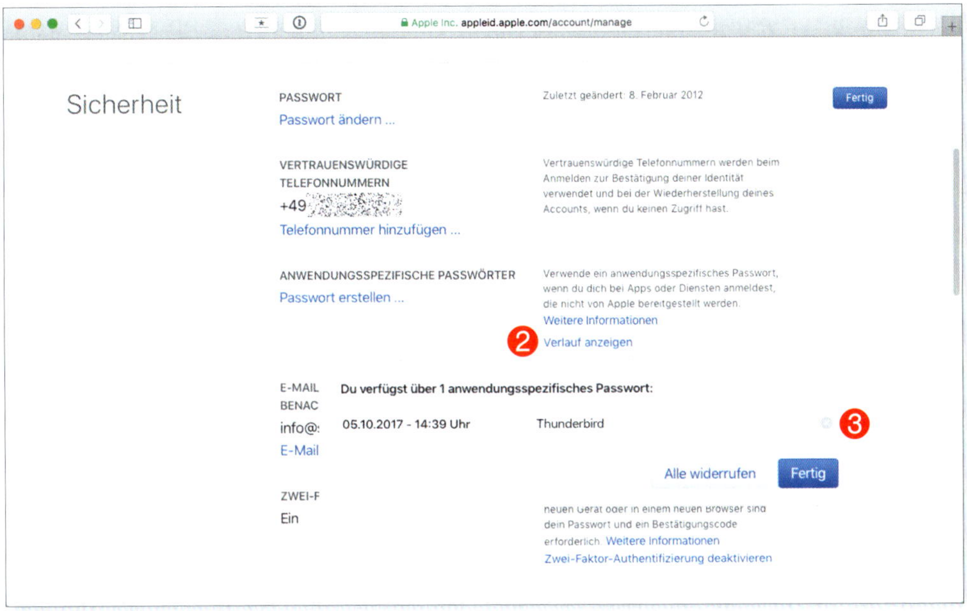

Anwendungsspezifische Passwörter lassen sich sehr leicht wieder entfernen.

Apple-ID-Kennwort vergessen – iForgot

Bei der großen Anzahl von Einsatzmöglichkeiten einer Apple-ID kann es leicht geschehen, dass man das Passwort dafür vergisst, besonders im Hinblick auf die Tatsache, dass für die Apple-ID das Passwort mindestens acht Zeichen haben muss, von denen mindestens eines eine Ziffer und ein Großbuchstabe sein muss. Drei identische aufeinanderfolgende Zeichen sind nicht erlaubt. Bei diesen Beschränkungen ist es schwer, sich ein Passwort auszudenken und es dann auch nicht wieder zu vergessen.

Falls Sie das Passwort für Ihre Apple-ID vergessen haben, ist das aber kein Beinbruch. Apple hat eine Funktion zum Zurücksetzen eines Passworts mit dem Namen „iForgot" in den Apple-Account integriert.

Das Passwort für die Apple-ID lässt sich mit Hilfe eines Internetbrowsers zurücksetzen. Unter der Adresse *iforgot.apple.com* können Sie das Portal für das Zurücksetzen des Apple-ID-Passworts aufrufen. Alternativ dazu können Sie auf dem iPhone, iPad oder iPod touch in die *Einstellungen* zu *iTunes & App Stores* gehen und dort, wenn die Apple-ID bereits eingetragen ist, auf die *Apple-ID* tippen oder, falls die Apple-ID noch nicht angegeben ist, auf *Apple-ID* oder *Passwort vergessen*. Im ersten Fall erhalten Sie ein Fenster, das neben der Anmeldung und Erstellung einer neuen Apple-ID auch den Punkt *iForgot* enthält. Wenn Sie diesen Punkt antippen, werden Sie automatisch auf das Internetportal von iForgot geleitet.

„iForgot" kann über die Store-Einstellungen am iPhone oder iPad aufgerufen werden.

Im zweiten Fall werden Sie sofort zur Internetseite weitergeleitet. Auf dem Internetportal von iForgot müssen Sie zunächst Ihre Apple-ID eingeben und im nächsten Schritt auswählen, welche Information zurückgesetzt werden soll. Entweder das Passwort oder die Sicherheitsfragen.

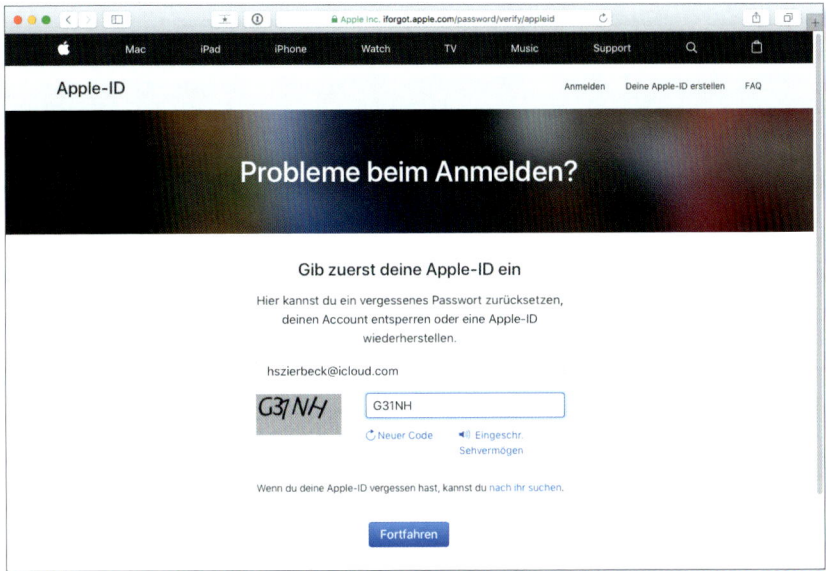

Zuerst muss die Apple-ID angegeben werden, …

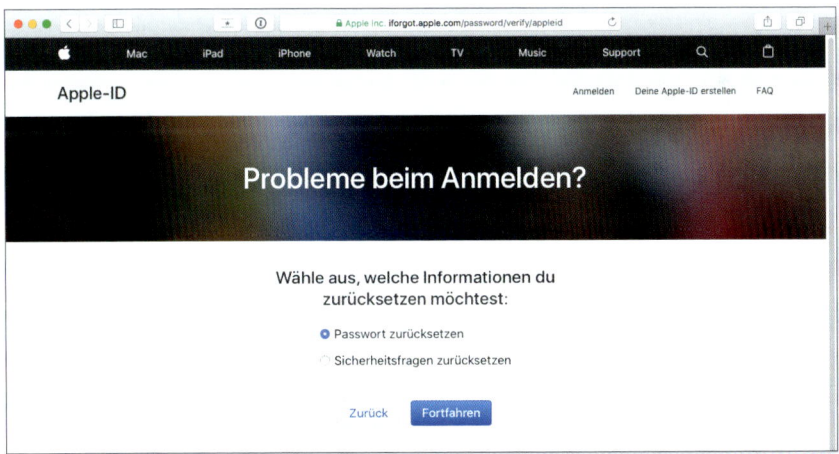

… damit Sie im nächsten Schritt auswählen können, was zurückgesetzt werden soll.

Wenn Sie das Passwort zurücksetzen wollen, dann werden Sie auf der nächsten Seite gefragt, auf welche Art und Weise es zurückgesetzt werden soll. Sie können sich zwischen dem Zusenden einer E-Mail oder der Beantwortung der Sicherheitsfragen entscheiden. Falls Sie die Option *E-Mail erhalten* gewählt

Apple-ID-Kennwort vergessen – iForgot

haben, erhalten Sie unmittelbar nach dem Mausklick auf *Fortfahren* eine E-Mail, in der Sie aufgefordert werden, einen Hyperlink anzuklicken, um das Passwort zurückzusetzen.

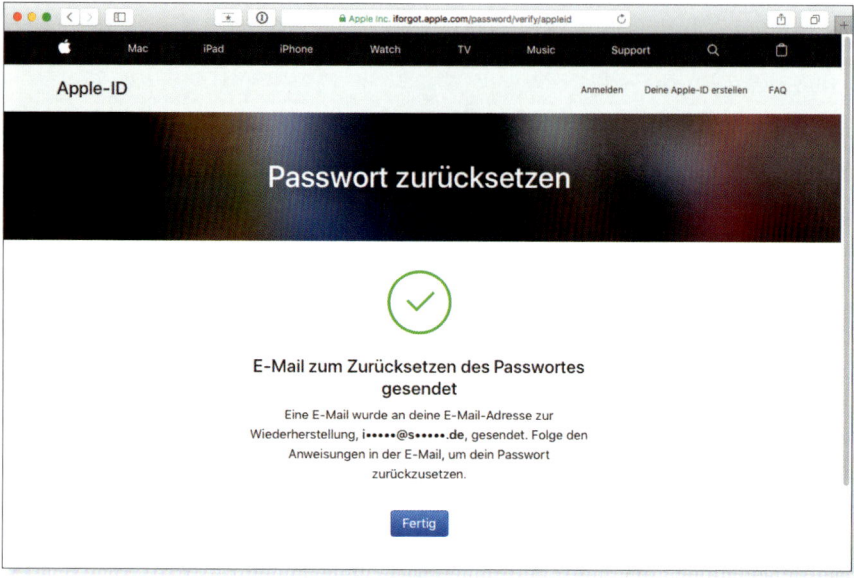

Die E-Mail ist auf dem Weg ...

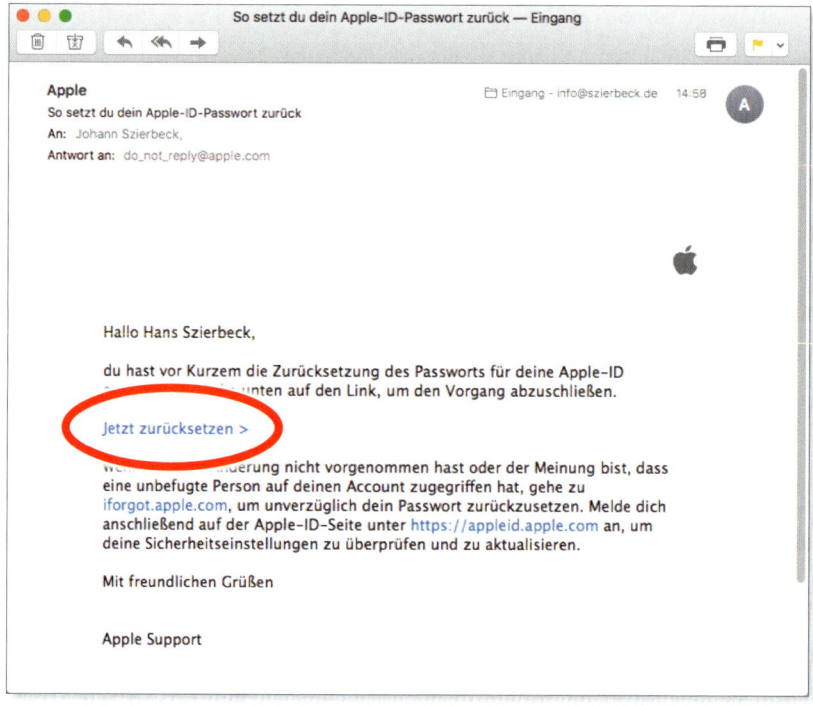

... und muss mit einem Klick bestätigt werden.

Bei der zweiten Option, *Sicherheitsfragen beantworten*, müssen Sie zunächst Ihr Geburtsdatum eingeben und danach die Sicherheitsfrage beantworten, die Sie beim Einrichten der Apple-ID angegeben haben. Egal, welchen der beiden Wege Sie verwendet haben, Sie gelangen darüber immer zur Eingabemaske für das neue Passwort.

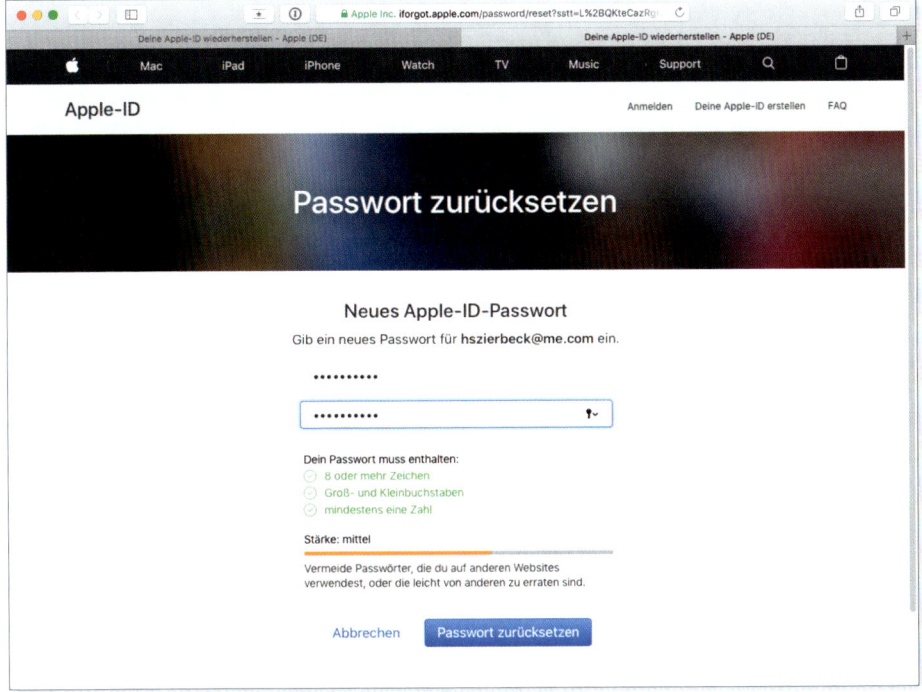

Das neue Kennwort muss nun definiert werden.

Jetzt müssen Sie das neue Kennwort zweimal angeben. Ein Mausklick auf *Passwort zurücksetzen* löscht das alte und legt das neue fest. Neben der Bestätigung im Browser erhalten Sie auch eine E-Mail mit dem Hinweis, dass das Kennwort zurückgesetzt wurde.

Apple-ID-Kennwort vergessen – iForgot

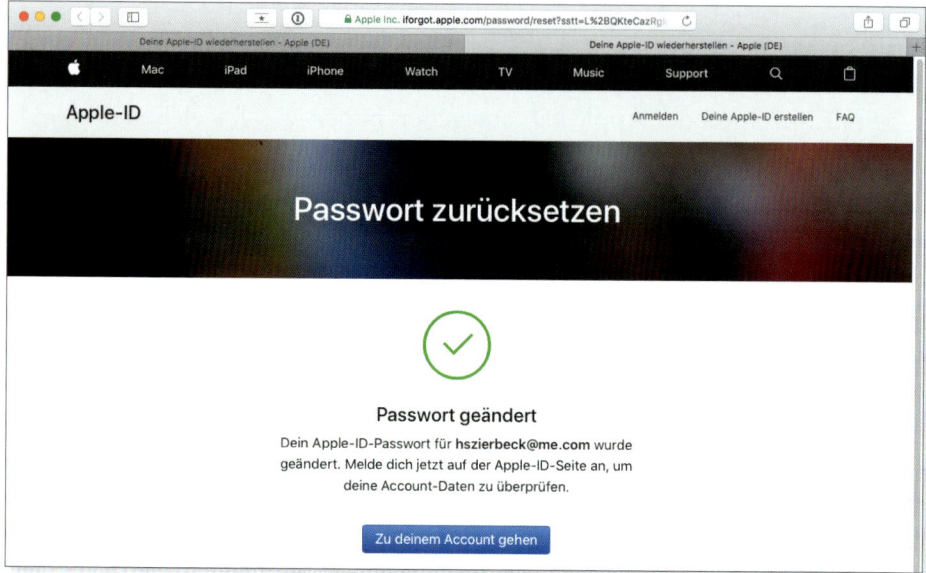

Das Kennwort wurde zurückgesetzt.

Ab sofort können Sie dann das neue Passwort für die Anmeldung mit Ihrer Apple-ID verwenden.

Account-Daten bearbeiten

Ab und zu kann es nötig werden, die persönlichen Daten zu ändern, die Sie beim Anlegen der Apple-ID angegeben haben. Wenn Sie z. B. eine andere Telefonnummer oder Rechnungsadresse oder Zahlungsart angeben wollen, dann können Sie das zu jedem Zeitpunkt auf einem mobilen Apple-Gerät oder am Rechner in iTunes oder im App Store machen. Der Weg über iTunes oder App Store am Rechner ist übersichtlicher und komfortabler als mit dem iPhone, iPad oder iPod touch.

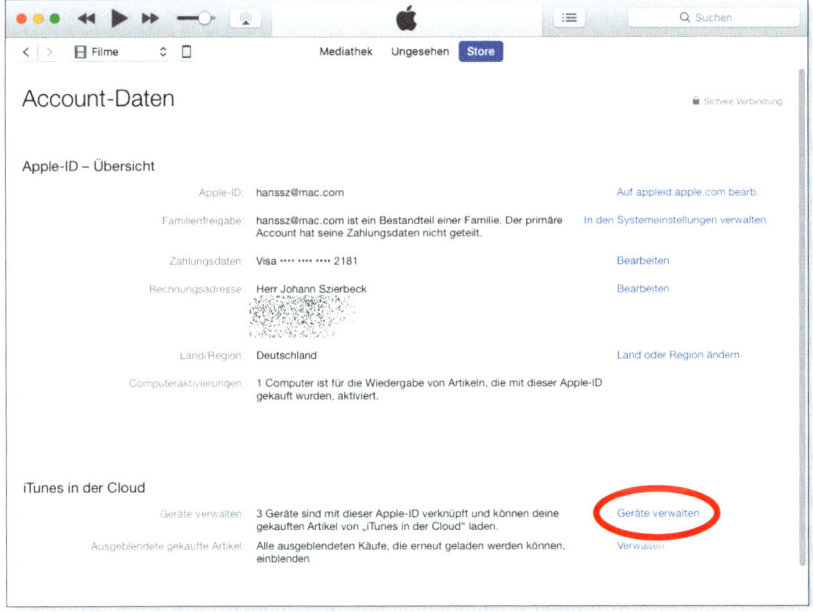

Die Einstellungen für den Apple-Account bzw. die Apple-ID.

Um die Account-Daten der Apple-ID zu ändern, müssen Sie in *iTunes* aus dem Menü *Account* die Funktion *Meinen Account anzeigen* wählen. Daraufhin stellt iTunes eine sichere Verbindung zu Apple her und zeigt Ihnen alle relevanten Daten Ihres Zugangs auf einer Seite an. Eventuell müssen Sie zuvor das Passwort für Ihre Apple-ID angeben.

Ein Mausklick auf *Bearbeiten* bei der jeweiligen Einstellung führt Sie zu einer Eingabemaske, in der Sie die Daten ändern können, wie z. B. das Entfernen von Geräten für die Nutzung des iCloud-Accounts oder das Deaktivieren von Computern für die Wiedergabe von gekaufter Musik und Filmen.

Account-Daten bearbeiten

! Man kann lediglich fünf Geräte für die Einkäufe freigeben. Und wenn Sie die Freigabe für ein älteres Gerät entfernen wollen, geht das nur mit iTunes.

Die Geräteverwaltung für die Nutzung des iCloud-Accounts kann nur in iTunes aufgerufen werden.

Wenn Sie alle Änderungen durchgeführt haben, klicken Sie auf die Schaltfläche *Fertig* im unteren Bereich der Seite. Dadurch werden die Änderungen gespeichert und sind sofort gültig.

Um die Account-Daten mit dem iPhone, iPad oder iPod touch zu ändern, müssen Sie zu *Einstellungen –> iTunes & App Store* wechseln. Dort tippen Sie auf die Apple-ID und wählen in dem dadurch geöffneten Fenster die Funktion *Apple-ID anzeigen*.

Die Account-Daten werden in den Store-Einstellungen geändert.

Das Gerät baut nun eine Internetverbindung auf und zeigt in einem neuen Screen die persönlichen Daten für die Apple-ID an. Mit einem Fingertipp auf die angezeigten Infos können Sie diese bearbeiten bzw. ändern. Mit der Schaltfläche *Fertig* können Sie die Änderungen an Apple übertragen bzw. freischalten.

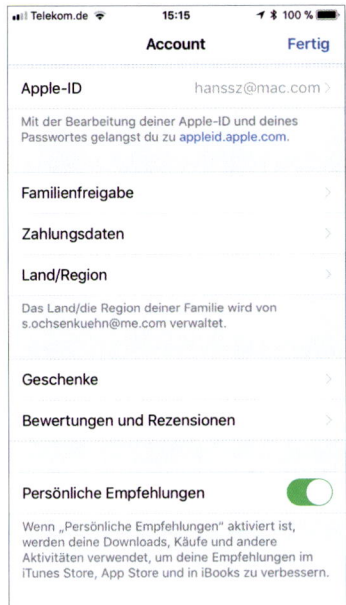

Die Account-Daten auf dem iPhone.

> **!** Ihre Account-Daten sind immer mit einem Land verknüpft, um Sie so in den jeweiligen Länderstore zu leiten. Sie können also mit einem Account, der z. B. in Deutschland registriert ist, keine Einkäufe im Schweizer iTunes Store tätigen.

E-Mail-Adresse der Apple-ID ändern

Beim Einrichten der Apple-ID müssen Sie ja eine E-Mail-Adresse angeben, die dann gleichzeitig Ihre Apple-ID ist. Im Laufe der Zeit kann es passieren, dass diese E-Mail-Adresse sich ändert. Was ist aber nun mit der Apple-ID? Normalerweise könnten Sie nicht mehr einkaufen oder auf die bereits gekauften Artikel in den diversen Stores zugreifen. Sie müssen also Ihre Apple-ID an die neue E-Mail-Adresse anpassen. Kein Problem!

Das Ändern der Apple-ID können Sie auf dem iPhone, iPad, dem Mac oder in Windows durchführen. Wir zeigen Ihnen, wie Sie mit einem Internetbrowser auf dem Mac oder in Windows die E-Mail-Adresse der Apple-ID ändern können. Es gibt nämlich eine zentrale Seite von Apple, auf der Sie die Daten bearbeiten können. Die Adresse lautet *appleid.apple.com*. Öffnen Sie diese Seite in einem beliebigen Browser und melden Sie sich mit Ihrer aktuellen Apple-ID an.

Account-Daten bearbeiten

Unter „appleid.apple.com" lassen sich die Einstellungen einer Apple-ID ändern.

Nun sind Sie im Verwaltungsbereich. Im oberen Bereich sehen Sie bereits die E-Mail-Adresse der Apple-ID. Klicken Sie auf *Bearbeiten* und anschließend auf *Apple-ID ändern*. Geben Sie anschließend die neue E-Mail-Adresse ein.

 Die neue E-Mail-Adresse muss gültig, keine andere Apple-ID und keine Adresse mit einer Apple-Kennung sein. Das heißt, E-Mail-Adressen mit dem Zusatz **.mac** oder **.me** oder **.icloud** sind nicht erlaubt.

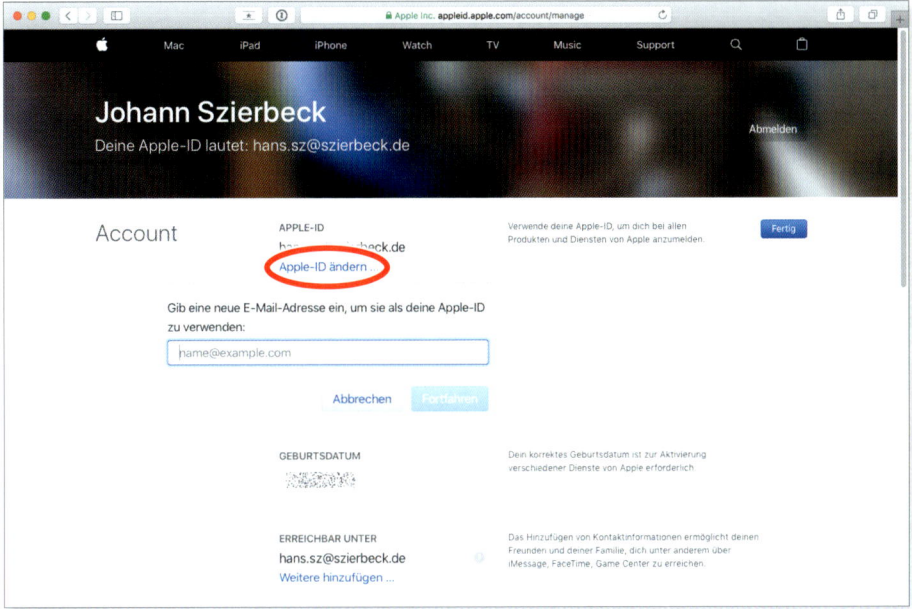

Die neue Apple-ID muss einige Kriterien erfüllen.

Per E-Mail wird ein Bestätigungscode an die neue Adresse gesendet, den Sie dann noch eingeben müssen. Damit ist das Einrichten einer neuen E-Mail-Adresse für die Apple-ID abgeschlossen.

> ! Wenn Sie für Ihre Apple-ID eine kostenlose E-Mail-Adresse von iCloud verwenden, dann können Sie die primäre E-Mail-Adresse und somit die Apple-ID nicht wechseln.

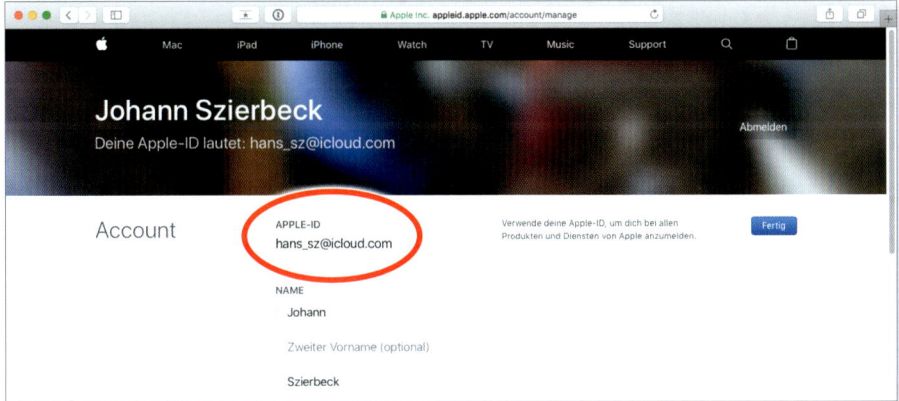

Die E-Mail-Adresse der Apple-ID hat eine Kennung von Apple und kann deswegen auch nicht geändert werden.

Account-Daten bearbeiten

Weitere E-Mail-Adressen der Apple-ID zuordnen

Neben der primären E-Mail-Adresse für die Apple-ID können Sie im Verwaltungsfenster weitere E-Mail-Adressen für die anderen Dienste von Apple angeben. Wenn Sie z. B. mit FaceTime oder iMessage nicht nur unter der Apple-ID erreichbar sein wollen, sondern auch unter einer anderen Adresse, dann können Sie sie hier eintragen. Klicken Sie dazu auf *Weitere hinzufügen* und tippen Sie anschließend die Adresse ein. Sie erhalten dann eine E-Mail mit Bestätigungscode, den Sie dann nur noch eingeben müssen. Erst danach ist die neue Adresse freigegeben. Auf dem Mac und den iOS-Geräten erhalten Sie nach der Bestätigung eine Nachricht mit der Frage, ob die neue E-Mail-Adresse für FaceTime und iMessage eingetragen werden soll. Wenn Sie die Meldung akzeptieren, wird die Adresse sofort in den Einstellungen von FaceTime und iMessage hinzugefügt.

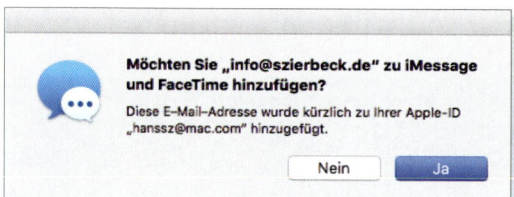

Auf dem Mac (links) und dem iPhone/iPad/iPod touch (rechts) werden Sie noch gefragt, ob die neue E-Mail-Adresse für FaceTime und iMessage verwendet werden soll.

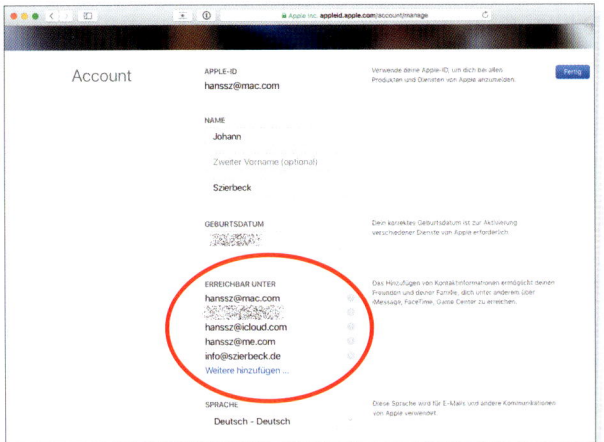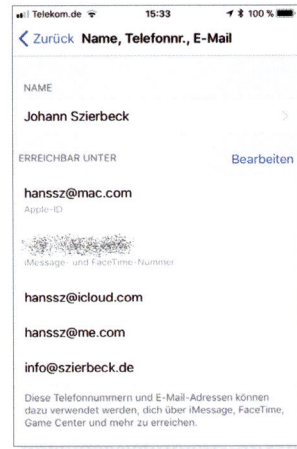

Die alternativen E-Mail-Adressen sind sowohl auf der Internetseite (links) als auch auf dem iPhone oder iPad bei „Einstellungen –> [Ihr Name] –> Name, Telefonnummern, E-Mail" einsehbar und editierbar (rechts).

Möchten Sie die Änderung nicht über den Browser erledigen, dann können Sie es ebenfalls am Computer bzw. Ihrem iOS-Gerät tun:
- Apple-Computer mit macOS:
  Systemeinstellungen –> iCloud –> Accountdetails –> Kontakt.
- iPhone bzw. iPad und iPod touch mit iOS:
  Einstellungen –> [Ihr Name] –> Name, Telefonnummern, E-Mail –> Erreichbar unter
- Windows-Computer:
  Unter Windows lässt sich eine zusätzliche E-Mail-Adresse nur über den Browser einrichten.

Apple-ID löschen

Eine Apple-ID kann ebenfalls wieder gelöscht werden, und zwar nicht nur von den diversen Geräten, sondern nur bei Apple. Dafür müssen Sie zuerst die Seite *http://www.apple.com/de/privacy/contact/* öffnen.

Auf der Seite wählen Sie als Erstes bei *Ich habe eine Frage zu* die Option *Datenschutzprobleme* aus. Füllen Sie das Formular mit Ihren Daten aus und vergessen Sie nicht, bei *Kommentar* die Löschung Ihrer Apple-ID zu beantragen. Dafür müssen Sie natürlich Ihre Apple-ID benennen. Kurze Zeit nach dem Verschicken des Formulars werden Sie von Apple per E-Mail wegen der Löschung der Apple-ID kontaktiert.

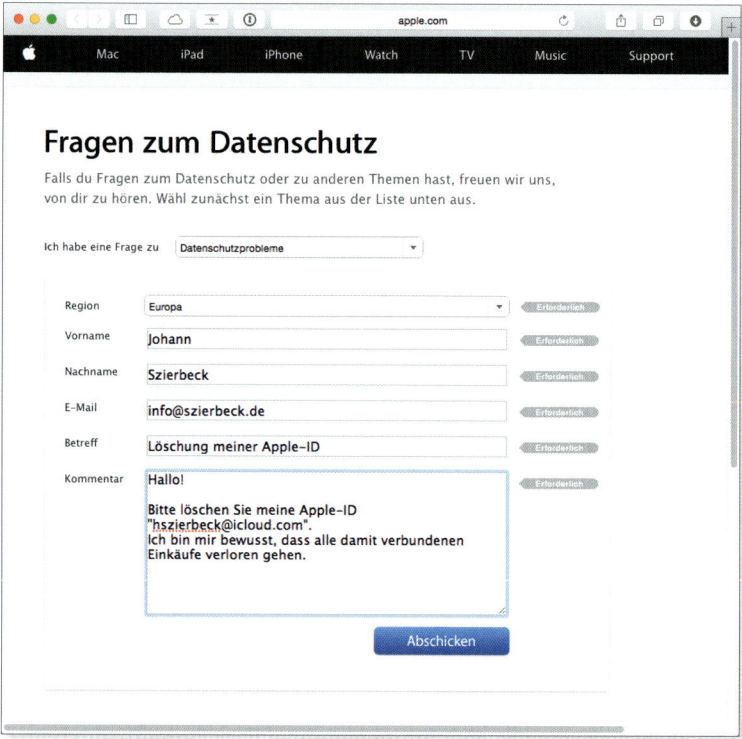

Die Löschung der Apple-ID wird beantragt.

 Beachten Sie bitte, dass das Löschen einer Apple-ID ebenso alle Einkäufe bei Apple löscht. Sie haben also danach keinen Zugriff mehr auf die Apps, Filme, Bücher etc., die Sie mit der gelöschten Apple-ID erworben haben.

Kapitel 2 iCloud

„Cloud-Computing" ist ein Schlagwort, das häufig in den Medien auftaucht. Doch was bedeutet es? Es bedeutet, dass alle Geräte (Computer, Smartphones, Tablets usw.) ihre Daten untereinander über einen zentralen Server teilen bzw. austauschen. Wenn man also z. B. auf einem Computer eine Präsentation erstellt, wird diese sofort in die „Cloud" hochgeladen und unmittelbar danach auf alle anderen Geräte wie z. B. das iPad übertragen. Man muss die Geräte deshalb nicht mehr untereinander mit Kabeln verbinden und synchronisieren bzw. die Datenübertragung manuell durchführen. Das alles wird in der „Cloud" erledigt.

Apple bietet seit Herbst 2011 einen Cloud-Dienst mit dem Namen *iCloud* an. Dieser Dienst steht jedem iPhone-, iPad-, Mac- oder Windows-Anwender zur Verfügung. Der iCloud-Account umfasst 5 GByte kostenlosen Speicherplatz für Mails, Dokumente und Backups. Die gekauften Musiktitel, Apps, Bücher und TV-Sendungen werden nicht auf den Account angerechnet. Er reicht also aus, um eine ganze Menge Bilder, Videos, E-Mails und Dokumente in der Cloud zu speichern. Bei Bedarf kann zusätzlich kostenpflichtiger Speicher erworben werden, der zu den kostenfreien 5 GByte hinzugefügt wird.

Die Konditionen sehen zurzeit (Stand: November 2017) so aus:
5 GByte = kostenlos
zusätzliche 50 GByte = € 0,99 pro Monat
zusätzliche 200 GByte = € 2,99 pro Monat
zusätzliche 2 TByte = € 9,99 pro Monat

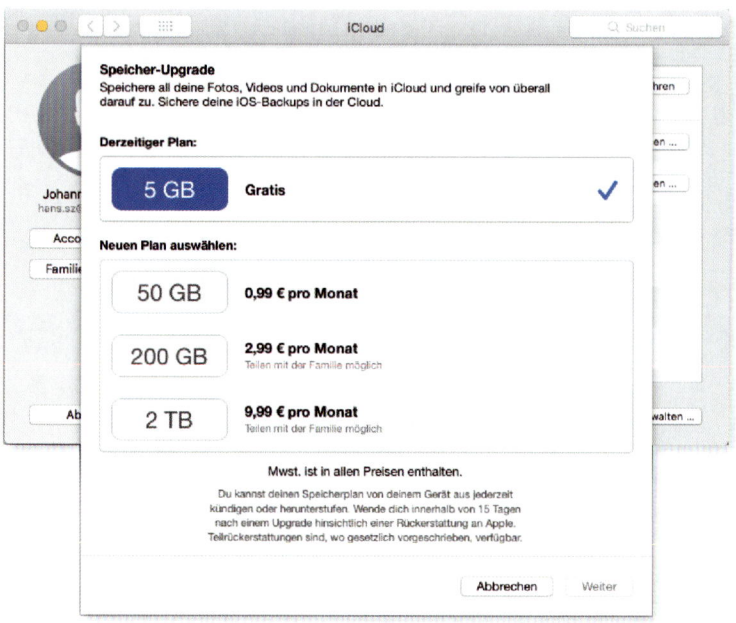

Zusätzlicher Speicherplatz für iCloud ist nicht kostenlos.

> **!** Falls Sie beabsichtigen, von Ihren mobilen Geräten Backups bei iCloud zu speichern, sollten Sie beachten, dass Backups recht viel Speicherplatz bei iCloud einnehmen. Besonders wenn Sie mehr als ein mobiles Gerät besitzen, wie z. B. ein iPhone, ein iPad und eine Apple Watch. Ein Speicherupgrade wird dadurch fast unerlässlich.

Datenschutz

Viele haben etwas Sorge vor dem Einsatz von iCloud. Die Sorge bezieht sich vor allem auf den Datenschutz. Da tauchen Fragen wie „Sind meine Daten bei iCloud vor fremden Zugriff geschützt?" auf.

Apple hat einen sehr hohen Standard, was den Datenschutz betrifft. Alle Daten, die bei iCloud gesichert werden, sind grundsätzlich verschlüsselt. Dies bedeutet, dass Ihre Daten sowohl bei der Übertragung an Ihre Geräte als auch bei der Speicherung in der Cloud vor unbefugtem Zugriff geschützt sind. Dabei verwendet Apple mindestens eine 128-Bit-AES-Verschlüsselung, die auch bei großen Finanzinstituten eingesetzt wird. Zur besseren Übersicht hier eine Zusammenfassung, wie die Daten beim Einsatz von iCloud abgesichert sind:

Daten	Verschlüsselung		Hinweise
	Bei der Übertragung	Auf dem Server	
Kalender	Ja	Ja	Mindestens mit einer 128-Bit-AES-Verschlüsselung
Kontakte	Ja	Ja	
Lesezeichen	Ja	Ja	
Erinnerungen	Ja	Ja	
Fotos	Ja	Ja	
Dokumente in der Cloud	Ja	Ja	
iCloud Drive	Ja	Ja	
Backup	Ja	Ja	
Mein iPhone suchen	Ja	Ja	
Freunde suchen	Ja	Ja	
iCloud-Schlüsselbund	Ja	Ja	Verwendet die 256-Bit-AES-Verschlüsselung zur Speicherung und Übertragung von Passwörtern und Kreditkartendaten. Verwendet zudem die asymmetrische Elliptische-Kurven-Kryptographie und den Key-Wrap-Algorithmus.

Voraussetzungen

Daten	Verschlüsselung		Hinweise
	Bei der Übertragung	Auf dem Server	
iCloud.com	Ja	–	Alle Sitzungen auf iCloud.com werden mit TLS 1.2 verschlüsselt. Alle Daten, auf die via iCloud.com zugegriffen wird, werden, wie in der Tabelle angegeben, auf dem Server verschlüsselt.
Zugang zu meinem Mac	Ja	–	Bei der Verwendung von „Zugang zu meinem Mac" werden keine Daten in iCloud abgelegt. Von anderen Computern abgerufene Daten werden bei der Übertragung mit TLS 1.2 verschlüsselt.
iTunes in der Cloud	Ja	–	Gekaufte und abgeglichene Musikdateien werden auf dem Server nicht verschlüsselt, da sie keine persönlichen Daten enthalten.
iCloud Mail und Notizen	Ja	Nein	Alle Datenströme zwischen Ihren Geräten und iCloud Mail werden mit TLS 1.2 verschlüsselt. Gemäß Standardprozedur verschlüsselt iCloud keine Daten, die auf IMAP Mail-Servern gespeichert werden. Alle Apple E-Mail-Clients unterstützen die optionale S/MIME-Verschlüsselung.

Quelle: Apple

Voraussetzungen

Was benötigt man für iCloud? Zuallererst natürlich die entsprechenden Geräte und die Software, die das Cloud-Computing unterstützen. An mobilen Endgeräten wären da das iPhone, das iPad, die Apple Watch und der iPod touch zu nennen, auf denen mindestens iOS 5 installiert sein muss.

Was den Mac betrifft, so kann mit jedem Rechner, auf dem mindestens OS X Lion 10.7.2 oder höher bzw. macOS (High) Sierra installiert ist, iCloud verwendet werden. Unter Windows kann jeder Rechner, der mit Windows Vista oder neuer arbeitet, den iCloud-Dienst von Apple nutzen.

Jetzt benötigen Sie noch entsprechende Software. Mac-Anwender haben es da leicht, da diese Software bereits auf dem Mac installiert ist:
- Mail
- Kalender
- Erinnerungen
- Notizen
- Kontakte
- Karten
- Fotos
- Safari
- Siri
- iTunes (ab Version 10.5)
- TextEdit
- Schlüsselbund
- Zusätzlich können die Dokumente der Apple-Programme aus dem iWork-Paket (*Pages*, *Numbers*, *Keynote*) mit iCloud verteilt werden.
- Mit iCloud Drive können beliebige Daten bei iCloud abgelegt und auf andere Geräte übertragen werden.

Für fast alle dieser Programme gibt es ein jeweiliges Gegenstück auf den mobilen Geräten, womit dem Datenaustausch nichts mehr im Wege steht.

Windows-Anwender können die Daten von folgenden Programmen mit der iCloud synchronisieren:
- Outlook 2007/2010/2013/2016
- iTunes für Windows ab Version 10.5
- Internet Explorer
- Google Chrome
- Firefox
- Zusätzlich können auch Bilder in der iCloud abgelegt werden (siehe Seite 93) und beliebige Daten bei iCloud Drive (siehe Seite 109).

Welche Daten können bei iCloud abgelegt werden?

Beim Speichern von Daten gibt es Unterschiede zwischen Mac und Windows. Die Mac-Anwender haben mehr Möglichkeiten als die Windows-Nutzer. Das liegt vor allem daran, dass es die Programme des iWork-Pakets (*Keynote*, *Pages* und *Numbers*) nur für den Mac gibt.

Mac

Mit einem Mac können folgende Dinge in der iCloud abgelegt und dadurch mit anderen Geräten synchronisiert werden:
- E-Mails
- Regeln und Signaturen von Mail
- Notizen
- Kontakte
- Kalender
- Erinnerungen
- Siri
- Lesezeichen, Leselisten und Tab-Fenster von Safari
- Bilder von Fotos
- Dokumente bzw. Dateien vom iWork-Paket, TextEdit und Vorschau
- Musik von iTunes
- Schlüsselbund
- Meinen Mac suchen
- Blockierte Kontakte von FaceTime und Nachrichten
- seit OS X Yosemite und mit macOS jede Art von Datei mit Hilfe von iCloud Drive und damit sogar automatisch alle Dokumente und Dateien, die sich auf dem Schreibtisch befinden
- Apps, die im App Store auf dem Mac erworben wurden
- WLAN-Einstellungen

Kapitel 2 iCloud

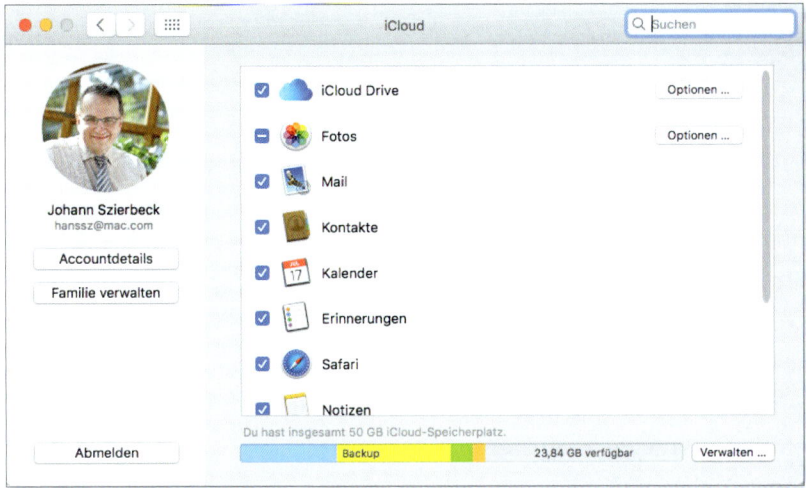

Am Mac können vielerlei Dinge mit iCloud verwendet werden.

Windows

Windows-Anwender können nur folgende Daten bei iCloud speichern:
- E-Mails von Outlook 2007/2010/2013/2016
- Kontakte von Outlook 2007/2010/2013/2016
- Kalender und Aufgaben von Outlook 2007/2010/2013/2016
- Lesezeichen bzw. Favoriten von Internet Explorer, Firefox und Google Chrome
- Bilder und Fotos von jeder beliebigen Anwendung
- jede Art von Datei mit Hilfe von iCloud Drive

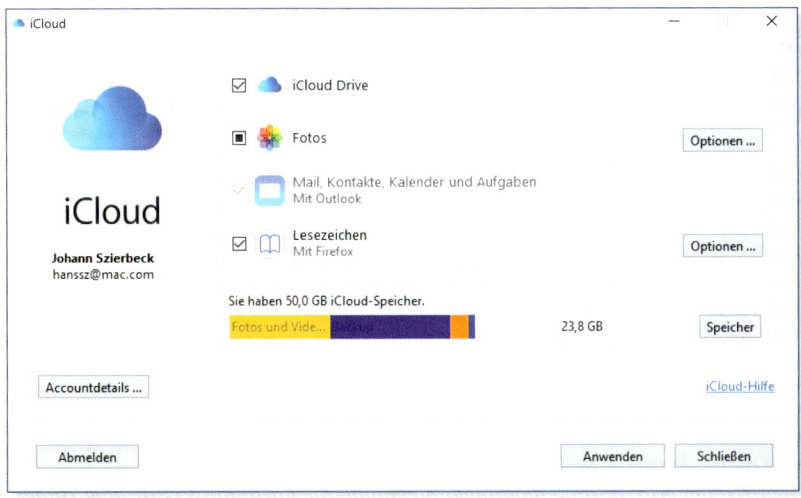

Unter Windows werden nicht so viele Dienste unterstützt wie beim Mac.

61

Welche Daten können bei iCloud abgelegt werden?

iOS-Geräte

Die iOS-Geräte wie iPhone und iPad haben zusätzliche Funktionen, die mit der iCloud verwendet werden können. Sie können folgende Daten in die iCloud laden:

- Apps für iPhone und iPad herunterladen und synchronisieren
- E-Books von der iBooks-App herunterladen und synchronisieren
- Wallet nutzen
- Backups der Geräte anlegen
- Mein iPhone bzw. iPad suchen
- Health-Daten synchronisieren
- Daten von HomeKit
- Siri: Siri ist ein lernender Sprachassistent und das Erlernte wird auf den einzelnen Geräten gespeichert. Seit iOS 11 kann man die Erkenntnisse des Sprachassistenten zwischen den Geräten via iCloud synchronisieren. Dadurch kann Siri noch individueller auf den Benutzer reagieren.
- Game Center: Das Game Center ist ein Spielenetzwerk von Apple, dass für den Austausch von Spielständen und Herausforderungen genutzt werden kann.

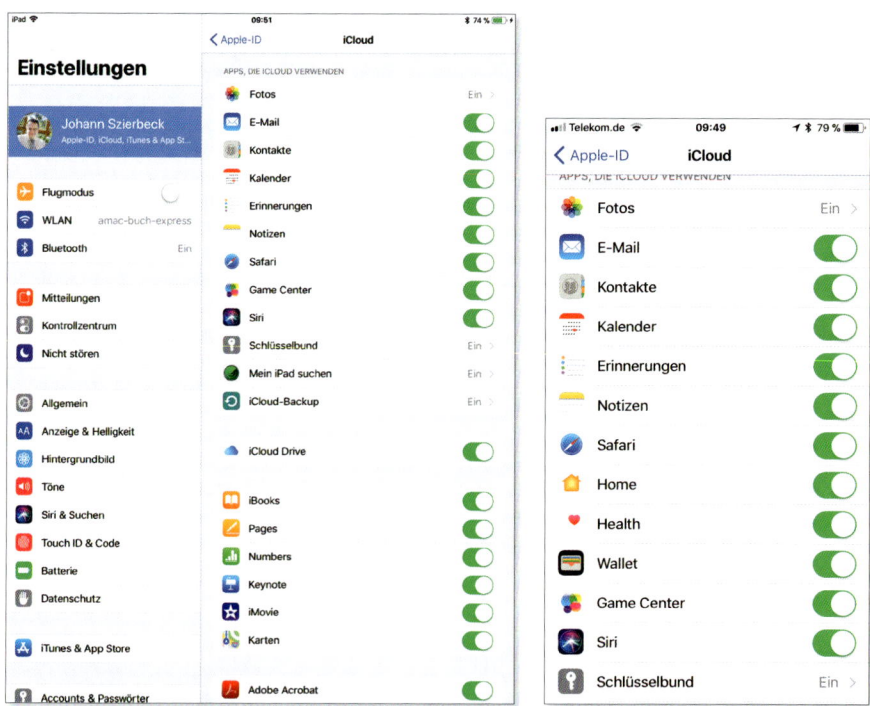

Die Funktionen, die iCloud auf einem iPad (links) und iPhone (rechts) unterstützt.

Apple TV

Auch das Apple TV nutzt iCloud. Sie können damit den Home-Bildschirm mit den installierten Apps zwischen mehreren Apple TV-Geräten synchronisieren. Dabei müssen alle Geräte die gleiche Apple-ID bzw. den gleichen iCloud-Zugang nutzen.

iCloud einrichten

Apple-ID

Was Sie als Erstes benötigen, um mit iCloud zu arbeiten, ist eine Apple-ID. Mit einer Apple-ID erhalten Sie Zugang zur iCloud und damit auch den kostenlosen 5-GByte-Speicherplatz. Falls Sie keine Apple-ID haben, gibt es verschiedene Wege, um eine zu bekommen. Näheres dazu können Sie im Kapitel 1 nachlesen.

Einrichten am Mac

Wenn Sie eine gültige Apple-ID besitzen, können Sie damit beginnen, iCloud auf Ihrem Mac einzurichten. Dazu öffnen Sie die *Systemeinstellungen* aus dem *Apfel-Menü* und klicken dann auf *iCloud*.

iCloud wird in den „Systemeinstellungen" eingerichtet.

iCloud einrichten

Wenn Sie nun auf *iCloud* klicken, werden Sie anschließend aufgefordert, Ihre Apple-ID und das dazugehörige Passwort einzugeben. An dieser Stelle haben Sie auch die Möglichkeit, eine Apple-ID zu beantragen, falls Sie noch keine haben (siehe Kapitel 1).

Ein neuer iCloud-Zugang entsteht.

Wenn Sie dann auf *Anmelden* klicken, wird per Internet eine Verbindung zu Apples iCloud-Dienst hergestellt und überprüft, ob bereits Daten bei iCloud hinterlegt sind. Ist dies der Fall, werden die Daten mit Ihrem Mac synchronisiert.

Sind nun alle Bedingungen erfüllt, ist das Portal zu iCloud geöffnet und Sie können damit beginnen, die einzelnen Funktionen zu konfigurieren. Je nach Wunsch lassen sich die verschiedenen Funktionen ein- und ausschalten. Wenn Sie z. B. die Bilder von Fotos mit iCloud synchronisieren wollen, dann müssen Sie bei der Funktion *Fotos* nur das Häkchen setzen. Der Mac beginnt dann sofort, die Bilder, die im Fotostream-Bereich von Fotos liegen, mit Ihren mobilen Endgeräten zu synchronisieren bzw. umgekehrt die Bilder der mobilen Geräte mit dem Mac.

Einrichten unter Windows

iCloud unter Windows kann auf zwei Arten betrieben werden: Sie können entweder einen Internetbrowser verwenden und sich bei icloud.com einloggen, oder Sie installieren die iCloud-Systemsteuerung. Die Systemsteuerung erhalten Sie kostenlos im Downloadbereich von Apple unter der Adresse *https://support.apple.com/de-de/HT204283*.

Kapitel 2 iCloud

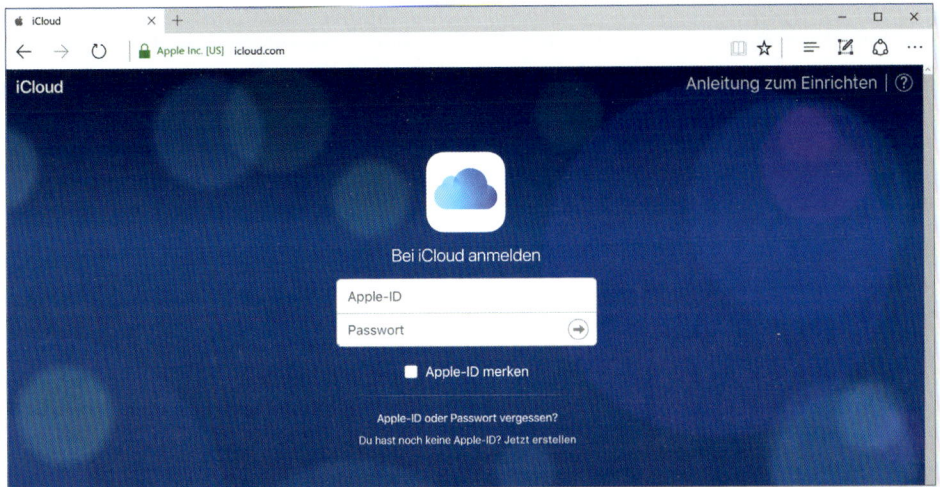

iCloud in Windows kann sofort mit einem Internetbrowser verwendet werden.

Nach der Installation finden Sie das iCloud-Symbol rechts unten in der Taskleiste von Windows. Wenn Sie es anklicken, können Sie direkt zur Anmeldung bei iCloud gelangen.

iCloud finden Sie in der Taskleiste von Windows.

> ! Leider kann in diesem Fenster keine neue Apple-ID beantragt werden. Sie müssen also unbedingt vorher eine Apple-ID haben, und der iCloud-Account muss freigeschaltet sein. Eine neue Apple-ID können Sie über die Internetseite **appleid.apple.com** erstellen.

Die Apple-ID wird für die Anmeldung benötigt.

65

iCloud einrichten

Nach erfolgreicher Anmeldung öffnet sich das iCloud-Kontrollfenster. Dort können Sie nun die gewünschten Funktionen ein- und ausschalten.

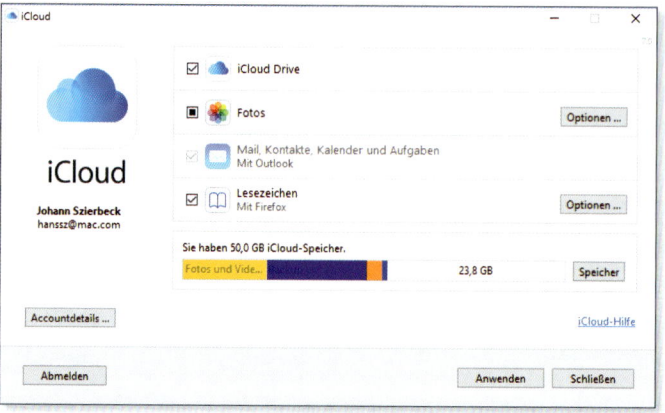

iCloud unter Windows.

iPad, iPhone und iPod touch

Wie beim Mac muss auch beim iPhone bzw. iPad für iCloud zuerst die Apple-ID angegeben werden. Unter *Einstellungen –> Beim iPhone/iPad/iPod touch anmelden* können Sie dies tun. Nach der Anmeldung beginnt das Gerät sofort mit dem Datenabgleich und aktiviert die unterschiedlichen Dienste.

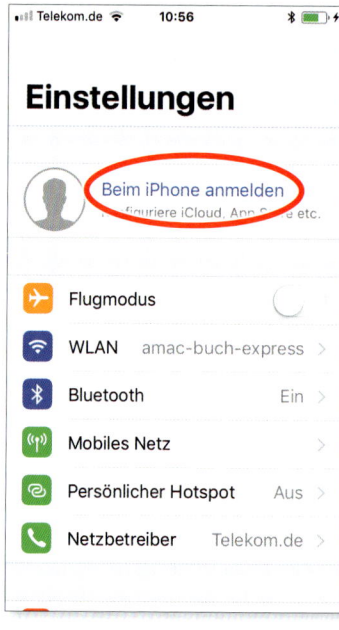 

Die Apple-ID wird auch für das iPad bzw. iPhone zum Aktivieren von iCloud benötigt.

Danach müssen Sie auf den mobilen Geräten die *Push-Funktion* von iCloud aktivieren bzw. kontrollieren. Dadurch werden die Daten zwischen den Geräten automatisch abgeglichen, wenn die Geräte Zugang zu einem WLAN-Netz bzw. einem mobilen Internetzugang (z. B. 3G oder LTE) haben.

> **!** Falls Sie im Besitz einer Datenflatrate für iPhone oder iPad sind, dann können Sie das Mobilnetz für den Datenabgleich von Dokumenten und Daten benutzen. Andernfalls können dabei eventuell zusätzliche Kosten anfallen. Aus diesem Grund kann man iCloud für die mobilen Netze deaktivieren. Der Abgleich findet so nur dann statt, wenn Sie in ein WLAN-Netz eingeloggt sind. Auf dem iPhone bzw. iPad müssen Sie dafür mehrere Einstellungen vornehmen. In den **Einstellungen** bei **Mobiles Netz** finden Sie den Bereich **Mobile Daten**. Dort sind alle Apps und Funktionen aufgelistet, die das mobile Datennetz nutzen. Um z. B. den Datenabgleich für das **iCloud Drive** über das mobile Netz zu deaktivieren, scrollen Sie ganz nach unten und deaktivieren die gleichnamige Funktion. Für die anderen Apps (Dateien, Safari, iTunes & App Stores, Notizen etc.) verfahren Sie genauso.

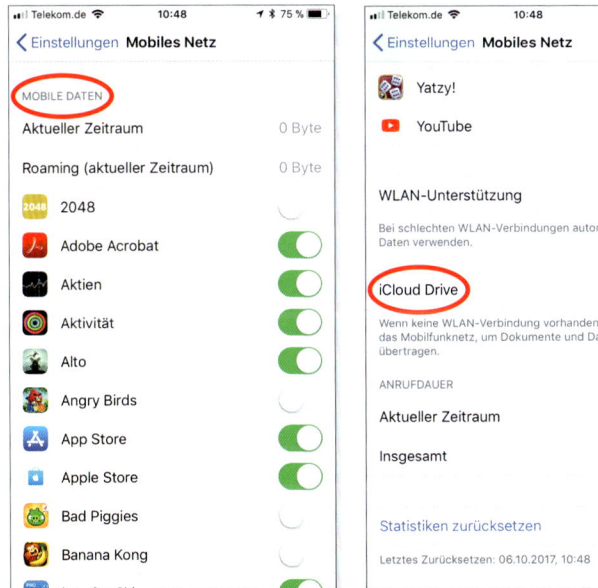

Der Datenabgleich über das Mobilfunknetz kann ausgeschaltet werden.

Die Push-Funktion für iCloud finden Sie in den *Einstellungen* bei *Accounts & Passwörter –> Datenabgleich*. Die Push-Funktion kann dort für die einzelnen Accounts eingestellt werden. In der Account-Übersicht ist ebenso iCloud aufgelistet. Jetzt müssen Sie nur noch kontrollieren, ob dort die Push-Funktion aktiviert ist. Normalerweise ist das die Grundeinstellung.

iCloud einrichten

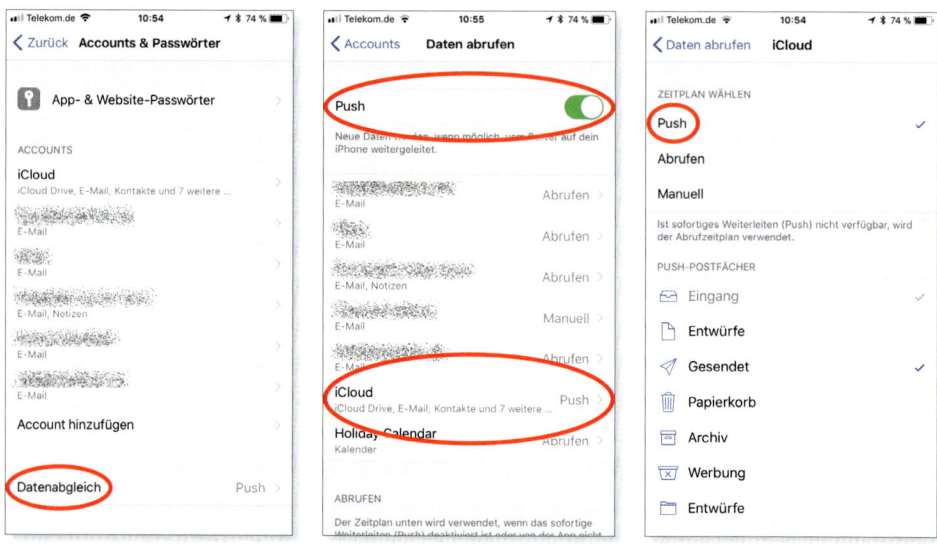

Für den iCloud-Account muss die Push-Funktion aktiviert sein.

Ist die Push-Funktion nicht aktiviert, dann tippen Sie auf den iCloud-Account. Im nächsten Screen können Sie dann die Art und Weise, wie die Daten abgeglichen werden, ändern.

Als nächstes sollten Sie einstellen, welche Daten zwischen den Geräten synchronisiert werden sollen. Dies können Sie am iPhone bzw. iPad in den *Einstellungen* bei *[Ihr Name] –> iCloud* erledigen.

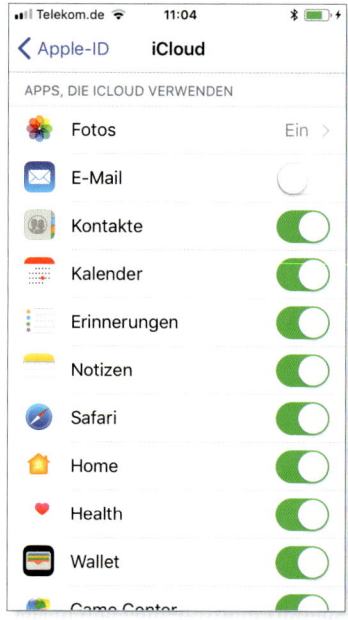

Die iCloud-Einstellungen auf dem iPhone.

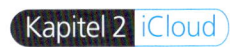

Beim Ein- bzw. Ausschalten der jeweiligen Funktionen müssen Sie teilweise noch entscheiden, was mit den Daten passieren soll, die bereits auf dem Gerät vorhanden sind. Wenn Sie z. B. auf dem iPad den Abgleich der Lesezeichen eingeschaltet und synchronisiert haben und nun den Dienst deaktivieren, müssen Sie eine Entscheidung treffen. Sollen die Lesezeichen von iCloud auf dem iPad verbleiben oder gelöscht werden?

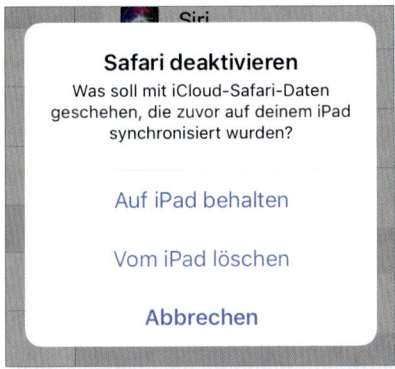

Was soll mit den Lesezeichen geschehen?

Arbeiten mit iCloud

Das Arbeiten mit dem iCloud-Dienst von Apple ist eine wirklich einfache Sache. Das meiste läuft im Hintergrund und wird von Ihnen kaum wahrgenommen. Allerdings müssen die Geräte erst dafür konfiguriert werden.

Mail

Wer sich einen Account bei iCloud besorgt hat, kann eine kostenlose E-Mail-Adresse von *icloud.com* erwerben (siehe Kapitel 1 ab Seite 17). Diese wird am Mac bzw. iPhone/iPad unter *Systemeinstellungen –> Internetaccounts* (Mac) bzw. *Einstellungen –> Accounts & Passwörter* (iPhone/iPad/iPod touch) eingetragen und steht damit an allen Geräten in den Mail-Programmen sofort zur Verfügung.

 Falls Sie beim Anlegen einer neuen Apple-ID bereits eine kostenlose E-Mail von icloud.com angelegt haben, dann ist diese auf Ihrem Mac bzw. iPhone/iPad als Mailaccount schon installiert und kann sofort verwendet werden.

Das gilt auch für Microsoft Outlook für Windows, wenn Sie in der *Systemsteuerung* von *iCloud* die Funktion *E-Mail* aktivieren. Dadurch wird die icloud.com-Adresse sofort als Konto in Outlook hinzugefügt.

Werden die Mail-Daten synchronisiert, dann bedeutet das schlichtweg, dass eine am iPhone gelöschte E-Mail damit grundsätzlich gelöscht wird und dadurch ebenfalls nicht mehr auf dem Computer erscheint. Wird hingegen am iPhone ein neues Postfach erstellt und werden darin E-Mails abgelegt, so wird dies auch sofort an alle anderen iCloud-Geräte weitergereicht, so dass stets alle Devices auf dem gleichen Stand sind.

Das ist aber noch nicht alles! Mit iCloud werden auch Signaturen und Regeln zwischen den Macs, Etiketten zwischen Macs und iOS-Geräten und sogar die VIP-Funktion abgeglichen. Wenn Sie also z. B. einen neuen VIP in Mail auf dem Mac hinzufügen, wird dieser auch sofort auf dem iPhone übernommen.

Kapitel 2 iCloud

Mail Drop für macOS und iOS

Das Versenden von großen Dateianhängen ist meistens eine Zitterpartie, da Sie nicht wissen, wie groß das Postfach des Empfängers ist und ob dieses die E-Mail mit dem großen Anhang aufnehmen kann. Mit der Funktion *Mail Drop* ist dies nun kein Problem mehr. Das Programm *Mail* auf dem Mac bzw. iPhone/iPad/iPod touch nutzt beim Versenden von großen Dateianhängen Ihren iCloud-Account, um dort die Anhänge zwischenzuspeichern. Der Anhang ist also nicht komplett in die E-Mail integriert, sondern wird gesondert übertragen und erst bei Bedarf heruntergeladen. Somit wird das Postfach des Empfängers nicht belastet, und der Versand von großen Dateien ist damit problemfrei. Ihnen bleibt der Umweg über FTP-Server, Dropbox, OneDrive oder andere Cloud-Speicher erspart.

 Da der iCloud-Account zum Zwischenspeichern der E-Mail-Anhänge genutzt wird, beschränkt dessen Größe das Volumen der E-Mail-Anhänge. Ein normaler iCloud-Account hat 5 GByte kostenlosen Speicher.

Was muss man für Mail Drop einstellen? Eigentlich gar nichts! Es funktioniert alles automatisch. Sie schreiben wie gewohnt eine E-Mail mit Anhang und versenden sie. Den Rest erledigt Apple.

 Mail Drop funktioniert nur mit Ihrer E-Mail-Adresse von icloud.com. E-Mail-Adressen, die bei anderen Providern (GMX, Telekom etc.) registriert sind, können Mail Drop nicht verwenden.

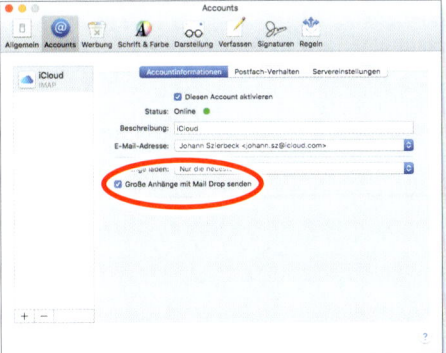
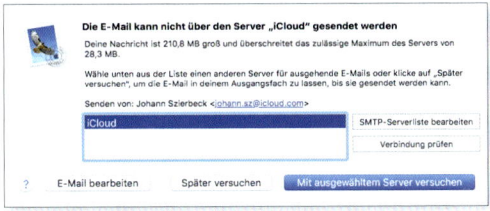

Mail Drop kann auch ausgeschaltet werden (links), was aber zu Problemen beim Versenden führen kann (rechts).

Mail

Mail Drop ist standardmäßig für die iCloud-Adresse eingeschaltet. Sie können es aber auch deaktivieren, um große Dateianhänge wie gewöhnlich in der E-Mail integriert zu verschicken. In den *Einstellungen* bei *Accounts* finden Sie im Bereich *Accountinformationen* die Funktion *Große Anhänge mit Mail Drop senden*, die Sie bei Bedarf ausschalten können.

Was muss der Empfänger tun? Eigentlich nur ganz wenig. Wenn der Empfänger ebenfalls mit dem Programm Mail unter macOS arbeitet, wird der Anhang ganz normal im Hintergrund heruntergeladen. Er merkt eigentlich nichts davon, dass der Anhang bei iCloud gespeichert ist.

Wenn der Empfänger allerdings mit einer älteren Version von Mail arbeitet oder ein anderes E-Mail-Programm im Einsatz hat, steht in der E-Mail eine Aufforderung zum Herunterladen der Daten, die zeitlich beschränkt ist. Wenn diese Aufforderung angeklickt wird, startet der Internetbrowser und der Anhang wird über den Browser auf die Festplatte geladen. Er liegt dann normalerweise im *Download*-Ordner des Rechners.

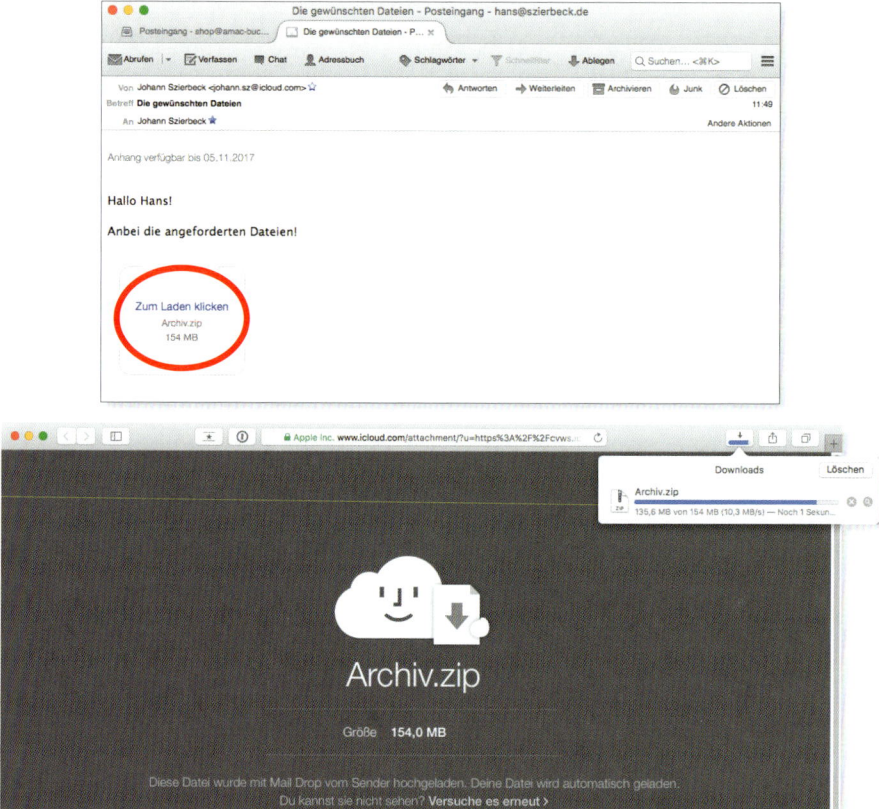

Auf älteren oder in anderen Mail-Programmen wie z. B. Thunderbird muss der Anhang über den Internetbrowser geladen werden.

Kontakte

Wenn in den iCloud-Einstellungen die Option *Kontakte* aktiviert ist, können Kontakte im Adressbuch des iPhones, iPads oder Macs bzw. die Adressen von Microsoft Outlook für Windows untereinander ausgetauscht werden. Wie bei Apple üblich, funktioniert dies sehr einfach.

Sie müssen nur das Programm *Kontakte* am Mac öffnen und einen neuen Kontakt erstellen. Nach der Eingabe klicken Sie auf *Fertig*, und der neue Kontakt wird sofort via Internet zu iCloud und damit zu den anderen Geräten übertragen. Fertig! Einfacher geht es kaum.

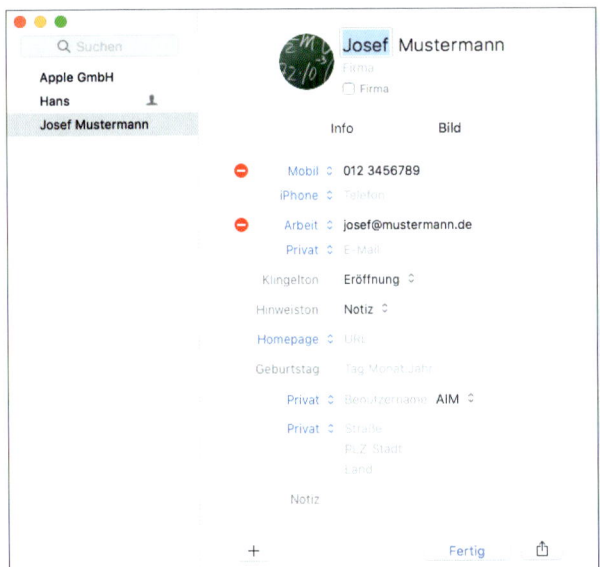 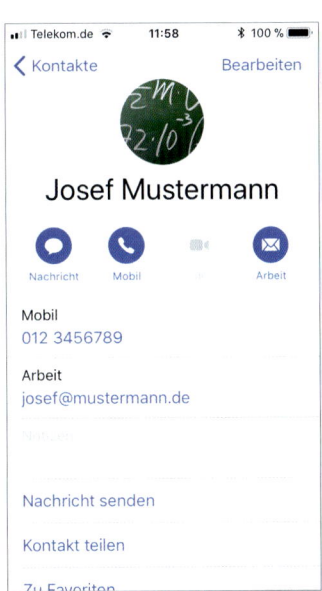

Im Adressbuch auf dem Mac wird ein neuer Kontakt eingetragen (links), der nach Fertigstellung unmittelbar auf das iPhone übertragen wird (rechts).

 Neue Kontaktgruppen können ausschließlich auf dem Mac angelegt werden, nicht auf dem iPhone, iPad oder iPod touch. Die mobilen Geräte können die Gruppen zwar darstellen, aber keine neuen erstellen.

Kalender

Auch der Datenabgleich von Kalendereinträgen funktioniert reibungslos. Wenn Sie z. B. in Microsoft Outlook 2013 für Windows einen neuen Termin eintragen und speichern, wird dieser unmittelbar danach zu iCloud übertragen. Wenn Sie anschließend auf dem iPad oder iPhone den Kalender öffnen, wird der neue Termin sofort angezeigt.

> **!** Der Austausch von Kalenderdaten kann selbstverständlich auch zwischen einem Mac und einem Windows-Rechner erfolgen. Auf dem Windows-Rechner benötigen Sie **Outlook 2007/2010/2013** oder **2016**, und auf dem Mac müssen Sie mit dem Programm **Kalender** arbeiten.

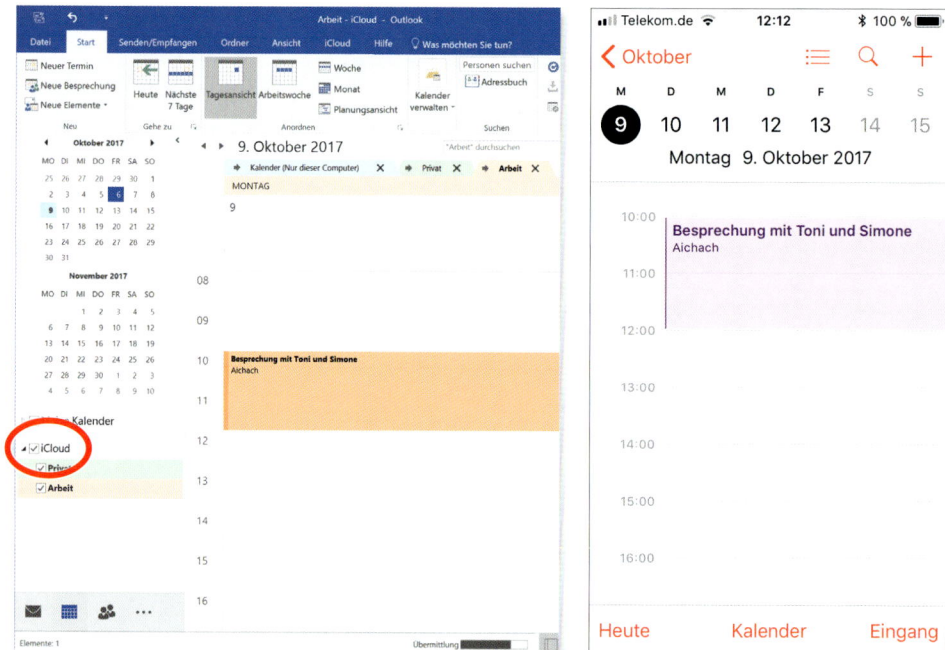

In Outlook 2013 wird ein neuer Termin eingetragen (links), der anschließend auch auf dem iPhone erscheint (rechts).

Neue Kalender

Nicht nur ein neuer Kalendereintrag wird mit iCloud synchronisiert, sondern auch das Anlegen eines neuen Kalenders. Dabei ist es wieder egal, ob Sie das auf einem iOS-Gerät, am Mac oder in Outlook unter Windows tun.

Wenn Sie also z. B. in Outlook unter Windows beim iCloud-Account einen neuen Kalender anlegen, wird dieser sofort auf die mobilen iOS-Geräte und im Programm *Kalender* auf den Mac übertragen. Anschließend können Sie den neuen Kalender auf jedem der Geräte nutzen – eine wirklich hilfreiche Funktion, wenn Sie Ihre Termine immer aktuell halten wollen, egal, wo Sie gerade arbeiten.

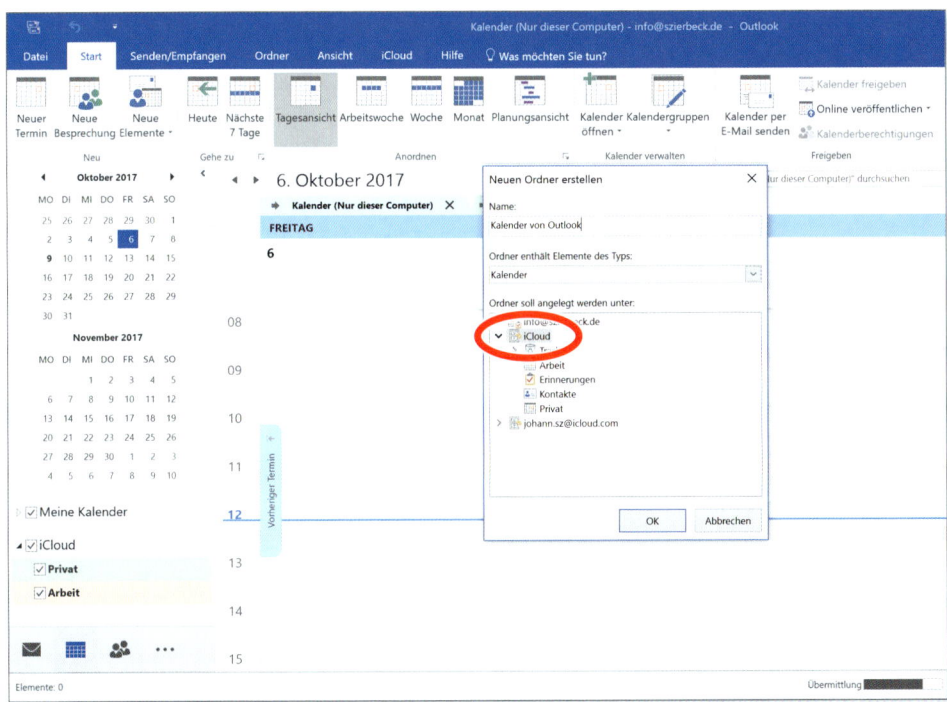

Ein neuer Kalender in Outlook unter Windows …

Kalender

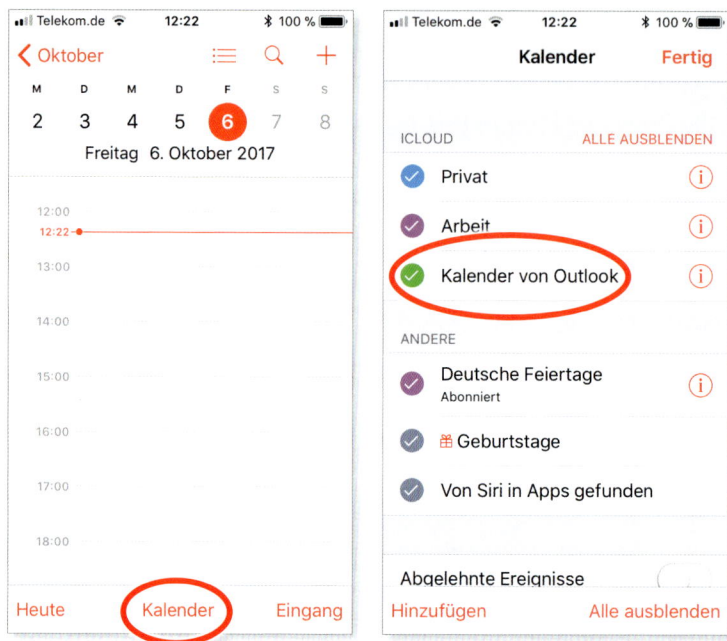

… wird auf das iPhone übernommen.

Kalender freigeben

Mit iCloud lassen sich ebenso Kalender für andere Benutzer freigeben. Freunde oder Familienmitglieder können dann Ihre Termine einsehen oder, je nach Einstellung, Termine eintragen und ändern. Die Freigabe eines Kalenders kann auf dem iPhone, iPad, iPod touch oder auf dem Mac durchgeführt werden. Wenn Sie das Onlineportal *icloud.com* verwenden, können Sie dies auch von einem Windows-Rechner aus tun. Wir zeigen Ihnen exemplarisch die Freigabe auf dem iPhone.

Auf dem iPhone starten Sie die App *Kalender* und tippen bei dem Kalender, der freigegeben werden soll, auf das rote Infosymbol ❶. Dadurch werden die Einstellungen für den Kalender geöffnet. Im oberen Bereich finden Sie dann das Feld *Geteilt mit* mit der Funktion *Neue Person* ❷.

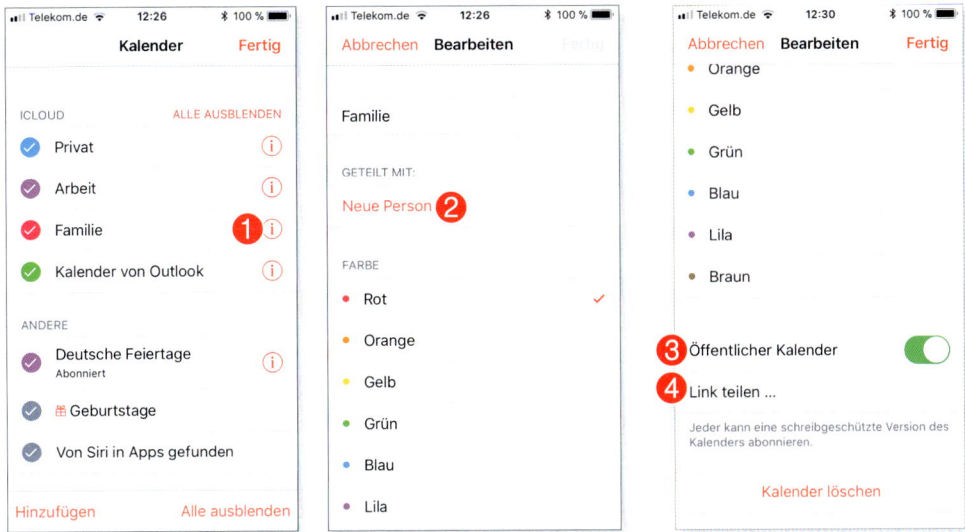

Kalender können für andere Personen freigegeben werden.

Jetzt müssen Sie entscheiden, ob nur bestimmte Personen den Kalender sehen und eventuell bearbeiten dürfen oder ob er der Allgemeinheit zugänglich sein soll. Für die erste Variante tippen Sie auf die Funktion *Neue Person* und geben anschließend die Apple-IDs der Personen ein, die den Kalender abonnieren sollen. Für die zweite Variante aktivieren Sie im unteren Bereich die Option *Öffentlicher Kalender* ❸. Damit wird der Kalender für die breite Öffentlichkeit zugänglich. Jeder, der die Internetadresse des Kalenders kennt, kann ihn dann abonnieren. Den Link für den öffentlichen Kalender erhalten Sie, wenn Sie nach dem Einschalten der Option auf die Schaltfläche *Link teilen* ❹ tippen, die direkt darunter erscheint. Der Link kann damit per E-Mail oder als Nachricht verschickt werden.

 Öffentliche Kalender sind schreibgeschützt. Das bedeutet, die Abonnenten können den Kalender zwar einsehen, darin aber nichts ändern.

Kalender, die nur für bestimmte Personen freigegeben sind, können von diesen bearbeitet werden, wenn Sie die Funktion entsprechend aktiviert haben. Ist die Bearbeitung eingeschaltet, können z. B. Familienmitglieder oder Arbeitsgruppen ihre Termine gemeinsam verwalten. Aktivieren Sie dafür die Option *Bearbeitung zulassen* bei den jeweiligen Personenfreigaben.

Kalender

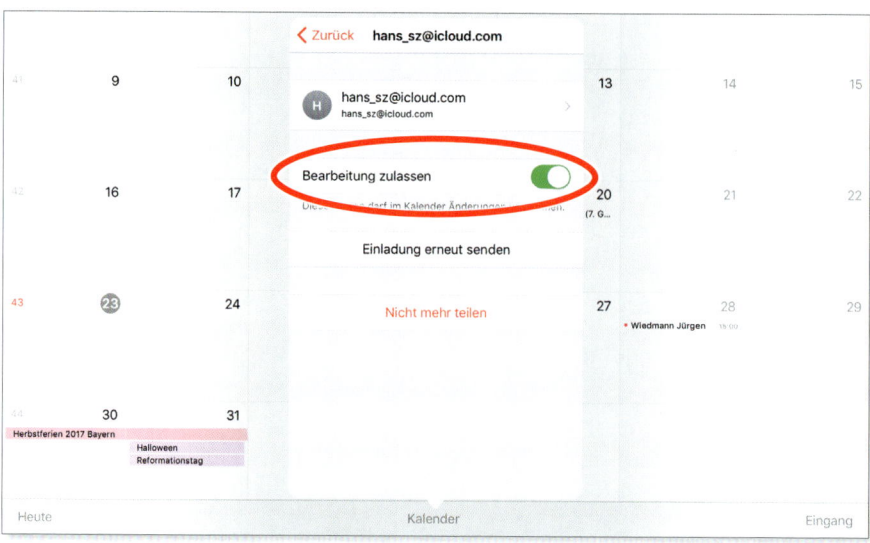

Die Bearbeitung eines Kalenders kann auf bestimmte Personen beschränkt werden.

Nachdem Sie Personen hinzugefügt haben, erhalten diese eine Einladung sowohl per E-Mail als auch direkt in der App. Diese Einladung muss dann nur noch bestätigt werden.

Sie werden eingeladen, einen Kalender zu abonnieren.

Die Kalender, die freigegeben oder abonniert sind, werden speziell gekennzeichnet. Direkt unter dem Kalendernamen können Sie nachlesen, ob er abonniert, für andere Personen freigegeben oder öffentlich ist.

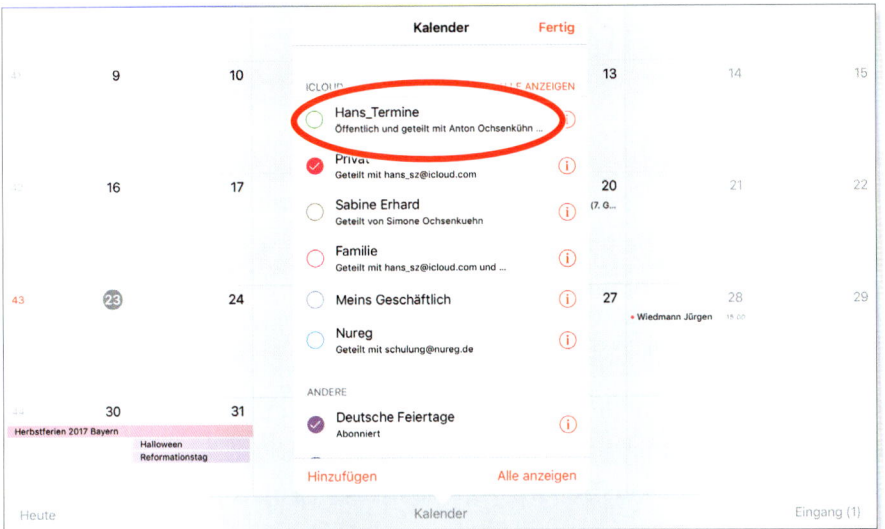

Der Status eines Kalenders lässt sich sehr leicht ermitteln.

Kalender können ebenso über das Webmodul von iCloud freigegeben werden. Melden Sie sich über einen Internetbrowser bei *icloud.com* an und wechseln Sie zur *Kalender*-Funktion. Dort klicken Sie auf das Symbol ▦ am unteren Bildschirmrand, um die Liste mit dem Kalender einzublenden. Anschließend klicken Sie nur auf das Freigabesymbol ⋙, das hinter jedem Kalender angezeigt wird. Dadurch werden die Freigabeoptionen für den Kalender geöffnet. Wie auf dem iPad oder iPhone können Sie nun festlegen, für wen der Kalender sichtbar sein soll.

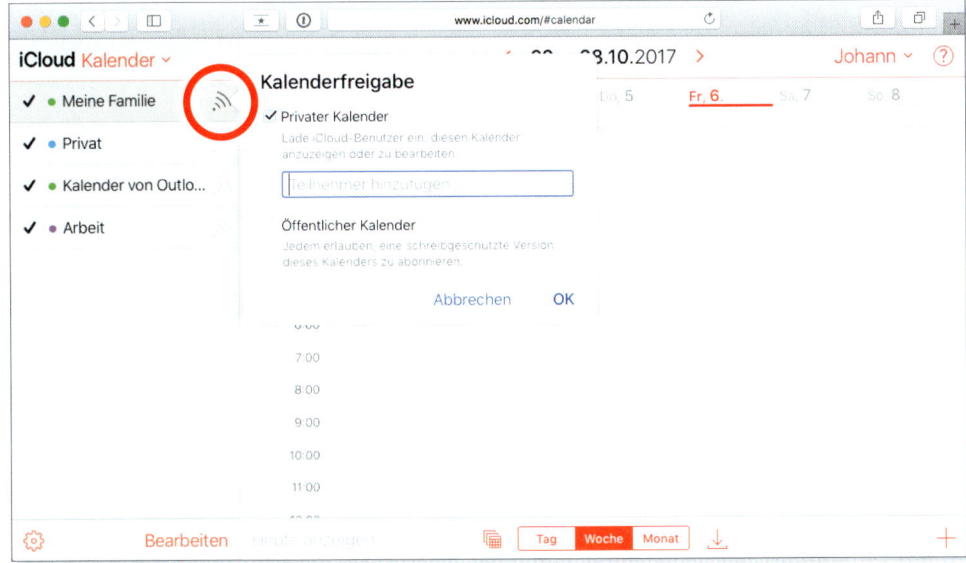

Kalender können auch bei „icloud.com" freigegeben werden.

79

Servereinstellungen

Wer mit einem Mac, einem iPhone, einem iPad oder mit der iCloud-Systemerweiterung in Windows arbeitet, benötigt in der Regel keine expliziten Einstellungen für die Server, mit denen iCloud arbeitet. Die diversen Programme erledigen die Einstellungen für die Server automatisch. Da wären zuerst die Mailserver, die für den E-Mail-Verkehr mit iCloud zuständig sind. Dann gibt es noch eigene Server für den Kalender und die Verwaltung der Kontakte. Wenn Sie die iCloud-Daten allerdings auf einem Android-Gerät oder mit anderer Software nutzen wollen, benötigen Sie die Serveradressen. Für Android können Sie die App *iCloud Contacts Sync* für die Kontakte und die Apps *Calendar iCloud Sync* oder *SmoothSync Cloud Calendar* nutzen. Mit diesen Apps lassen sich die iCloud-Daten auch mit einem Android-Gerät synchronisieren.

Die Serveradressen für den Mail- oder Kalenderserver sind kein Geheimnis. Damit Sie nicht lange im Internet danach suchen müssen, hier nun die Adressen für die unterschiedlichen Dienste:

Funktion	Serveradresse
E-Mail Posteingang	imap.mail.me.com Port: 993 SSL erforderlich
E-Mail Postausgang	smtp.mail.me.com Port: 587 SSL erforderlich
Kontakte	p04-contacts.icloud.com
Kalender	p04-caldav.icloud.com

 Der Benutzername und das Kennwort für die verschiedenen Server sind jeweils Ihre Apple-ID mit dem dazugehörigen Passwort.

Erinnerungen

Die App *Erinnerungen* gibt es auf den iOS-Geräten seit iOS 5 und auf dem Mac seit OS X Mountain Lion (10.8). In dieser App können Sie Aufgaben und Erinnerungen eintragen. Wenn Sie die Aufgaben erledigt haben, haken Sie sie ab wie bei einer handschriftlichen Liste. Die Erinnerungen können zeitbezogen und ortsabhängig eingestellt werden. Wenn Sie z. B. das Haus verlassen, kann Ihr iPhone Sie daran erinnern, das Garagentor zu schließen oder die Mülltonnen rauszustellen.

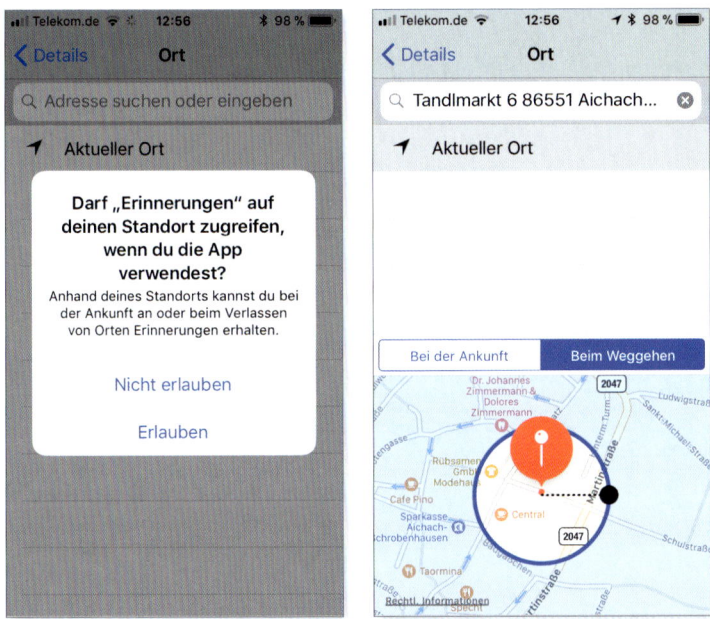

„Erinnerungen" können ortsabhängig definiert werden.

Soll eine Erinnerung eine ortsabhängige Information erhalten, so tippen Sie auf die Erinnerung und anschließend auf das *i*-Symbol. Verwenden Sie dann die Schieberegler *Tagesabhängig* für eine terminliche Erinnerung bzw. *Ortsabhängig* für eine zusätzliche örtliche Erinnerung. Wählen Sie anschließend bei *Ort* aus, ob Sie *Beim Weggehen* oder *Bei der Ankunft* erinnert werden wollen. Und natürlich muss dann noch ein Ort zugewiesen werden. Direkt unter der Option wird der aktuelle Ort angezeigt. Um diesen zu ändern, tippen Sie darauf und geben die neue Adresse ein. Dort haben Sie auch Zugriff auf die Adressbuchdaten innerhalb der Kontakte-App.

Erinnerungen

Mit Hilfe von iCloud lassen sich die Erinnerungen bzw. Aufgaben zwischen den iOS-Geräten, dem Mac und Windows synchronisieren.

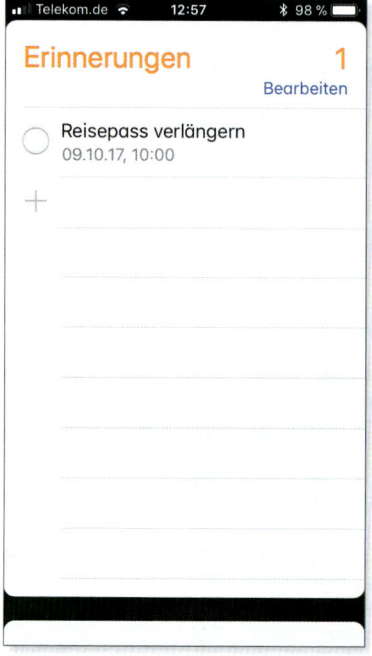

Erinnerungen und Aufgaben, die Sie am iPhone oder iPad eingetragen haben, …

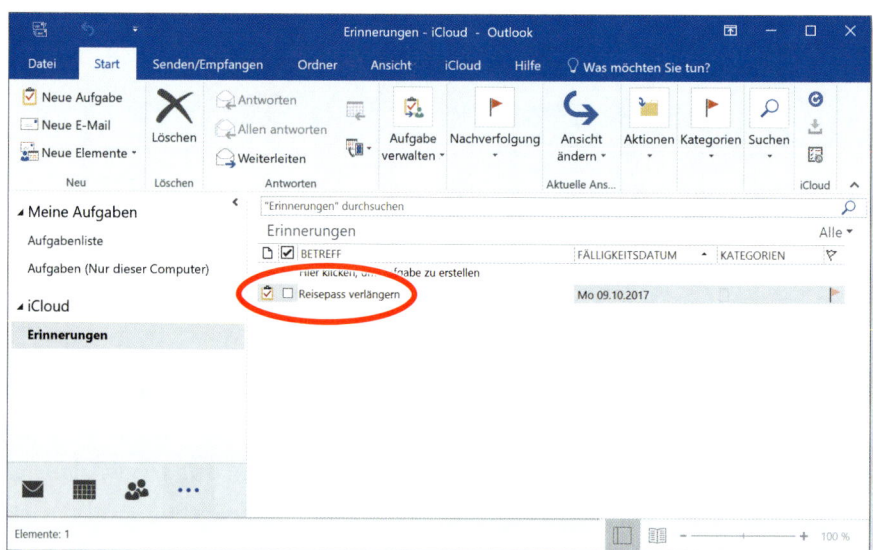

… werden auch in Microsoft Outlook aufgelistet.

Erinnerungen freigeben

So wie die Kalender lassen sich auch die einzelnen Erinnerungslisten für andere Personen freigeben. Die anderen Personen können dabei nicht nur die Erinnerungen einsehen, sondern auch bearbeiten bzw. als erledigt kennzeichnen. Die Freigabe kann auf dem Mac, iPhone oder iPad eingerichtet werden. Windows-Anwender können ausschließlich über das Onlineportal von *icloud.com* auf die Freigabe von Erinnerungslisten zugreifen.

Loggen Sie sich bei *icloud.com* ein und öffnen Sie den Bereich *Erinnerungen*. Markieren Sie mit der Maus die Erinnerungsliste, die freigegeben werden soll. Damit wird hinter dem Namen das Freigabesymbol eingeblendet. Klicken Sie darauf und geben Sie nun die Apple-IDs der Personen ein, die auf die Erinnerungsliste Zugriff haben sollen. Diese erhalten dann nach der Bestätigung per E-Mail eine Benachrichtigung über die freigegebene Liste mit der Aufforderung, die Liste ihren eigenen Erinnerungen hinzuzufügen.

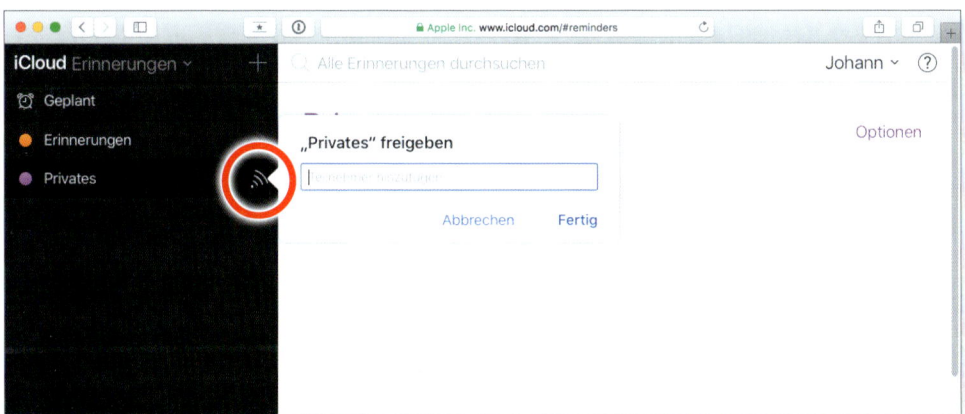

Über das Onlineportal von „icloud.com" können Erinnerungen auch anderen Personen zugänglich gemacht werden.

Um die Freigabe einer Liste wieder rückgängig zu machen, müssen Sie die einzelnen Teilnehmer entfernen. Dazu klicken Sie wieder auf das Freigabesymbol und anschließend auf den Teilnehmer. In dem Menü, das sich daraufhin öffnet, wählen Sie dann die Funktion *Teilnehmer entfernen* aus. Wenn Sie dies mit allen Teilnehmern gemacht haben, ist die Freigabe deaktiviert.

Auf dem iPhone oder iPad wird die Freigabe einer Erinnerungsliste eingestellt, indem Sie auf *Bearbeiten* tippen und anschließend auf *Teilen*. Dort geben Sie dann die Apple-IDs der Personen an, die auf die Erinnerungsliste zugreifen dürfen.

Erinnerungen

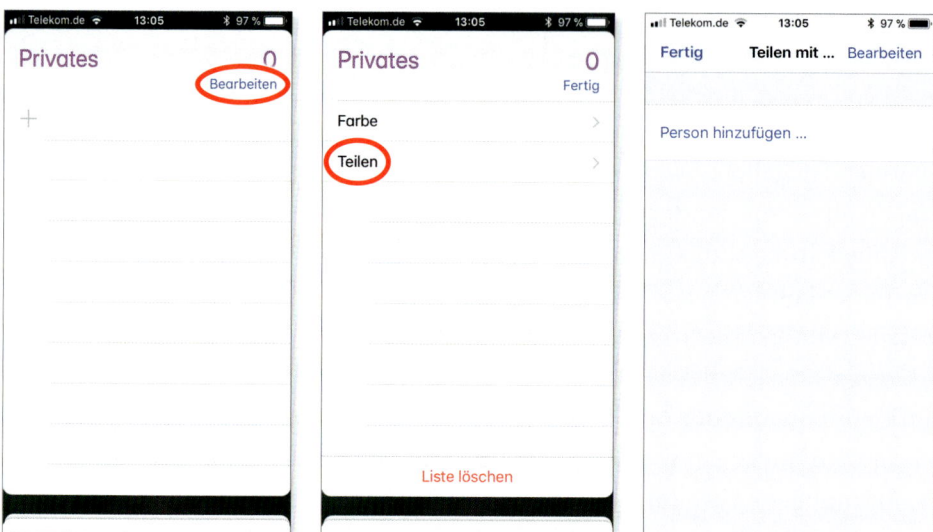

Auf dem iPhone oder iPad kann eine Erinnerungsliste für andere Personen freigegeben werden.

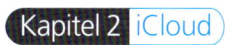

Internetbrowser

Die Lesezeichen von Safari bzw. die Favoriten des Internet Explorers unter Windows sind weitere Eigenschaften, die mit iCloud zwischen den Geräten abgeglichen werden können. Safari-Nutzer können aber nicht nur die Lesezeichen, sondern auch die Leseliste und die geöffneten Fenster synchronisieren.

 Die Lesezeichen von Edge, dem Internetbrowser von Windows 10, können zur Zeit noch nicht mit iCloud synchronisiert werden. Das funktioniert nur mit dem Internet Explorer, Firefox und Chrome.

Seit OS X Lion bzw. iOS 5 verfügt Safari über eine Funktion, die *Leseliste* heißt. Mit einer Leseliste kann man interessante Internetseiten für ein späteres Lesen speichern. Wenn Sie also z. B. beim Surfen eine interessante Seite finden, aber momentan keine Zeit zum Ansehen haben, können Sie die Seite zur Leseliste hinzufügen und zu einem späteren Zeitpunkt lesen.

Wie bei allen Funktionen von iCloud werden die Lesezeichen bzw. die Leseliste sofort mit den anderen Geräten synchronisiert, sobald sich etwas daran ändert.

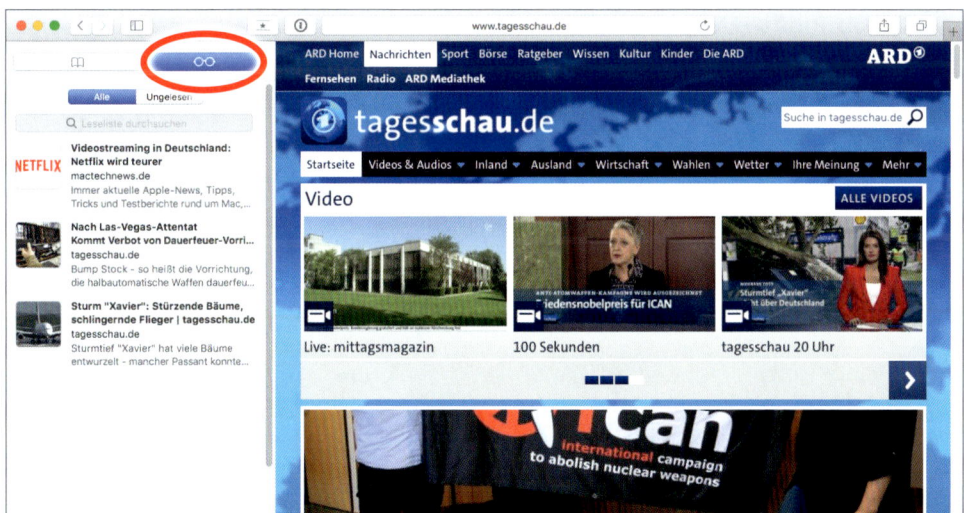

Die Leseliste von Safari auf dem Mac …

Internetbrowser

… wird sofort mit Safari auf dem iPad abgeglichen.

Windows-Anwender können für die Lesezeichen bzw. Favoriten noch etwas Besonderes einstellen: In der iCloud-Systemsteuerung können sie entscheiden, welcher Browser für den Datenabgleich verwendet werden soll. Ein Mausklick auf *Optionen* öffnet ein zweites Fenster, wo der Windows-Anwender zwischen Internet Explorer, Firefox oder Chrome wählen kann.

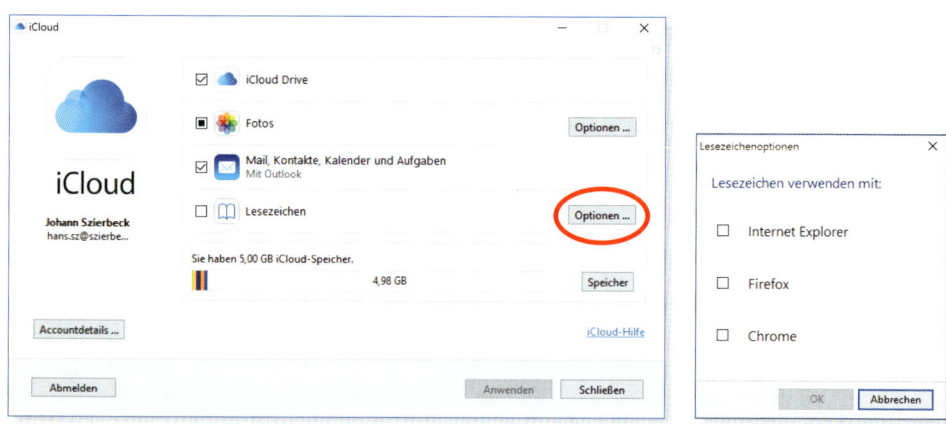

Unter Windows können alternativ die Favoriten von anderen Browsern verwendet werden.

Für Firefox und Chrome müssen noch Plug-Ins installiert werden, damit die Lesezeichen mit iCloud synchronisiert werden. Darauf werden Sie hingewiesen, sobald Sie einen der beiden Browser auswählen. Sie können dann anschließend die jeweiligen Plug-Ins direkt herunterladen und installieren.

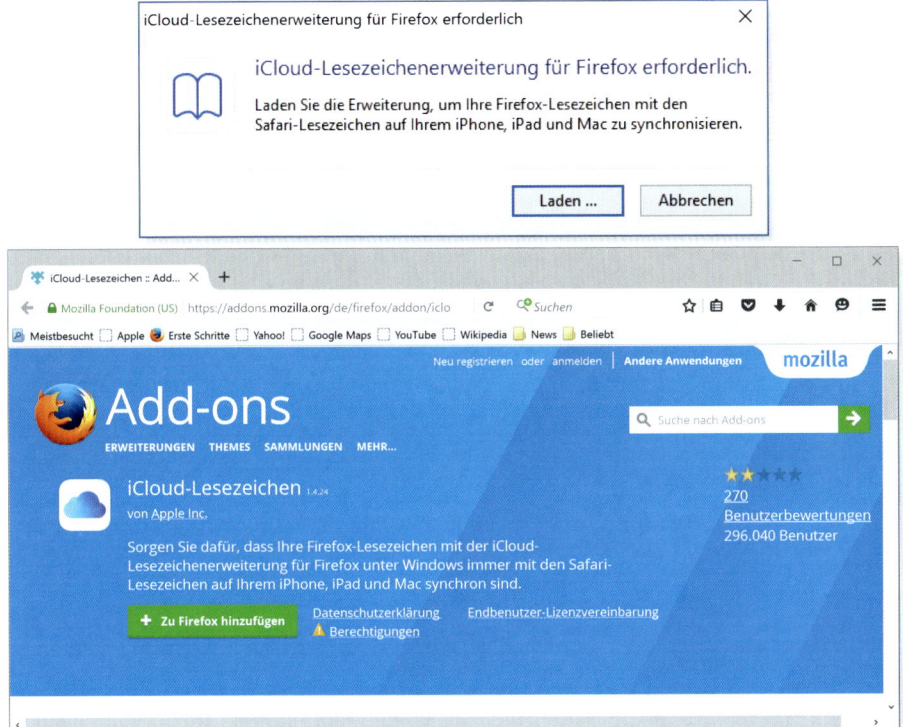

Firefox und Chrome benötigen für die iCloud-Anbindung ein Plug-In.

iCloud-Tabs

Eine sehr nützliche Funktion im Zusammenspiel von Safari und iCloud sind die *iCloud-Tabs*. Damit werden die geöffneten Fenster bzw. Tabs in Safari zwischen den Geräten synchronisiert. Wenn Sie z. B. auf dem Rechner zu Hause mit Safari surfen und anschließend außer Haus gehen, können Sie auf dem iPad genau dort weitersurfen, wo Sie zu Hause aufgehört haben.

Die iCloud-Tabs funktionieren vollautomatisch und zeigen alle Safari-Fenster der Geräte an, die mit Ihrer Apple-ID bei iCloud angemeldet sind. Zugriff darauf haben Sie in Safari, wenn Sie auf das Tabsymbol ⧉ tippen. Dort finden Sie die Auflistung der iCloud-Tabs.

Internetbrowser

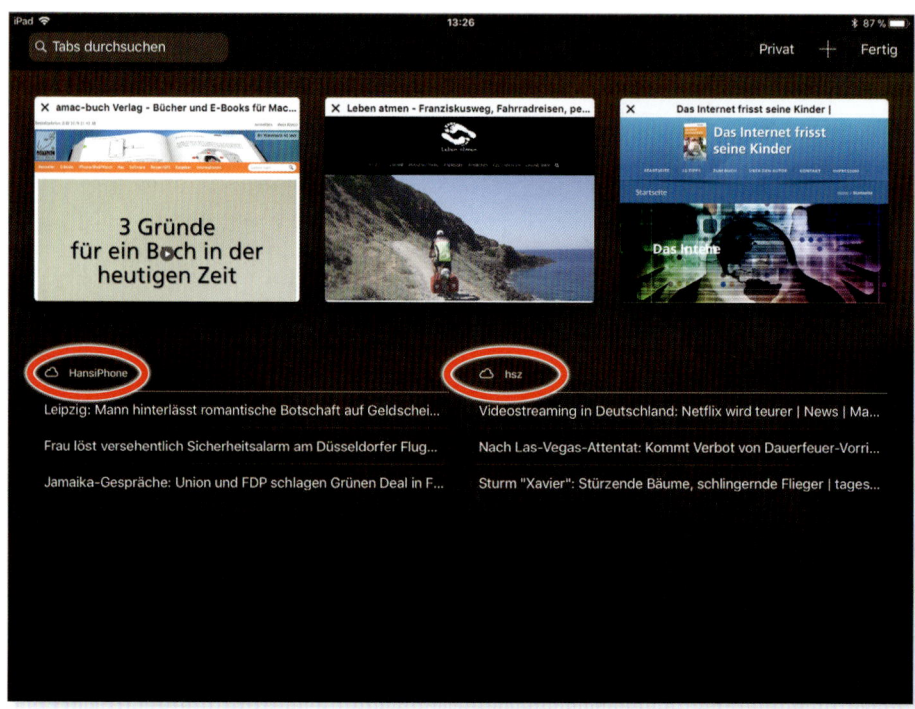

Mit den „iCloud-Tabs" haben Sie Zugriff auf die geöffneten Safari-Fenster der anderen Geräte.

Notizen

Wenn Sie auf einem iOS-Gerät eine neue Notiz erstellen, wird diese unmittelbar danach auf den anderen Geräten, auf dem Mac im Programm *Notizen* und unter Windows in *Outlook*, verfügbar sein. Im Programm *Outlook* unter Windows sind die Notizen im Ordner *Notes* des iCloud-Kontos abgelegt.

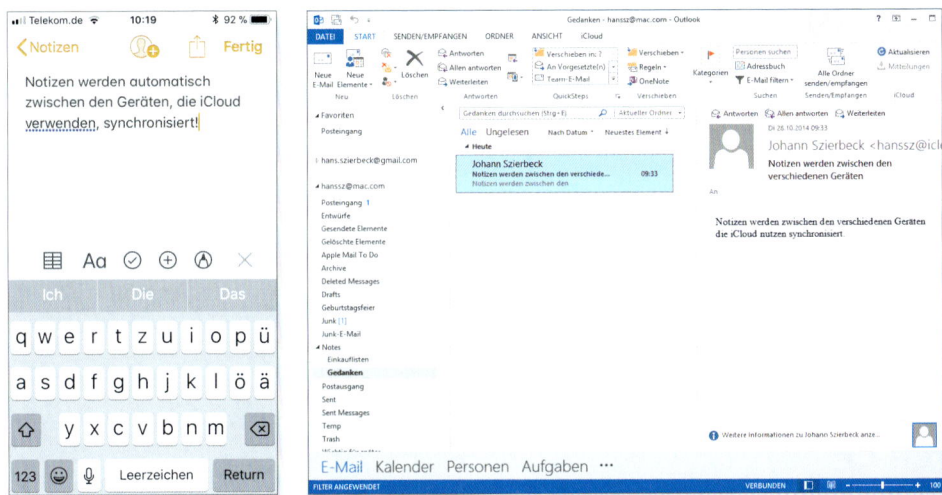

Notizen vom iPhone oder iPad (links) werden mit dem Programm Outlook unter Windows (rechts) abgeglichen.

Fotostream bzw. iCloud-Fotofreigabe

Hinter dem Namen *Fotostream* verbirgt sich der Datenabgleich von Bildern und seit iOS 7 auch von Videos zwischen den Geräten. Das Überspielen von Fotos und Videos auf iPhone/iPad/iPod touch war bisher immer eine mühselige Sache, weil man die Geräte jedes Mal per USB-Kabel an den Rechner anschließen und eine Anwendung starten musste, wie z. B. *Fotos*. Dieser Vorgang entfällt nun mit iCloud. Fotografien oder Filme, die mit der iPhone- oder iPad-Kamera gemacht wurden, werden zur iCloud übertragen und an die anderen Geräte weitergeleitet. Die neuen Fotos und Filme sind also sofort verfügbar. Umgekehrt funktioniert das natürlich genauso: Wenn Sie in Fotos neue Bilder hinzufügen, können Sie entscheiden, ob diese an das iPhone bzw. iPad übertragen werden sollen.

 Sie können bis zu 1000 Bilder per Fotostream mit den anderen Geräten teilen. Dabei werden immer die Bilder der letzten 30 Tage synchronisiert.

Die Fotostream-Funktion bzw. iCloud-Fotofreigabe findet man auf dem iPhone bzw. iPad und iPod touch in der App *Fotos*. Dort können Sie aus jeder Kategorie heraus (*Fotos*, *Rückblicke*, *Geteilt* und *Alben*) die Fotos für andere Personen freigeben. Die Kategorie *Geteilt* enthält alle bereits abonnierten bzw. von Ihnen freigegebenen Bilder.

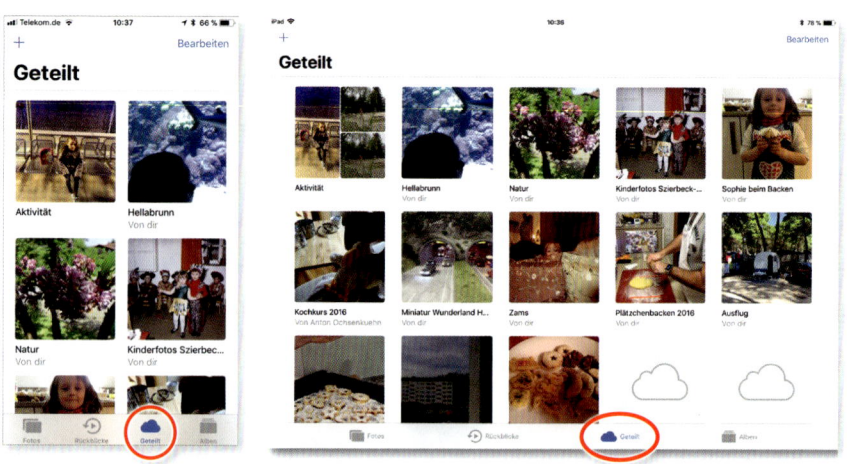

„Fotostream" auf dem iPhone (links), iPad (rechts) …

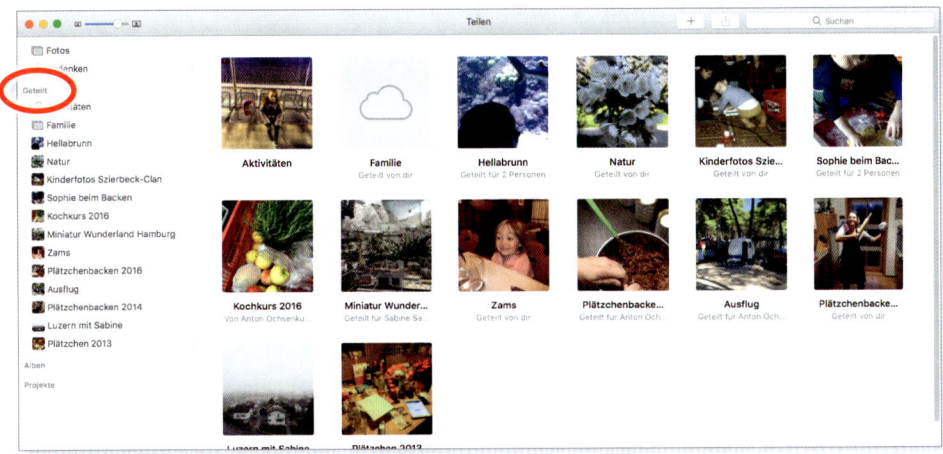

… und „Fotos" auf dem Mac.

Fotos auf dem iPhone, iPad und Mac für iCloud konfigurieren

Ob neue Bilder automatisch zu iCloud hochgeladen werden, kann selbstverständlich von Ihnen festgelegt werden. Auf dem iPhone bzw. iPad müssen Sie dazu die *Einstellungen* öffnen. Dort tippen Sie dann auf *[Ihr Name] –> iCloud –> Fotos*, um die Einstellungen für den Fotostream zu erhalten. Wenn Sie die Option *Mein Fotostream* ❶ einschalten, werden ab sofort alle neue Fotos automatisch zu iCloud übertragen.

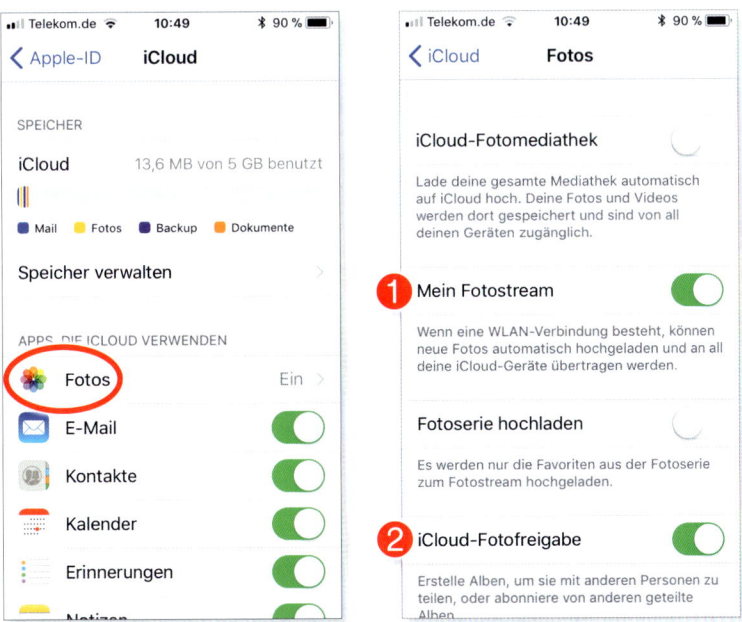

Der Fotostream wird in den iCloud-Einstellungen aktiviert.

Fotostream bzw. iCloud-Fotofreigabe

Um das Gleiche auf dem Mac zu erreichen, öffnen Sie *Systemeinstellungen –> iCloud* und klicken dort auf *Optionen*. In den Optionen können Sie dann die Funktion *Mein Fotostream* ❶ ein- bzw. ausschalten.

Auf dem Mac kann der Fotostream in den „Systemeinstellungen" konfiguriert werden.

Wollen Sie in Fotos gemeinsam genutzte Fotostreams erzeugen und mit Freunden teilen bzw. auch fremde Fotostreams abonnieren, dann müssen Sie die Funktion *iCloud-Fotofreigabe* ❷ einschalten.

Wenn Sie Bilder und Videos von Fotos auf dem Mac zu iCloud manuell hinzufügen wollen, müssen Sie diese zuerst auswählen. Anschließend klicken Sie auf die Schaltfläche *Teilen* rechts oben. Dort wählen Sie zuerst die Funktion *iCloud-Fotofreigabe* aus und anschließend, in welchen Fotostream die Bilder geladen werden sollen. Die ausgewählten Objekte werden nun zur iCloud hochgeladen und sind dann für die iOS-Geräte unter *Geteilt* verfügbar.

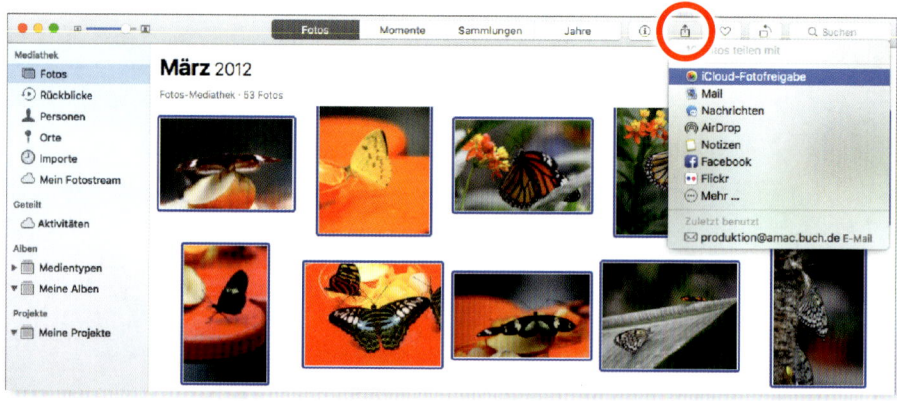

Bilder von Fotos können einfach zu „iCloud" hinzugefügt werden.

Windows-Anwender müssen etwas anders vorgehen, um die Bilder und Filme von Fotostream zu nutzen. Da es Fotos für Windows nicht gibt, nutzt iCloud einen speziellen Ordner für die Verwaltung von Fotostream-Dateien. Bei der Installation von iCloud bzw. bei der Aktivierung der Fotostream-Funktion wird ein Favorit namens *iCloud-Fotos* erstellt. Dieser enthält drei Unterordner für den Upload, Download und das Teilen von Bildern, die von Ihnen freigegeben oder abonniert wurden.

In der iCloud-Systemsteuerung von Windows kann man den Speicherort für die Bilder ändern. Ein Mausklick auf *Optionen* bei der Funktion *Fotos* öffnet ein Fenster, in dem die Ordner gewechselt werden können.

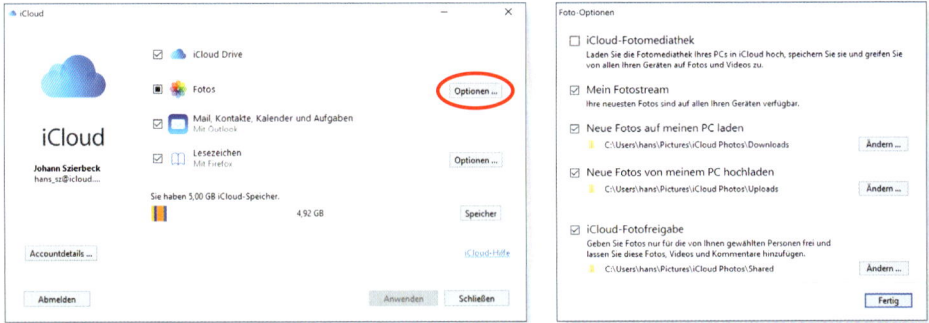

Windows verwendet zwei Ordner, um die Bilder von Fotostream zu verwalten.

Objekte aus Fotostream entfernen

Einzelne Bilder bzw. Filme können aus Fotostream auch wieder gelöscht werden. Dazu können Sie entweder das iPhone oder iPad oder den iPod touch benutzen, aber auch mit Fotos auf dem Mac oder mit dem Windows Explorer ist dies möglich. In der Fotos-App auf dem iPhone/iPad/iPod touch müssen Sie die Objekte bei *Geteilt* im jeweiligen Fotostream bzw. bei den Alben *Mein Fotostream* nur markieren und anschließend auf die Schaltfläche mit dem Mülleimer tippen.

Mit Fotos auf dem Mac müssen zuerst die Bilder bzw. Filme zum Löschen in Fotostream markiert werden. Anschließend brauchen Sie nur noch die *Entfernen*-Taste auf der Tastatur zu drücken. Ähnlich funktioniert es unter Windows im Windows Explorer. Wechseln Sie dort zu Ihrem Fotostream-Ordner, markieren Sie die Dateien zum Löschen und drücken Sie abschließend die *Entfernen*-Taste, damit die Bilder in den Papierkorb gelegt werden.

Fotostream bzw. iCloud-Fotofreigabe

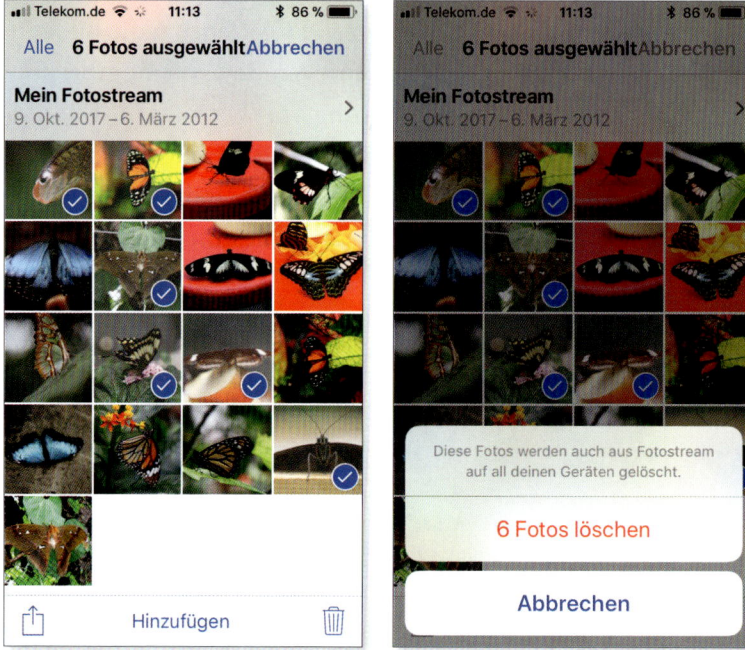

Auch einzelne Bilder können im Fotostream-Album gelöscht werden.

Bilder und Filme für andere Personen freigeben

Mit Fotostream können Sie Bilder und Filme anderen Personen zugänglich machen. Das geht sogar so weit, dass Sie die Bilder und Filme auch für die breite Öffentlichkeit freigeben können. Dabei gibt es natürlich noch Beschränkungen. Sie allein bestimmen, welche Personen die Objekte sehen dürfen.

Um nun etwas freizuschalten, gibt es mehrere Wege. Sie können z. B. den Weg über *Fotos* oder *Alben* in der *Fotos*-App wählen und die gewünschten Bilder bzw. Filme in ein eigenes Fotostream-Album legen. Tippen Sie dafür auf *Auswählen* rechts oben, und markieren Sie die Fotos. Anschließend tippen Sie links unten auf das *Teilen*-Symbol und wählen dort *iCloud-Fotofreigabe* aus.

Kapitel 2 iCloud

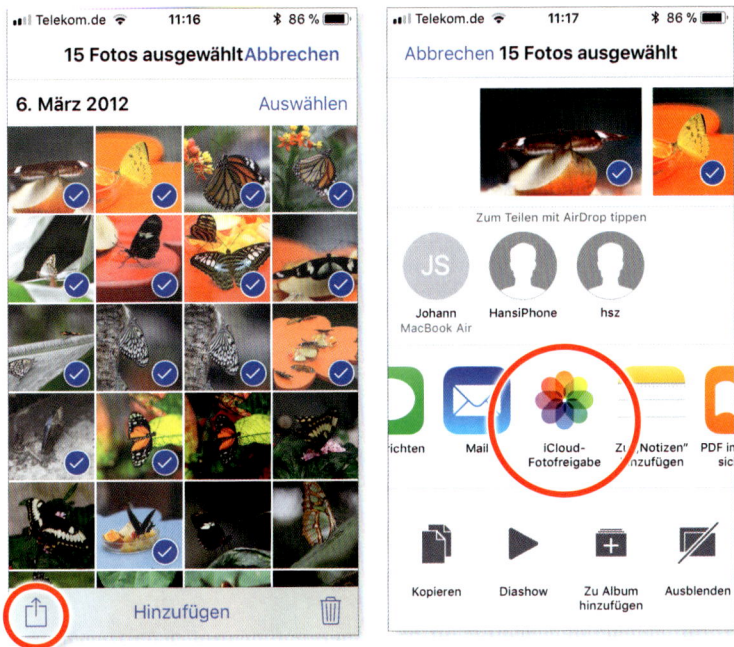

Mit den ausgewählten Fotos wird ein neuer Fotostream erstellt.

Als nächstes müssen Sie festlegen, ob ein neuer Fotostream entstehen soll oder ob die Bilder in einen bereits vorhandenen Fotostream übernommen werden sollen. Dazu tippen Sie auf die Zeile *Geteiltes Album* und legen dort ein *Neues geteiltes Album* an, oder Sie wählen einen der bereits vorhandenen Fotostreams. Wenn Sie ein neues freigegebenes Album erstellen, müssen Sie anschließend einen Namen vergeben. Dieser Name erscheint bei den eingeladenen Personen und sollte deswegen sinnvoll gewählt werden. Der Name kann auch nachträglich noch geändert werden.

  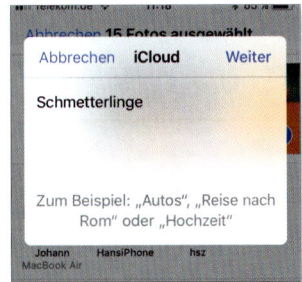

Ein neues freigegebenes Album entsteht.

Tippen Sie dann auf *Weiter*. Jetzt müssen Sie noch die E-Mail-Adressen der Personen eingeben, die den Fotostream erhalten sollen. Die E-Mail-Adressen

Fotostream bzw. iCloud-Fotofreigabe

müssen Apple-IDs eines iCloud-Accounts sein. Sie können zu einem späteren Zeitpunkt noch zusätzliche Personen für den Fotostream angeben, denn er kann beliebig erweitert werden.

Falls Sie den Fotostream Personen zeigen wollen, die keine Apple-ID bzw. keinen iCloud-Account besitzen, dann haben Sie nur die Möglichkeit, den Fotostream öffentlich zu machen und die daraus entstandene Internetadresse an Ihre Freunde zu schicken. Nähere Informationen dazu können Sie im Abschnitt „Öffentliche Fotostreams" ab Seite 103 nachlesen.

Nach dem Einladen der Personen kann der Fotostream gepostet werden.

Als letzten Arbeitsschritt können Sie noch eine Nachricht bzw. einen Kommentar für den neuen Fotostream eingeben. Ist das geschehen, tippen Sie auf *Posten*, und der Fotostream wird an die eingeladenen Personen übermittelt. Diese erhalten eine Push-Nachricht und eine E-Mail, dass ein Fotostream verfügbar ist. Wenn eine eingeladene Person den Fotostream akzeptiert hat, erhalten Sie im Gegenzug eine Mitteilung über den Beitritt.

Die Einladung zum Abo eines Fotostreams muss von den eingeladenen Personen akzeptiert werden. Im Gegenzug erhält der Initiator eine Nachricht über den Beitritt zum Abo.

Eine andere Möglichkeit, um einen Fotostream zu erzeugen, finden Sie im Bereich *Geteilt* in der *Fotos*-App. Tippen Sie dort nur auf das Plussymbol links oben. Wenn Sie diesen Weg nutzen, müssen Sie nachträglich Fotos bzw. Filme in die Streams übertragen.

In der Kategorie „Geteilt" können neue Fotostreams angelegt werden.

Fotostream bzw. iCloud-Fotofreigabe

Der freigegebene Fotostream kann nachträglich mit Objekten befüllt werden. Dazu wechseln Sie in der *Fotos*-App zum Bereich *Geteilt*, wählen den Fotostream aus und tippen anschließend auf das Plussymbol. Danach können Sie aus jedem beliebigen Album Ihres Geräts Bilder und Filme hinzufügen. Die ausgewählten Objekte werden dabei zur iCloud hochgeladen, und die Abonnenten des Fotostreams erhalten eine Nachricht, dass neue Fotos verfügbar sind.

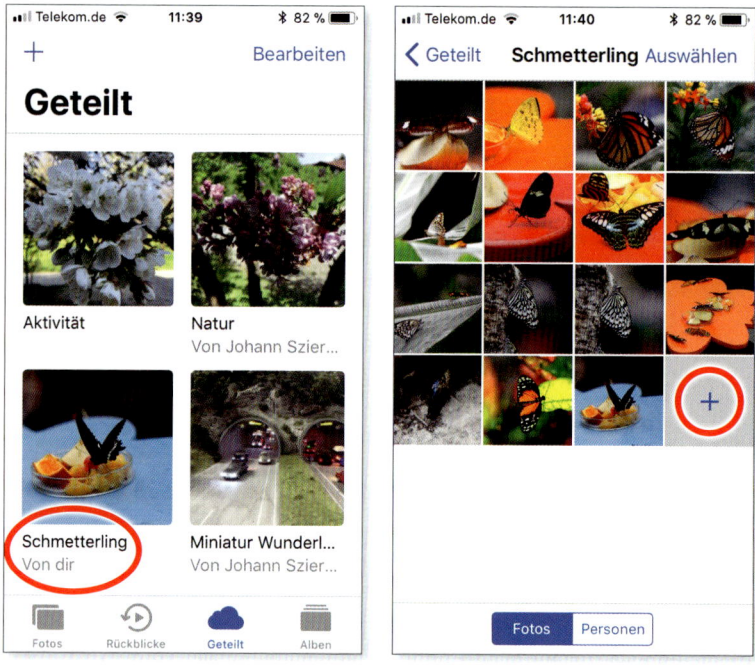

Ein Fotostream kann nachträglich jederzeit mit neuen Bildern bestückt werden.

Die Abonnenten müssen jetzt nur den Fotostream öffnen, um die Fotos oder Filme zu betrachten. Immer wenn der Aussteller des Fotostreams neue Objekte hinzufügt, erfahren die Abonnenten dies per Nachricht.

Aber es kommt noch besser! Wenn Sie selbst einen Fotostream von Freunden abonniert haben, können Sie diesem auch eigene Bilder oder Filme hinzufügen, falls der Ersteller dies erlaubt hat (siehe Seite 102).

Das Hochladen von eigenen Fotos geht sehr einfach. Öffnen Sie den abonnierten Fotostream in der *Fotos*-App und tippen Sie auf das große Plussymbol, das am Ende der Liste erscheint. Anschließend können Sie die Bilder oder Filme auswählen, die dem Fotostream hinzugefügt werden sollen. Mit einem Fingertipp auf *Posten* werden die Objekte dann hochgeladen.

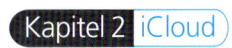

 Die Fotostreams können Sie übrigens ebenfalls mit Apple TV anschauen. Dabei ist die Präsentationsmöglichkeit als Diashow mit Musikuntermalung eine hervorragende Option.

Selbst im Programm *Fotos* auf dem Mac erscheinen die Fotostreams. Bilder und Filme können kommentiert und in individuellen Streams hinzugefügt werden. Damit sind alle Funktionen, die iOS zur Verfügung stellt, ebenfalls in Fotos auf dem Mac.

 Die Fotostreams sind zudem unter Windows nutzbar. Ab der Version 2 der iCloud-Systemsteuerung ist die Funktion vorhanden. Fotos und Filme finden Sie bei **iCloud-Fotos** in der Favoritenleiste des Windows Explorers.

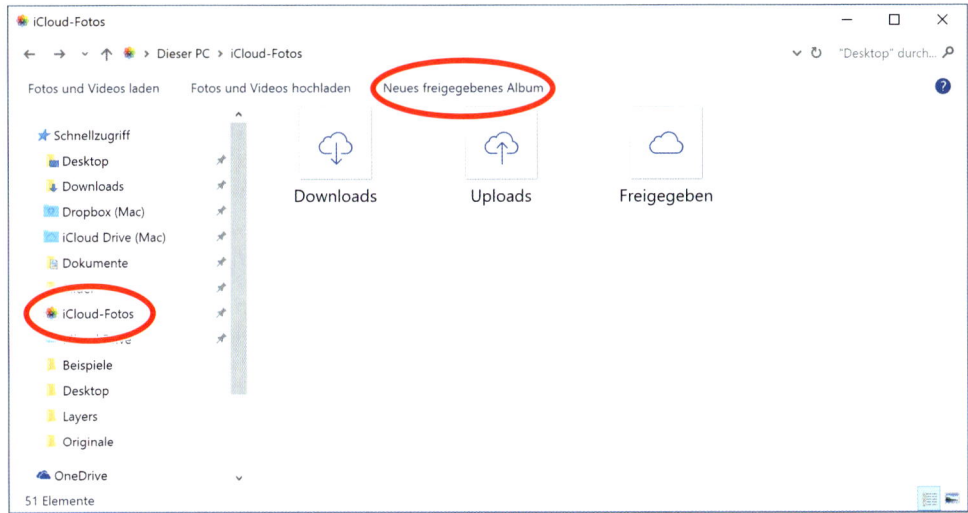

Im Windows Explorer lassen sich neue Fotostreams erstellen.

Filme hochladen

Im Unterschied zu Fotos werden Filme, die Sie mit dem iPhone oder iPad gedreht haben, nicht automatisch zu iCloud hochgeladen. Wenn man darüber nachdenkt, ist das auch ganz gut so. Da Filme meistens aus größeren Datenmengen bestehen, würde der automatische Upload bei Verwendung eines mobilen Datennetzes lange dauern bzw. das Flatrate-Kontingent sehr schnell aufbrauchen. Darum ist es auch besser, Filme erst dann zu iCloud hochzuladen, wenn man sich in einem WLAN befindet.

Fotostream bzw. iCloud-Fotofreigabe

Um nun einen Film zu iCloud bzw. einem Fotostream hinzuzufügen, wählen Sie ihn in der *Fotos*-App aus und tippen anschließend auf den *Teilen*-Button. Dort wählen Sie dann als Ziel *iCloud-Fotofreigabe* aus. Anschließend bestimmen Sie noch, in welchen Fotostream der Film eingefügt werden soll, und tippen dann auf *Posten*. Das war's!

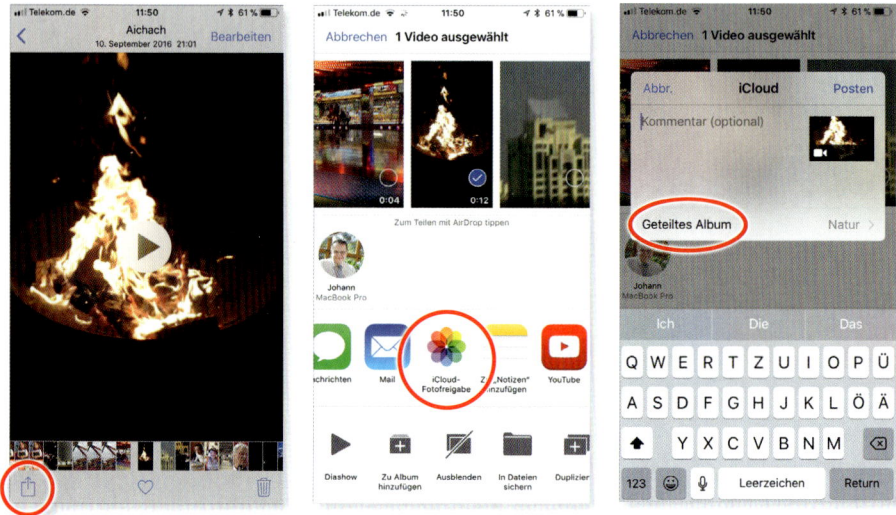

Filme vom iPhone oder iPad müssen manuell zu iCloud hochgeladen werden.

Fotostreambilder weiterverwenden und kommentieren

Die Abonnenten eines Fotostreams können die Bilder und Filme nicht nur betrachten, sondern noch viele andere Funktionen ausführen, wie z. B. sie in ihre eigenen Alben verschieben, kopieren oder als Hintergrundbild verwenden. Sie können sogar Kommentare vergeben.

Um ein Bild oder einen Film weiterzuverwenden, tippen Sie bei der Bildansicht auf den *Teilen*-Button und wählen anschließend aus, auf welche Weise das Bild bzw. der Film verwendet werden soll. Für einen Bildkommentar müssen Sie den Text nur im Feld *Kommentar hinzufügen* eingeben und dann auf *Senden* tippen.

Kapitel 2 iCloud

Die abonnierten Bilder lassen sich weiterverwenden und kommentieren.

> ! Die Bilder und Videos eines Fotostreams lassen sich auch auf dem Mac im Programm Fotos und unter Windows im Windows Explorer kommentieren.

Falls Sie mehrere oder alle Bilder bzw. Filme des Fotostreams auf Ihrem iPhone sichern wollen, dann tippen Sie in der Bildübersicht auf den Button *Auswählen*, markieren anschließend die gewünschten Objekte, tippen auf den *Bereitstellen*-Button und wählen zum Schluss aus, auf welche Art die Fotos bzw. Filme weitergegeben werden sollen.

Sie können auch mehrere Bilder gleichzeitig versenden oder einem Album hinzufügen.

Fotostream bzw. iCloud-Fotofreigabe

> ❗ Nochmals kurz zurück zu den Kommentaren in Fotostream: Damit Sie als Herausgeber des Streams ständig informiert werden, wenn ein Kommentar geschrieben wurde, sollten Sie in den **Einstellungen –> Mitteilungen –> Fotos –> iCloud-Fotofreigabe** den markierten Bereich konfigurieren.

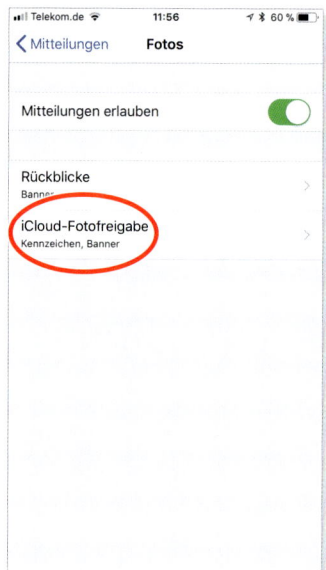
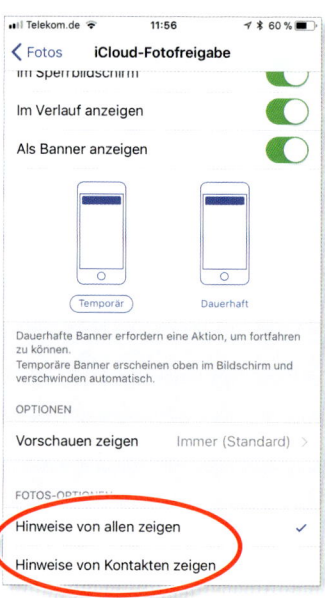

Neuerungen in Fotostream können in der Mitteilungszentrale angezeigt werden.

Fotostream-Einstellungen ändern

Die Einstellungen eines Fotostreams, wie z. B. die Abonnenten oder der Name, können zu jedem Zeitpunkt geändert werden. Zum Ändern des Namens müssen Sie in der *Fotos*-App bei *Geteilt* auf *Bearbeiten* rechts oben tippen. Anschließend können Sie den Namen ändern bzw. überschreiben.

Den Namen eines Fotostreams kann man in der Übersicht ändern.

Wollen Sie die Abonnenten ändern bzw. einsehen, tippen Sie in der Übersicht auf den Stream und anschließend auf die Kategorie *Personen*. Nun haben Sie eine Liste über die Abonnenten und können weitere Personen einladen oder das Abo beenden.

 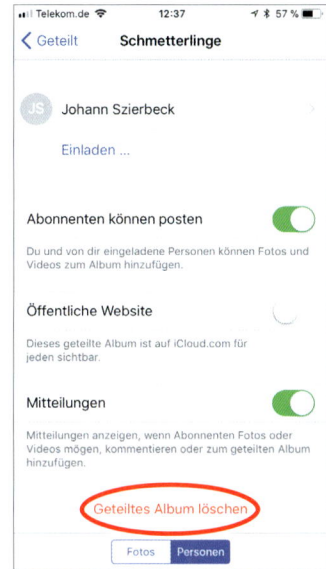

Die Einstellungen eines Fotostreams lassen sich jederzeit nachträglich ändern.

Etwas weiter unten finden Sie auch die Funktion, den kompletten Fotostream zu löschen. Dadurch werden auch die Abonnements beendet.

Falls Sie selbst ein Abo eines Fotostreams haben, können Sie mit einem Fingertipp auf den Stream und anschließend auf *Personen* die anderen Abonnenten und den Eigentümer einsehen.

 Eine wichtige Einstellung ist auch die Option **Abonnenten können posten**. Wenn Sie diese Funktion aktivieren, kann jeder Abonnent nicht nur Kommentare zu den Bildern bzw. Filmen erstellen, sondern auch eigene Fotos und Filme in den Fotostream hochladen.

Öffentliche Fotostreams

In den Einstellungen eines Fotostreams gibt es die Option *Öffentliche Website*. Damit wird der Fotostream auf *icloud.com* über das Internet veröffentlicht und kann in einem Browser betrachtet werden. Allerdings gilt dies nur für Personen, die die Internetadresse des Fotostreams kennen.

Fotostream bzw. iCloud-Fotofreigabe

Sobald Sie den Regler bei *Öffentliche Website* ❶ nach rechts schieben, entsteht eine Internetadresse, unter der der Fotostream erreichbar ist. Die Adresse wird unmittelbar unter der Option angezeigt ❸ und kann per E-Mail oder Nachricht an ausgewählte Personen verschickt werden, wenn Sie auf die Schaltfläche *Link teilen* ❷ tippen. Sie können die Adresse aber auch kopieren und z. B. auf Ihrer Internetseite veröffentlichen.

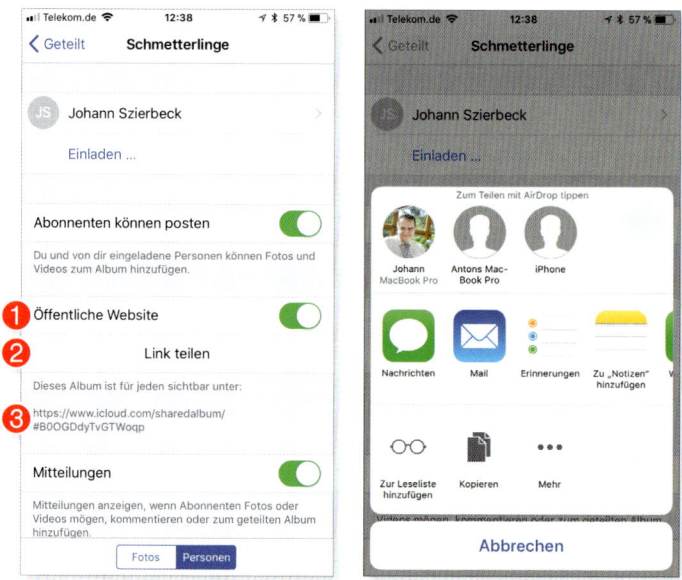

Die Adresse eines veröffentlichten Fotostreams kann auf mehrere Arten verteilt werden.

Ein veröffentlichter Fotostream wird in einem Internetbrowser auf ansprechende Art dargestellt. Der Anwender kann sich durch eine Übersicht bewegen, aber auch die einzelnen Bilder in einer Diashow Ⓐ oder im Vollbildmodus Ⓑ betrachten. Er kann sogar die Bilder auf den eigenen Rechner herunterladen Ⓒ.

Kapitel 2 iCloud

Im Browser wird der veröffentlichte Fotostream ansprechend dargestellt ...

... und hält einige Funktionen für den Anwender bereit.

iCloud-Fotomediathek

Wenn Sie den Abschnitt zu Fotostream bereits gelesen haben, kennen Sie schon eine Art, wie man Bilder mit mehreren Geräten abgleichen kann. Über *Mein Fotostream* gelangen alle neu aufgenommenen Fotos an alle Geräte, die über Ihre Apple-ID verfügen und bei denen *Mein Fotostream* ebenfalls aktiviert ist. So haben Sie das Foto, das Sie am iPhone oder iPad gemacht haben, auch am iPad bzw. Mac oder unter Windows.

Seit iOS 8 gibt es noch zusätzlich die *iCloud-Fotomediathek*. Ist die einmal aktiviert, so wird Ihre gesamte Mediathek in die iCloud geladen und ist dann

Fotostream bzw. iCloud-Fotofreigabe

ebenfalls an allen Ihren iCloud-Geräten verfügbar. Das gilt für bereits in der Mediathek vorhandene Inhalte und für künftig hinzugefügte. Dazu gehören dann aber auch wirklich alle Medien: alte und neue Bilder, Videos, aufgenommene und importierte Medien.

Und wenn Sie beispielsweise ein Foto bearbeiten, dann ist es nicht nur an diesem Gerät in der neuen Version verfügbar. Es wird über die iCloud-Fotomediathek ebenfalls auf alle anderen Geräte kopiert. So werden auch Favoriten-Fotos ohne Ihr Zutun zwischen allen Geräten synchronisiert.

> **!** Bevor wir Ihnen jetzt zeigen, wie Sie die iCloud-Fotomediathek aktivieren und was sich ändert, ein Hinweis: Während Fotostream nicht in Ihrer iCloud-Statistik auftaucht, was das Freivolumen angeht, tut es die Fotomediathek sehr wohl. Alle Daten, die in diesem Rahmen hochgeladen werden, belegen also einen Teil Ihrer 5 GByte, die Apple jedem iCloud-Nutzer kostenfrei zur Verfügung stellt. 5 GByte sind eine Menge an Speicherplatz – keine Frage. Wer aber viele Fotos und Videos hat, kann durchaus schnell an diese Grenze stoßen. Und dann ist es entweder vorbei mit künftigen Aktualisierungen Ihrer iCloud-Fotomediathek – oder Sie buchen kostenpflichtig weiteren Speicherplatz dazu.

Los geht's in den *Einstellungen –> Fotos & Kamera*. Dort finden Sie den entsprechenden Punkt ganz oben.

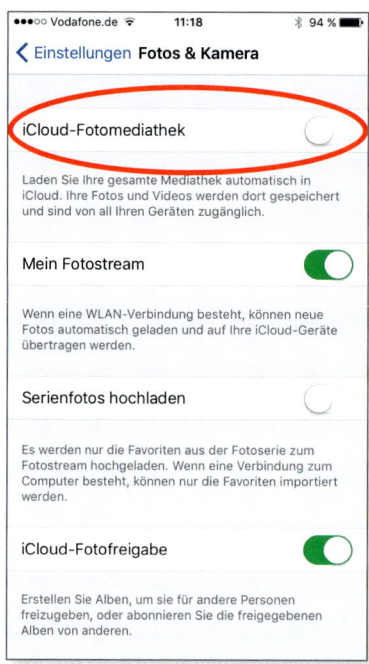

Legen Sie den Schalter um, um die iCloud-Fotomediathek zu aktivieren.

Wenn Sie in der Vergangenheit Bilder oder Alben über iTunes auf das iPhone kopiert haben, erhalten Sie eine Meldung, dass diese Fotos gelöscht werden. Im nächsten Schritt erhalten Sie in den Einstellungen einen zusätzlichen Punkt. Hier legen Sie fest, ob Sie die Bilder *Laden und Originale behalten* möchten (was sehr viel Platz auf dem iPhone beanspruchen wird). Die zweite Option (*iPhone-Speicher optimieren*) behält zwar auch die Daten in hoher Auflösung in der Cloud, kopiert sie aber in geringerer – auf das iPhone optimierter – Qualität auf das Gerät. Das kann wertvollen Speicherplatz einsparen, wenn Ihr iPhone eh schon immer fast randvoll gefüllt ist.

Entscheiden Sie hier, in welcher Qualität die Bilder auf das iPhone geladen werden sollen. Gleich darüber ist zu sehen, dass die Aktualisierung bereits läuft.

Wenn Sie Ihre Bilder lieber manuell auf das iPhone kopieren, dann geht das natürlich auch. Beachten Sie aber, dass Sie nicht beides haben können. Entweder Sie machen das über die iCloud oder über iTunes.

Noch mehr über den Einsatz der iCloud-Fotomediathek und der App *Fotos* im Allgemeinen können Sie im Buch *Fotos Handbuch* vom amac-buch Verlag nachlesen. Unter *www.amac.de* können Sie das Buch in gedruckter und digitaler Form erwerben.

Fotostream bzw. iCloud-Fotofreigabe

Das Fotos-Handbuch von Giesbert Damaschke zeigt alle Raffinessen von Fotos unter macOS und iOS (ISBN: 978-3-95431-061-6).

iCloud Drive

Wie Sie ja bereits wissen, erhalten Sie mit iCloud einen kostenlosen Online-Speicher in Höhe von 5 GByte. Dieser Speicher wird normalerweise für die unterschiedlichen Funktionen von iCloud genutzt (Mail Drop, Backups von iPhone/iPad, E-Mail usw.). Seit OS X Yosemite und iOS 8 können Sie den iCloud-Speicher nun auch als Online-Festplatte nutzen. Das Ganze wird von Apple als *iCloud Drive* bezeichnet.

Wie bei anderen Cloud-Diensten (Dropbox, OneDrive etc.) können Sie nun beliebige Dateien und Dokumente bei iCloud ablegen. Das kann entweder direkt im Finder geschehen oder beim Speichern eines Dokuments in einem Programm. Bevor wir uns iCloud Drive näher ansehen, sollten Sie zuerst diese Funktion aktivieren.

> ! Das Aktivieren von iCloud Drive macht die Dokumente und Dateien, die Sie bei iCloud gespeichert haben, nur sichtbar, wenn Sie mindestens iOS 8 und OS X Yosemite verwenden. Falls Sie noch ein iPhone/iPad mit iOS 7 oder einen Mac mit OS X Mavericks besitzen, werden die iCloud-Dokumente auf diesen Geräten nicht mehr angezeigt. Sie sollten also die Dokumente zuerst auf Ihrem Rechner sichern, bevor Sie iCloud Drive aktivieren.

Die Aktivierung bzw. Aktualisierung von iCloud Drive machen Sie in den *Systemeinstellungen* bei *iCloud*. Setzen Sie dort den Haken bei *iCloud Drive,* um es einzuschalten. Nach erfolgreicher Aktivierung können Sie bei *Optionen* festlegen, welche Programme Ihre Daten im iCloud Drive ablegen dürfen.

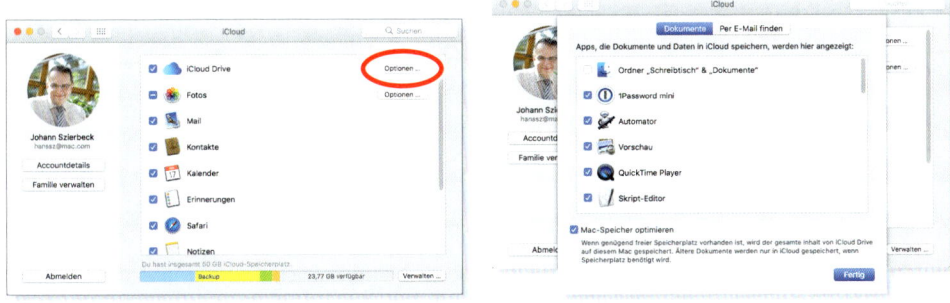

„iCloud Drive" ist aktiviert und kann konfiguriert werden.

iCloud Drive

iCloud Drive im Finder

Nachdem nun iCloud Drive aktiviert ist, können Sie beginnen, Dateien und Dokumente dort abzulegen. Zuerst sollten Sie sichergehen, dass iCloud Drive in der Seitenleiste im Finder-Fenster erscheint. Dazu öffnen Sie im *Finder* die *Einstellungen (cmd + Komma)* und aktivieren in der Kategorie *Seitenleiste* das *iCloud Drive*. Wenn Sie anschließend in einem Finder-Fenster in der Seitenleiste auf *iCloud Drive* klicken, sehen Sie dessen Inhalt. Es kann sein, dass bereits einige Ordner der verschiedenen Programme vorhanden sind, besonders wenn Sie in der Vergangenheit schon Dokumente bei iCloud gespeichert haben.

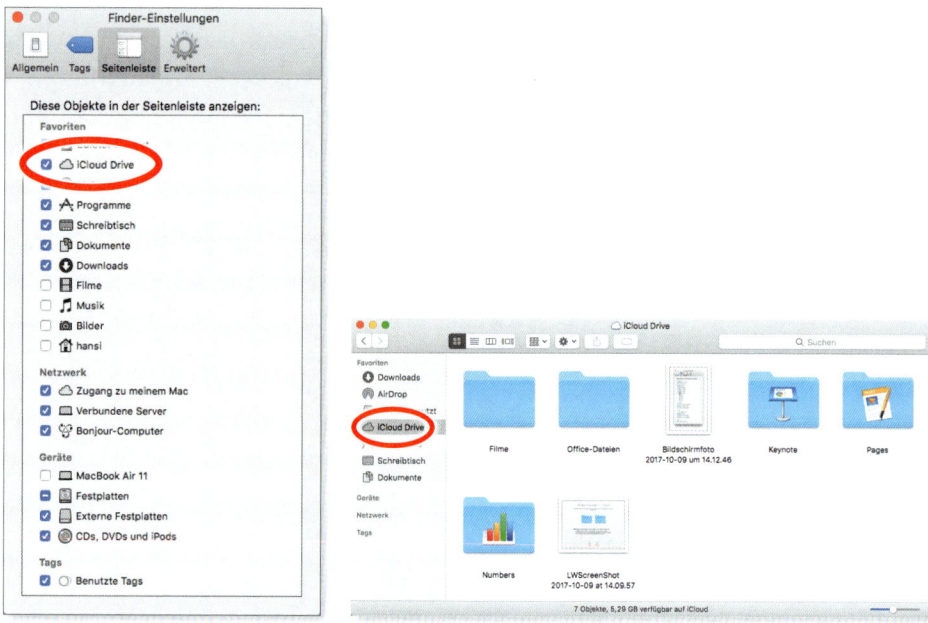

Das „iCloud Drive" ist in der Seitenleiste untergebracht und zeigt den Inhalt des Onlinespeichers an. In diesem Fall sind bereits Ordner vorhanden, die die jeweiligen Dokumente der Programme enthalten.

Wie geht es jetzt weiter? Ganz einfach! Sie können beliebige Dateien, Ordner und Dokumente per Drag-and-Drop in das Fenster ziehen, um sie zu iCloud Drive zu übertragen. Umgekehrt können Sie natürlich auch Dateien aus dem Fenster auf Ihre Festplatte oder den Schreibtisch ziehen, um sie herunterzuladen.

 Wenn Sie Dateien zu iCloud Drive hochladen, sind diese natürlich auf allen Geräten verfügbar, auf denen Sie iCloud aktiviert haben und mit der gleichen Apple-ID arbeiten.

iCloud Drive im Browser

iCloud Drive kann auch mit einem Internetbrowser genutzt werden. Dazu müssen Sie sich zuerst bei *icloud.com* einloggen. Danach können Sie direkt zu iCloud Drive wechseln und sehen dort alle gespeicherten Dokumente bzw. Dateien.

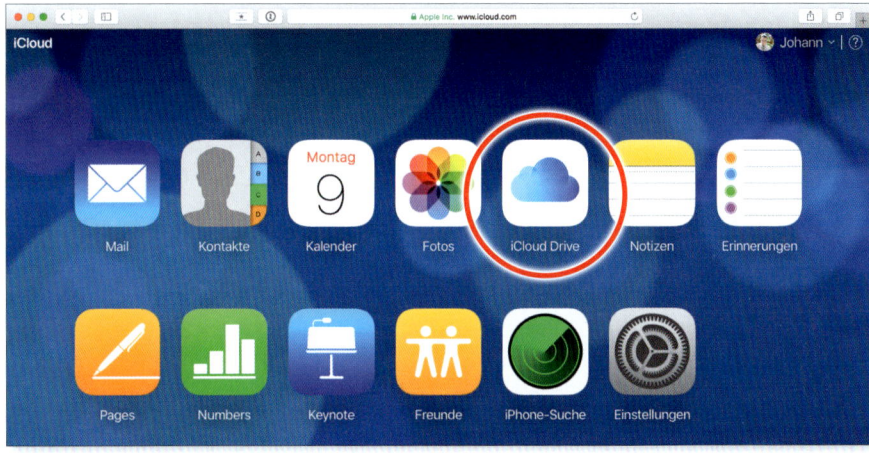

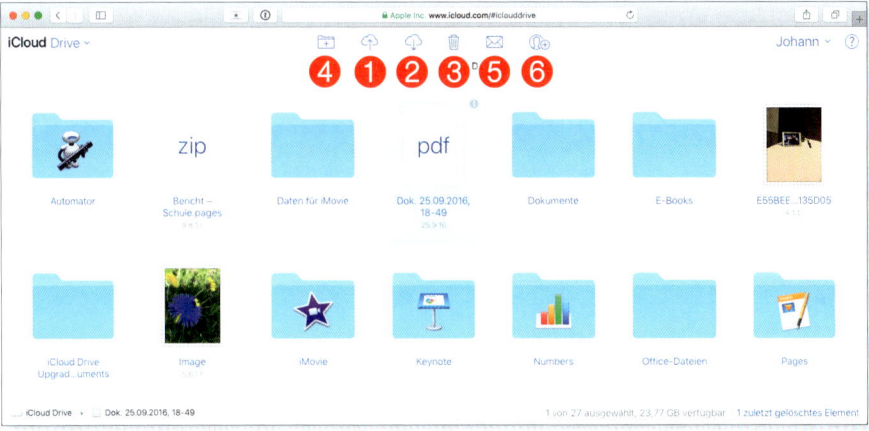

iCloud Drive gibt es auch bei „icloud.com" und zeigt alle Dateien des Onlinespeichers.

Sie können nun neue Dateien hochladen oder vorhandene wieder herunterladen. Am einfachsten geht dies per Drag-and-Drop. Wenn Sie Dokumente bzw. Dateien in das Browserfenster ziehen, werden diese sofort hochgeladen. Alternativ dazu können Sie auch die *Hochladen*-Funktion ❶ verwenden und anschließend die Dateien auswählen. Das Gleiche gilt für das *Herunterladen* ❷. Ebenso können Sie Dateien vom iCloud Drive entfernen ❸ und sogar neue Ordner anlegen ❹. In diese können Sie dann die Dateien verschieben. Außerdem können Sie Dateien direkt per E-Mail verschicken ❺ oder für andere Personen für die Bearbeitung freigeben ❻.

> Da iCloud Drive auch über einen Browser genutzt werden kann, ist der Zugriff nicht nur auf den Mac beschränkt. Auch andere Systeme (Windows und Linux) können über einen Internetbrowser die Dateien vom iCloud Drive herunterladen bzw. hochladen.

Die App „Dateien" auf dem iPhone und iPad

Während der Mac den Finder für iCloud Drive nutzt, wird auf dem iPhone und iPad die App *Dateien* für den Datenaustausch mit iCloud Drive verwendet. Mit Hilfe dieser App können Sie problemlos jegliche Art von Daten bzw. Dokumenten zwischen dem iPhone, dem iPad und dem Mac austauschen.

> Viele Apps, nicht nur die von Apple, können das iCloud Drive nutzen, um Daten dort abzulegen bzw. zu synchronisieren. Eine Liste dieser Apps finden Sie auf dem iPhone bzw. iPad unter **Einstellungen –> Ihr Name (Apple-ID, iCloud, iTunes & App Store) –> iCloud**. Dort können Sie **iCloud Drive** ein- und ausschalten.

Bisher gab es auf dem iPhone keine zentrale App, die die Dateien von allen Cloud-Speichern (iCloud, Dropbox, OneDrive etc.) verwalten konnte. Man musste immer die jeweilige App des Anbieters öffnen, um Zugriff auf die dort gespeicherten Dateien zu bekommen. Mit iOS 11 hat sich das geändert: Nun gibt es nämlich die App *Dateien*. Mit ihrer Hilfe können Sie nicht nur alle Cloud-Speicher ansprechen, sondern auch Dateien für andere Anwender freigeben und mit Tags kennzeichnen.

 Das Freigeben und das Zuweisen von Tags funktioniert nur mit Dateien, die auf dem iCloud Drive oder bei Dropbox gespeichert sind. Andere Dienste, z. B. OneDrive, unterstützen diese Funktionen in der App **Dateien** derzeit noch nicht.

Oberfläche

Wenn Sie die App *Dateien* öffnen, sehen Sie als Erstes den Inhalt von iCloud Drive, das standardmäßig ausgewählt ist. Wenn Sie andere Cloud-Speicher sehen wollen, dann tippen Sie links oben auf *Speicherorte* ❶. Am unteren Rand können Sie die Ansicht von *Durchsuchen* ❸ in *Verlauf* ❷ ändern. Dort sind die Dateien dann chronologisch und nach Tags angeordnet.

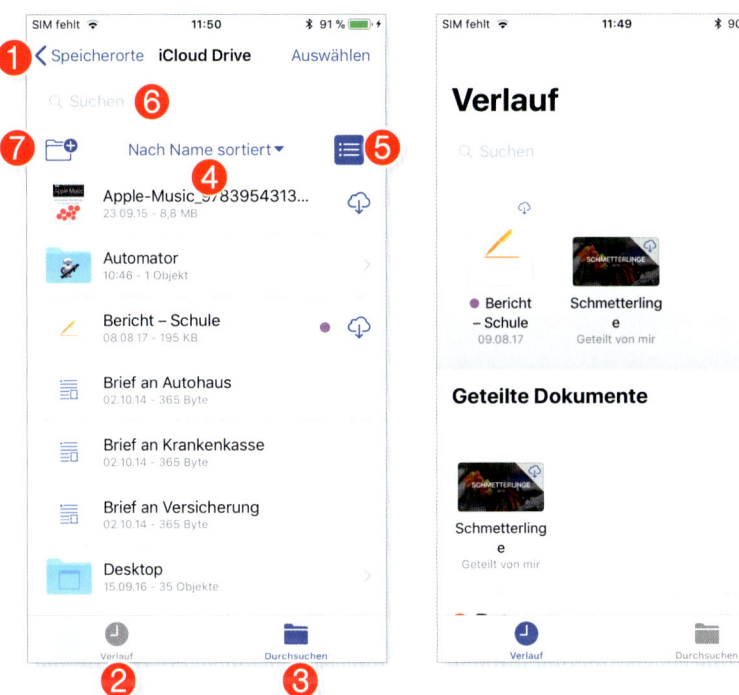

Die Oberfläche der App „Dateien".

Die Darstellung *Durchsuchen* bietet allerdings etwas mehr Sortiermöglichkeiten. Über ein Menü erhalten Sie die Möglichkeit, die Dateien auch nach *Name, Datum, Größe* oder *Tags* ❹ zu sortieren. Außerdem können Sie zwischen Symbol- und Listendarstellung wechseln ❺, und es gibt eine Suche ❻. Um einen neuen Ordner bei iCloud Drive anzulegen, können Sie das Symbol ❼ links oben verwenden.

Die App „Dateien" auf dem iPhone und iPad

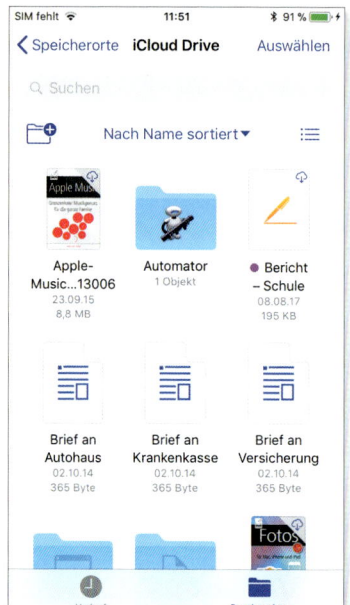 

Die App „Dateien" hat auch eine Symbolansicht (links), und man kann auf iCloud Drive neue Ordner anlegen (rechts).

Dateiverwaltung mit iCloud Drive

Die Dateien, die auf dem iCloud Drive liegen, können in der App verwaltet werden. Das bedeutet, Sie können sie löschen, umbenennen, verschieben, freigeben oder mit Tags versehen.

Um einzelne Dateien zu organisieren bzw. zu verwalten, können Sie das Kontextmenü verwenden. Dazu müssen Sie Ihren Finger nur etwas länger auf die Datei halten. Im Kontextmenü finden Sie dann alle benötigten Funktionen Ⓐ. Wollen Sie allerdings mehr als eine Datei löschen oder verschieben, dann müssen Sie zuerst rechts oben auf *Auswählen* Ⓑ tippen. Anschließend markieren Sie die Dateien Ⓒ, die bearbeitet werden sollen, und wählen am unteren Bildschirmrand Ⓓ die gewünschte Funktion aus. Wenn Sie die Auswahlumgebung wieder verlassen wollen, ohne eine Aktion auszuführen, tippen Sie rechts oben auf *Fertig* Ⓔ.

Kapitel 2 iCloud

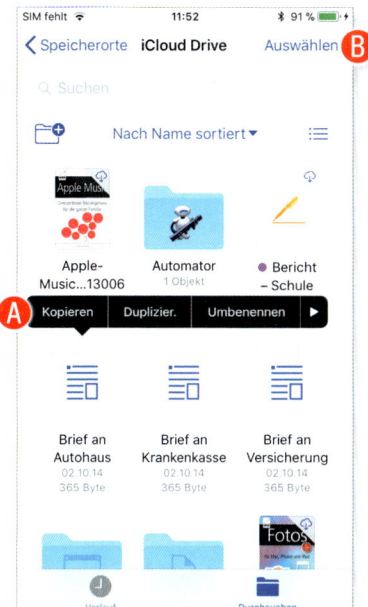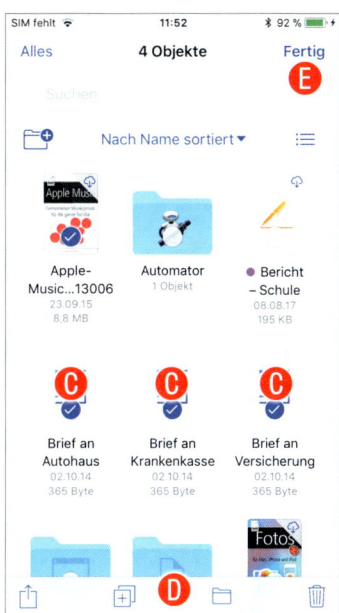

Einzelne Dateien können Sie über das Kontextmenü bearbeiten (links). Falls Sie mehrere Dateien bearbeiten wollen, müssen Sie diese zuerst auswählen (rechts).

Dateien teilen

Die Daten, die auf dem iCloud Drive liegen, können Sie anderen Personen zugänglich machen und so gemeinsam an Dateien arbeiten. Voraussetzung dafür ist, dass die Empfänger der Dateien über einen iCloud-Zugang verfügen.

Um eine Datei freizugeben, öffnen Sie zuerst durch längeres Fingerauflegen das Kontextmenü und wählen dort die Funktion *Teilen* aus. Tippen Sie nun auf *Personen hinzufügen*. Danach müssen Sie noch bestimmen, auf welche Weise die Datei an den oder die Empfänger verschickt werden soll, z. B. per E-Mail. Der oder die Empfänger erhalten dann eine E-Mail mit der Datei und können diese in ihr eigenes iCloud Drive übernehmen. Vergessen Sie zudem nicht, unter *Freigabeoptionen* ganz unten noch zu definieren, ob die eingeladenen Personen die Daten *Nur ansehen* oder auch bearbeiten dürfen (*Bearbeitung erlauben* – ist standardmäßig eingestellt).

 Wichtig ist noch, dass der oder die Empfänger die jeweilige App besitzen, um die Dateien zu bearbeiten. Wenn Sie z. B. ein Pages-Dokument teilen, sollte der Empfänger auch die App Pages installiert haben.

Die App „Dateien" auf dem iPhone und iPad

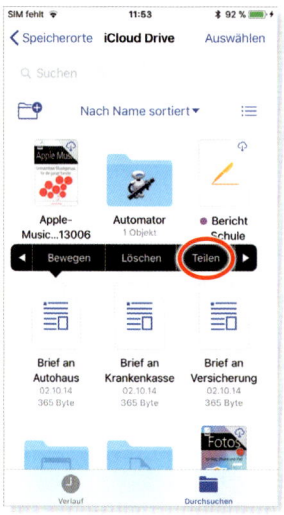  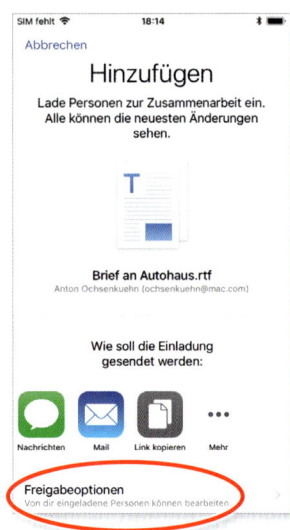

Dateien können an andere Personen verschickt und so gemeinsam bearbeitet werden.

Mit Tags arbeiten

Die Tags sind eine andere Möglichkeit, um die Dateien auf dem iCloud Drive zu organisieren. Jede Datei kann mit einem Tag (Etikett) gekennzeichnet werden, z. B. mit „Wichtig" oder „Familie". Wenn Sie Dateien mit einem Tag gekennzeichnet haben, können Sie sich dann in der Liste nur die Dateien anzeigen lassen, die ein bestimmtes Tag besitzen. Dadurch können Sie die jeweiligen Dateien deutlich schneller finden.

Ein Tag weisen Sie über das Kontextmenü zu. Wenn Sie dort auf die Funktion *Tags* tippen, werden in einem kleinen Fenster alle verfügbaren Tags aufgelistet. Sie müssen dann nur noch das gewünschte Tag antippen. Eine Datei kann auch mehr als ein Tag besitzen. Tippen Sie einfach auf ein weiteres Tag, das zugewiesen werden soll. Wenn Sie außerhalb des Fensters tippen, wird es geschlossen.

 Sie können in dem Fenster auch ein neues Tag anlegen. Tippen Sie dazu in das Feld **Neues Tag hinzufügen** im oberen Bereich des Fensters.

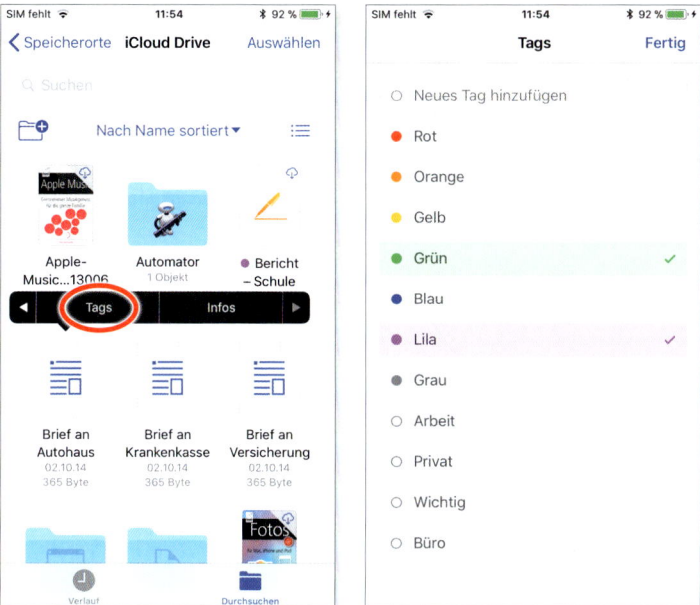

Tags können jeder Datei und jedem Ordner auf dem iCloud Drive zugewiesen werden.

Um nun z. B. nur die Dateien aufzulisten, die ein lila Tag haben, müssen Sie die *Speicherorte* links oben einblenden. Dort können Sie dann im Bereich *Tags* auswählen, welche Dateien angezeigt werden sollen.

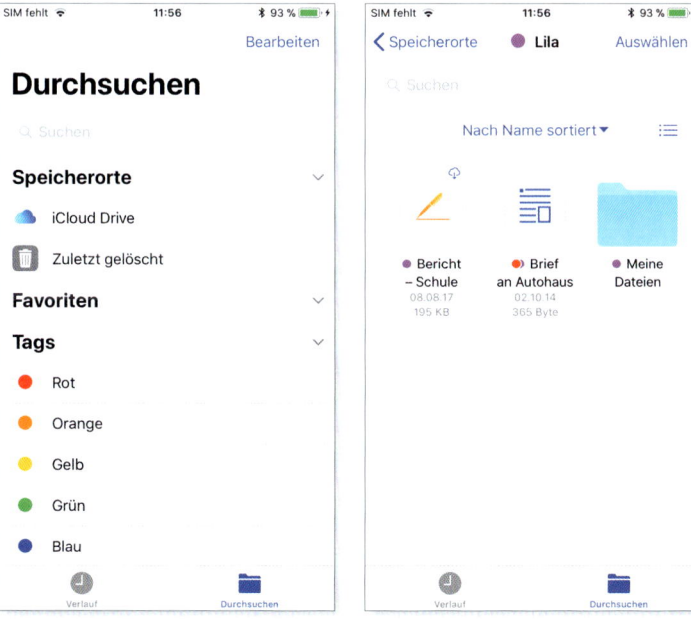

Nur die Dateien, die das Tag „Lila" besitzen, werden angezeigt.

Die App „Dateien" auf dem iPhone und iPad

 Wollen Sie wieder alle Dateien sichtbar machen, dann tippen Sie auf **iCloud Drive**.

Sie können die Tags in der Liste auch entfernen und umbenennen, denn die Bezeichnungen „Rot", „Orange", „Gelb" usw. sind nicht sehr aussagekräftig. Um die Tags zu editieren, tippen Sie auf *Bearbeiten* ❶ im oberen Bereich der Seitenleiste. Anschließend können Sie ein Tag entfernen, wenn Sie auf das Minussymbol ❷ tippen. Zum Umbenennen tippen Sie auf den Namen ❸. Um die Reihenfolge zu ändern, verwenden Sie das Symbol mit den drei Strichen ❹. Mit *Fertig* ❺ können Sie die Tag-Bearbeitung wieder verlassen.

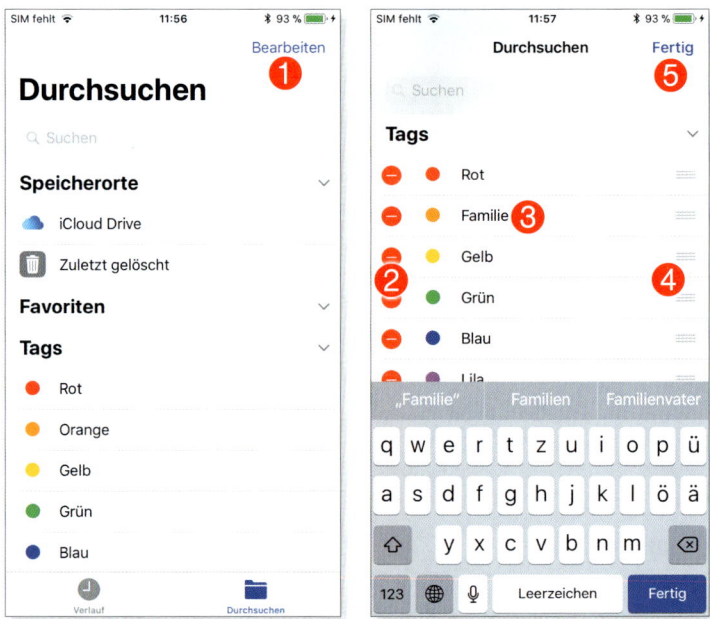

Die Tags lassen sich löschen und umbenennen.

Favoriten

Ordner können übrigens ganz einfach den *Favoriten* hinzugefügt werden. Nutzen Sie dazu erneut das Kontextmenü.

Wollen Sie zu einem späteren Zeitpunkt einen Eintrag aus den Favoriten erneut entfernen, so wischen Sie einfach von rechts nach links und verwenden Sie *Entfernen*.

Kapitel 2 iCloud

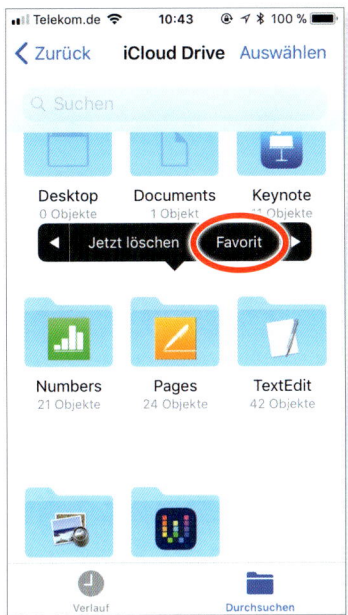

Ordner sind als Favoriten nochmals schneller im Zugriff.

Andere Cloud-Dienste nutzen

Die App *Dateien* kann auch auf die Dateien von anderen Cloud-Diensten zugreifen. Somit haben Sie eine zentrale App, in der Sie alle Ihre Cloud-Dienste vereinigt haben. Damit Sie andere Cloud-Dienste nutzen können, müssen Sie zuerst die jeweiligen Apps der Dienste auf Ihr iPhone installieren und dort Ihre Zugangsdaten eingeben.

Sobald die Apps installiert sind, klinken sie sich in die App Dateien ein. Dort müssen Sie dann nur noch den Zugriff auf die Cloud-Dienste aktivieren. Tippen Sie dazu bei den Speicherorten im oberen Bereich auf *Bearbeiten*. Anschließend schalten Sie die gewünschten Dienste ein und tippen abschließend auf *Fertig*.

Wenn Sie nun einen der Cloud-Dienste aufrufen wollen, tippen Sie ihn an. In einem eigenen Fenster werden dann die Inhalte des jeweiligen Speicherorts angezeigt.

! Die App **Dateien** kann zwar den Inhalt der Cloud-Dienste anzeigen, aber Sie können zurzeit nur beim iCloud Drive und der Dropbox alle Aktionen ausführen. Alle anderen Cloud-Dienste wie etwa OneDrive bieten derzeit nur wenige Aktionen wie Dateien öffnen oder im iCloud-Drive speichern. Sonstige Aktionen müssen Sie in der jeweiligen App des Cloud-Anbieters durchführen (Stand: November 2017).

Die App „Dateien" auf dem iPhone und iPad

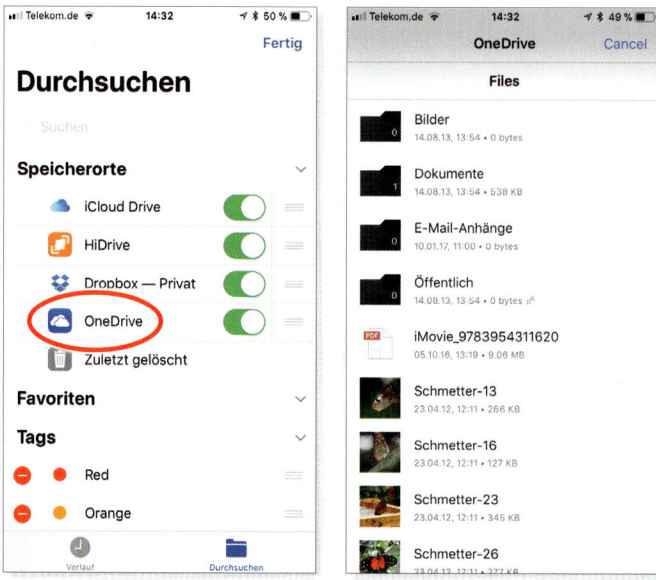

Die App „Dateien" kann auch auf die Inhalte von anderen Cloud-Diensten wie Dropbox oder OneDrive zugreifen.

Mit der App iCloud Drive erhalten Sie ebenso Einsicht in die einzelnen Dateien bzw. Dokumente. Dazu müssen Sie nur ein Dokument antippen, das dann sofort auf das Gerät geladen und in der Vorschau angezeigt wird. In der Vorschau können Sie dann das Dokument auf unterschiedliche Arten weiterverwenden. Benutzen Sie dazu die Funktion *Weiterverwenden* rechts oben.

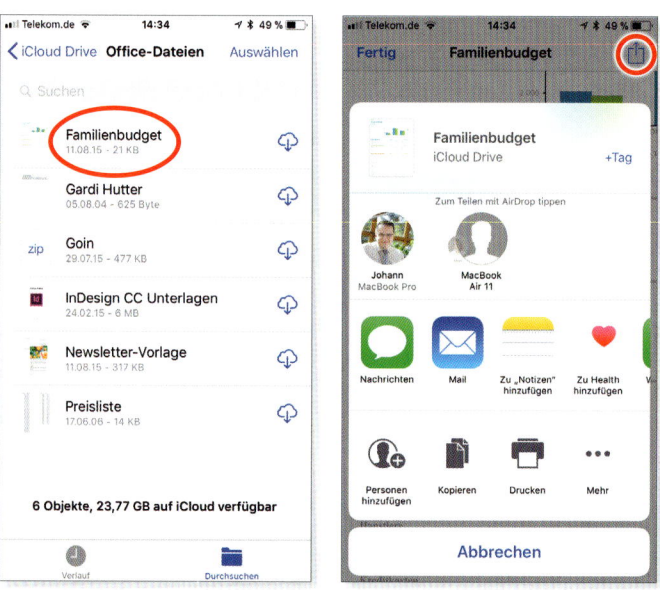

Die Dokumente können eingesehen und an andere Apps übergeben werden.

> Die Vorschau der App kann natürlich nicht jede Art von Datei anzeigen. Die folgenden Dateiarten funktionieren normalerweise aber problemlos: PDF, JPEG, PNG, RTF, Word-, Excel- und PowerPoint-Dokumente, Pages-, Numbers- und Keynote-Dokumente. Außerdem können Sie in ZIP-Dateien hineinsehen. Dazu müssen Sie nur die gezippte Datei auswählen und dann auf **Inhaltsvorschau** tippen. Damit können Sie den Inhalt der ZIP-Datei sehen und die einzelnen Dateien extrahieren.

Sogar den Inhalt von gezippten Dateien kann man in der App „Dateien" einsehen.

> Dokumente & Daten werden, wie bei den anderen Funktionen auch, über ein WLAN-Netz mit iCloud synchronisiert. Zusätzlich kann für diese Funktion aber noch das Mobilfunknetz verwendet werden. Sie müssen dazu auf den iOS-Geräten bei **Einstellungen –> Mobiles Netz** die Option für **iCloud Drive** einschalten. Beachten Sie dabei aber, dass eventuell Kosten für die Datenübertragung anfallen können.

iCloud Drive am Mac nutzen

Wie bereits weiter vorne erwähnt, können bestimmte Programme direkt beim Speichern oder Öffnen auf das iCloud Drive zugreifen. Zurzeit sind dies ausschließlich Apple-Programme wie TextEdit, Pages, Numbers oder Keynote. Mit der Zeit werden auch andere Softwarehersteller bzw. Programme die Speicherung der Dokumente bei iCloud Drive nutzen.

Wenn Sie z. B. TextEdit starten, erhalten Sie bereits nach dem Start den Öffnen-Dialog. Dort können Sie dann entweder in der Seitenleiste das iCloud Drive wählen oder aus dem Menü direkt den *TextEdit*-Ordner bei iCloud Drive.

Die App „Dateien" auf dem iPhone und iPad

 Jedes Programm, das Zugriff auf das iCloud Drive hat, bekommt automatisch einen eigenen Ordner, in dem die jeweiligen Dokumente gespeichert werden.

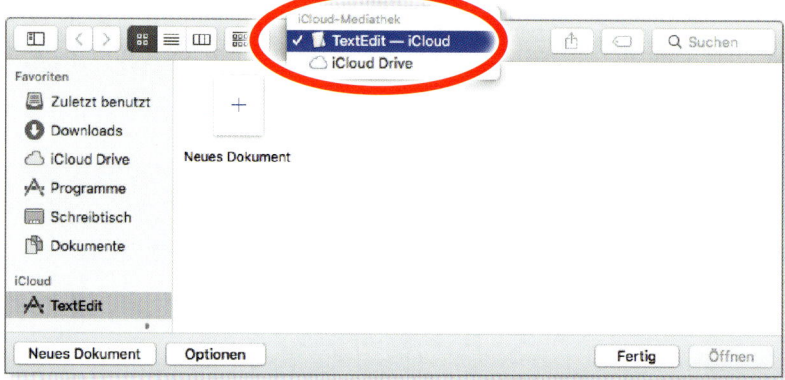

Der Öffnen-Dialog von TextEdit stellt das iCloud Drive zur Verfügung.

Das Gleiche gilt für das Speichern von Dokumenten: Selbt im Speichern-Fenster haben Sie Zugriff auf das iCloud Drive und können dort dann Ihre Dokumente bzw. Dateien ablegen.

Zudem lassen sich alle Dateien, die auf dem Schreibtisch oder im Dokumente-Ordner liegen zu iCloud Drive hochladen. Dadurch wird die interne Festplatte weniger belastet. In den *Systemeinstellungen* bei *iCloud* müssen Sie dazu die *Optionen* von *iCloud Drive* öffnen. Dort finden Sie dann die Funktion *Ordner „Schreibtisch" & „Dokumente"*.

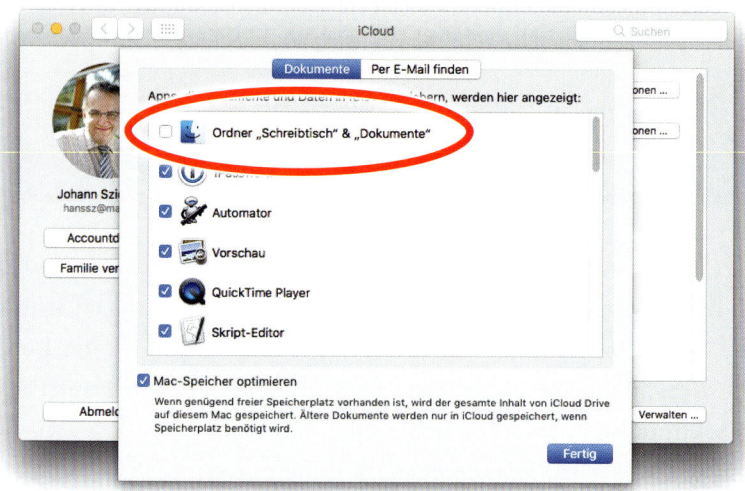

Dateien vom Schreibtisch und Dokumenten-Ordner lassen sich zu iCloud Drive hochladen.

Kapitel 2 iCloud

Achtung: Wenn die Funktion wieder deaktiviert wird, bleiben die Dateien in der iCloud und müssen manuell wieder auf den Schreibtisch bzw. den Dokumente-Ordner verschoben werden.

iCloud Drive und Windows

Wie bereits erklärt, können Sie das iCloud Drive über jeden Internetbrowser nutzen, also auch unter Windows. Wenn Sie allerdings in Windows die iCloud-Systemsteuerung verwenden, wird es wesentlich einfacher und komfortabler für Sie. Sobald Sie nämlich *iCloud Drive* in der *iCloud-Systemsteuerung* unter Windows aktiviert haben, erhalten Sie im Windows Explorer einen eigenen Eintrag in der Seitenleiste – genau so wie auf dem Mac. Im Windows Explorer können Sie nun durch einfaches Kopieren und Einfügen Dateien zu iCloud Drive hoch- bzw. von dort herunterladen.

iCloud Drive unter Windows funktioniert erst ab der Version 4.0 der iCloud-Systemsteuerung. Diese ist kostenlos, Sie können sie auf den Internetseiten von Apple herunterladen (http://www.apple.com/de/icloud/setup/pc.html).

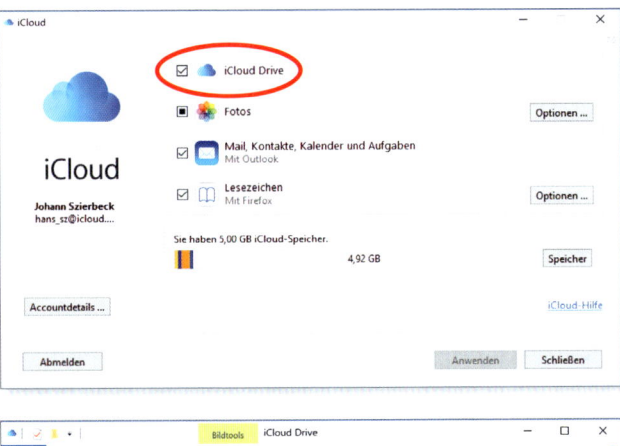

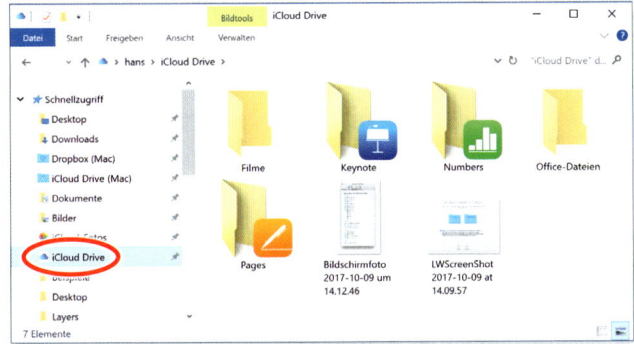

iCloud Drive in Windows.

Schlüsselbund

Eine Funktion von iCloud, die es seit iOS 7 und OS X Mavericks (10.9) gibt, ist die Möglichkeit, seine Passwörter bzw. Anmeldedaten von Internetseiten und seine Kreditkarteninformationen in einem iCloud-Schlüsselbund zu sichern. Was bedeutet das?

Es bedeutet, Sie müssen sich keine Benutzernamen und Passwörter mehr für die diversen Internetportale merken, bei denen Sie angemeldet sind. Das erledigt in Zukunft Ihr Mac bzw. iPhone, iPad oder iPod touch. Jedes Mal, wenn Sie in Safari einen Anmeldedialog ausfüllen, werden Sie gefragt, ob die Daten im iCloud-Schlüsselbund gesichert werden sollen. Wenn Sie dies bestätigen, dann sind die Anmeldedaten sofort auf allen Geräten verfügbar, die mit Ihrer Apple-ID verknüpft sind und den iCloud-Schlüsselbund verwenden.

Ist das auch sicher? Ja! Die gespeicherten Daten werden verschlüsselt bei iCloud gesichert und können von niemandem außer Ihnen eingesehen werden, nicht einmal von Apple. Es ist also vollkommen sicher.

Eine Voraussetzung für den iCloud-Schlüsselbund ist eine aktivierte Zwei-Faktor-Authentifizierung (siehe Kapitel 1 ab Seite 35). Ansonsten kann der Schlüsselbund nicht eingeschaltet werden.

iCloud-Schlüsselbund einrichten

Wir wollen Ihnen exemplarisch zeigen, wie Sie am iPhone den iCloud-Schlüsselbund einrichten. Öffnen Sie dazu *Einstellungen –> [Ihr Name] –> iCloud*. Tippen Sie auf *iCloud-Schlüsselbund* und aktivieren Sie ihn. Das war's schon! Ab sofort können Sie Passwörter und Kreditkarteninformationen zwischen Ihren Geräten synchronisieren.

iCloud-Schlüsselbund auf weiteren Geräten verwenden

Ist der iCloud-Schlüsselbund einmal aktiviert, so können Sie ihn auf jedem Gerät weiterreichen, das mit iCloud und Ihrer Apple-ID arbeitet. Die Vorgehensweise ist relativ simpel. Wir wollen Ihnen nun zeigen, wie Sie z. B. auf dem Mac den iCloud-Schlüsselbund vom iPad verwenden.

Öffnen Sie auf dem Mac die *Systemeinstellungen* und wechseln Sie zu *iCloud*. Aktivieren Sie dort die Funktion *Schlüsselbund*. Der Schlüsselbund wird dadurch sofort aktiviert und synchronisiert.

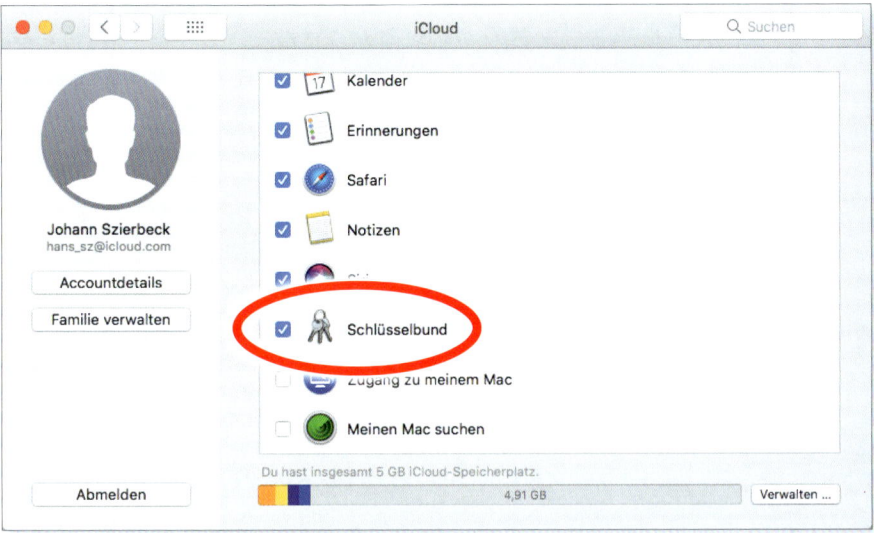

Der iCloud-Schlüsselbund ist noch nicht aktiviert.

Passwörter und Kreditkarten im Schlüsselbund speichern

Nachdem der iCloud-Schlüsselbund nun auf den verschiedenen Geräten aktiviert ist, kann er mit Kennwörtern und Kreditkarteninformationen bestückt werden. Dazu müssen Sie auf dem iPad, iPhone bzw. iPod touch und dem Mac vorab noch einige Einstellungen vornehmen.

Da der iCloud-Schlüsselbund bei Safari zur Anwendung kommt, ist es nur logisch, dass Safari für die Verwendung des Schlüsselbunds eingestellt werden muss. Wir zeigen Ihnen zuerst, wie Sie auf dem iPad, iPhone bzw. iPod touch die Safari-Einstellungen so ändern, dass der iCloud-Schlüsselbund verwendet wird.

Öffnen Sie die *Einstellungen* und wechseln Sie zu *Safari*. Dort tippen Sie auf die Einstellung *Autom. ausfüllen*.

Schlüsselbund

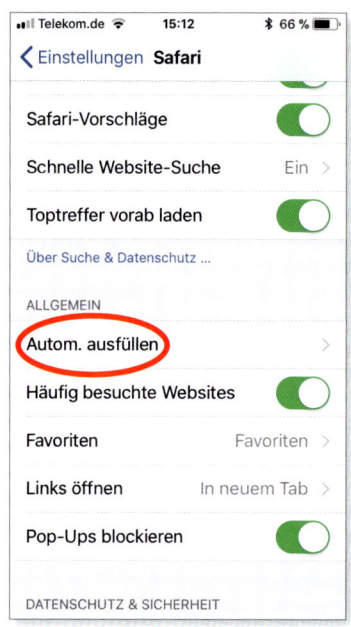

Die Einstellungen für Safari müssen noch angepasst werden, damit Benutzernamen und Passwörter von Internetseiten ab sofort im iCloud-Schlüsselbund gesichert werden.

Aktivieren Sie dort nun die Funktion *Namen und Passwörter*, damit die Zugangsdaten zu Internetportalen im iCloud-Schlüsselbund gesichert werden.

Wenn Sie sich nun in Safari auf irgendeiner Internetseite einloggen, erhalten Sie ab sofort eine Meldung. Safari will wissen, ob es die Zugangsdaten im iCloud-Schlüsselbund sichern soll. Sie können selber entscheiden, ob die Daten gespeichert werden sollen oder nicht. Nach dem Speichern sind die Zugangsdaten für alle registrierten iCloud-Geräte verfügbar, denn der Schlüsselbund wird sofort zwischen den Geräten synchronisiert.

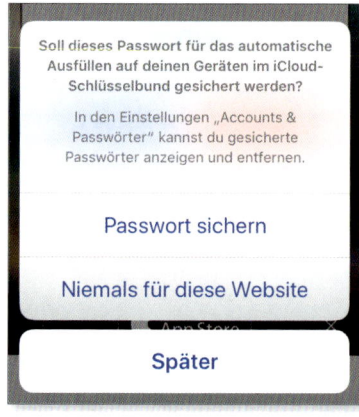

Safari kann nun Zugangsdaten im iCloud-Schlüsselbund sichern.

Zusätzlich zur Sicherung von Kennwörtern können Sie auf dem iPad, iPhone oder iPod touch Ihre Kreditkarteninformationen hinterlegen, um damit den Einkauf im Internet zu vereinfachen. Aktivieren Sie dazu in den *Einstellungen –> Safari –> Autom. ausfüllen* die Option *Kreditkarten*. Tippen Sie anschließend auf *Gesicherte Kreditkarten* und erstellen Sie eine *Neue Kreditkarte*.

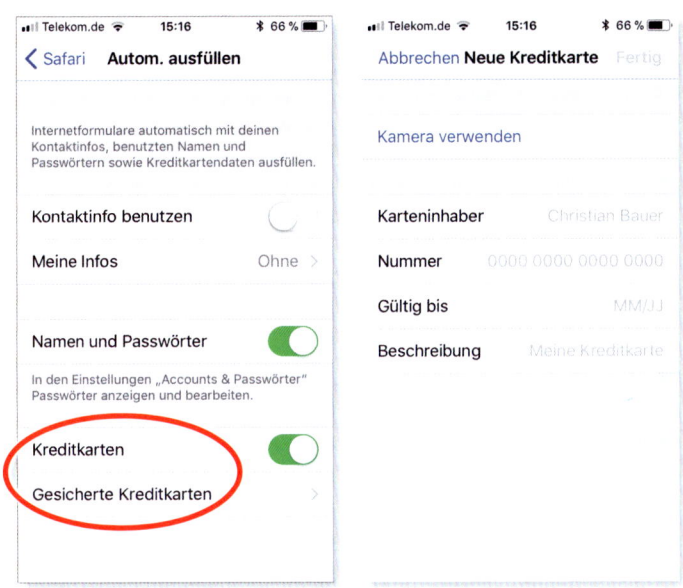

Auch die Informationen von Kreditkarten können im iCloud-Schlüsselbund gesichert werden.

Geben Sie nun die Daten zu Ihrer Kreditkarte ein oder scannen Sie die Karte mit der Funktion *Kamera verwenden*. Dabei wird automatisch die Kartennummer in das entsprechende Feld eingetragen. Die restlichen Angaben müssen Sie per Hand eintippen. Bei Bedarf können Sie weitere Karten hinzufügen.

Wie kann man nun die gespeicherte Kreditkarte nutzen? Ganz einfach: Immer wenn Sie auf einer Internetseite die Informationen einer Kreditkarte angeben müssen, brauchen Sie nur in das Eingabefeld zu tippen, und direkt über Ihrer Tastatur haben Sie dann die Möglichkeit, die Felder mit Ihren Daten automatisch ausfüllen zu lassen.

Schlüsselbund

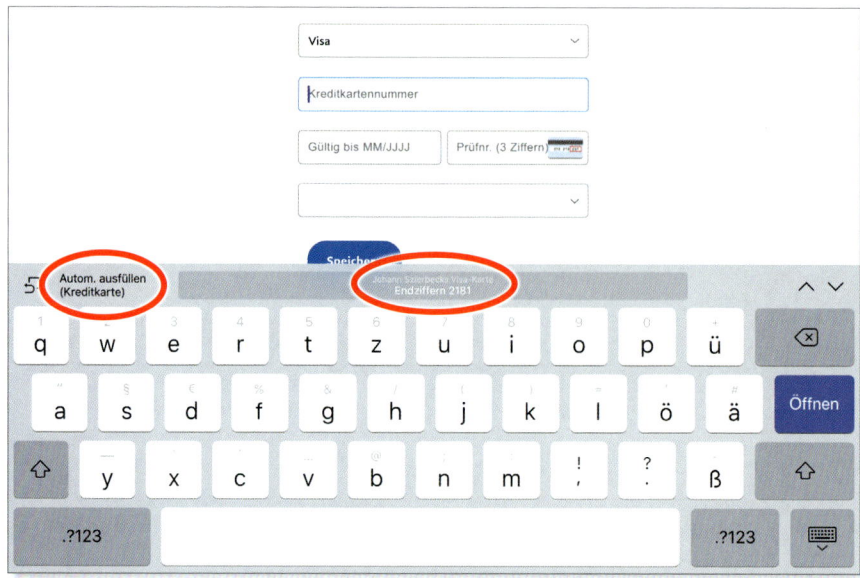

Die Daten zur Kreditkarte können in Safari nun automatisch ausgefüllt werden.

Auf dem Mac müssen Sie in den Einstellungen von Safari das automatische Ausfüllen aktivieren, damit zukünftige Passwörter im Schlüsselbund gesichert werden. Dazu öffnen Sie unter *Safari* die *Einstellungen* und wechseln zu *Autom. ausfüllen*. Aktivieren Sie dort dann die Optionen *Benutzernamen und Passwörter* sowie *Kreditkarten*.

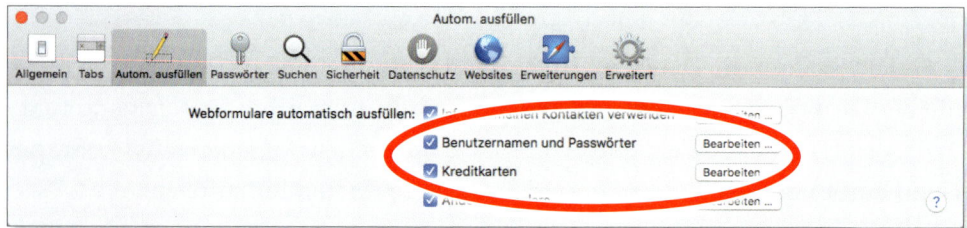

Safari auf dem Mac benötigt auch eine Einstellung zur Nutzung des iCloud-Schlüsselbunds.

Wie bei Safari auf dem iPad, iPhone oder iPod touch können Sie nun auch auf dem Mac die Zugangsdaten zu den diversen Internetportalen im iCloud-Schlüsselbund sichern lassen. Safari startet jedes Mal eine Abfrage, bevor Sie sich einloggen. Sie können dann wieder entscheiden, ob die Zugangsdaten gesichert werden sollen oder nicht.

Soll das Passwort gesichert werden?

Auch die Angaben zu Kreditkarteninformationen sind nun beim Ausfüllen von Bestellformularen verfügbar. Klicken Sie einfach in das Eingabefeld für die Kreditkartennummer, und Sie können in einem Pop-up-Fenster auswählen, mit welcher Kreditkarte Sie bezahlen wollen.

Kreditkarteninformationen können in Safari auf dem Mac automatisch ausgefüllt werden.

Passwörter automatisch generieren lassen

Die Vergabe eines Passworts für ein Internetportal oder einen Onlineshop ist immer eine Denkaufgabe. Welches Passwort nehme ich? Kann ich mir das Passwort auch merken? Ist das Passwort komplex genug, damit es nicht gehackt werden kann?

Solche oder ähnliche Fragen stellt man sich, wenn man gezwungen ist, sich ein Passwort zu überlegen. Mit dem iCloud-Schlüsselbund können Sie dieses Problem ignorieren, denn er kann Ihnen automatisch generierte Passwörter erzeugen.

Wie geht das? Voraussetzung ist natürlich, dass der iCloud-Schlüsselbund eingerichtet bzw. aktiviert ist. Öffnen Sie in Safari eine Internetseite, auf der Sie ein Passwort erzeugen müssen. Sobald Sie nun in das Passwortfeld tippen, um es festzulegen, öffnet Safari einen Hinweis mit der Nachfrage, ob es ein automatisches Passwort generieren soll.

Schlüsselbund

Soll Safari das Passwort für Sie erstellen?

Wenn Sie auf das anzeigte Passwort tippen, wird es gesichert und sofort zum iCloud-Schlüsselbund hinzugefügt und mit den anderen Geräten synchronisiert.

Der Vorteil eines automatisch generierten Kennworts liegt auf der Hand. Es enthält eine zufällige Folge von Buchstaben und Ziffern in unterschiedlicher Schreibweise, was es sehr sicher macht und vor Hackern schützt. Außerdem wird das Passwort im iCloud-Schlüsselbund gesichert und steht für das automatische Ausfüllen zur Verfügung, was bedeutet, dass Sie sich das Passwort nicht merken müssen. Das übernimmt Ihr iPad bzw. iPhone oder Mac.

Passwörter und Kreditkartendaten ändern

Es kann vorkommen, dass Sie gespeicherte Passwörter oder Kreditkartendaten auch wieder löschen oder bearbeiten wollen. Für die Zugangsdaten zu Apps und Internetportalen müssen Sie auf dem iPad, iPhone oder iPod touch zu *Einstellungen –> Accounts & Passwörter –> App- & Website-Passwörter* wechseln. Dort erhalten Sie eine Liste mit allen gespeicherten Internetseiten und deren Passwörter. Um die Passwörter zu bearbeiten, tippen Sie auf den gewünschten Eintrag.

Für Kreditkarten müssen Sie *Einstellungen –> Safari –> Autom. ausfüllen* und anschließend *Gesicherte Kreditkarten* öffnen. Dadurch erhalten Sie die Liste mit den gespeicherten Kreditkarten.

! Je nachdem, wie Ihr Gerät eingestellt ist, werden Sie auch nach einem Entsperrcode Ihres Gerätes gefragt. Zur Sicherheit sollten Sie beim Einsatz des iCloud-Schlüsselbunds Ihr iPad, iPhone oder Ihren iPod touch mit einer Codesperre belegen, die man bei **Einstellungen –> Touch ID & Code** einstellen kann. Noch bequemer geht es, wenn Sie Touch ID oder Face ID verwenden. Falls Sie dies nicht tun, kann jeder, der das Gerät in die Hand nimmt, auf die gespeicherten Passwörter und Kreditkartendaten zugreifen. Im Hinblick auf Verlust oder Diebstahl sollten Sie unbedingt einen Sperrcode für das Gerät angeben.

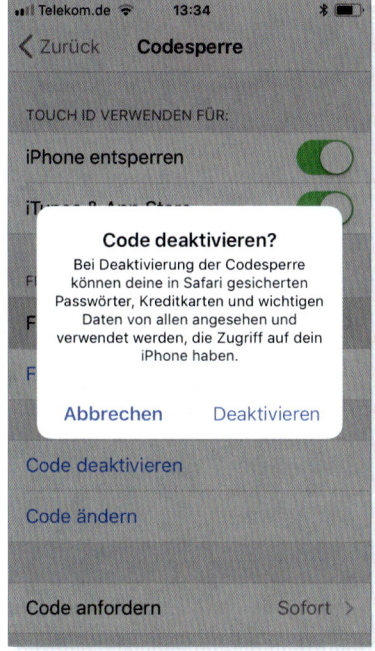

Die Codesperre für das Gerät sollte unbedingt aktiviert werden.

Nach Eingabe des Entsperrcodes können Sie nun die gespeicherten Passwörter bzw. Kreditkartendaten einsehen und bei Bedarf die Daten ändern oder auch entfernen.

Schlüsselbund

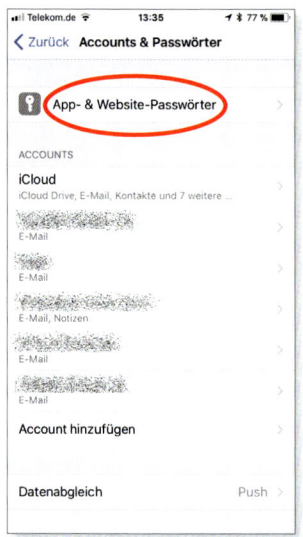 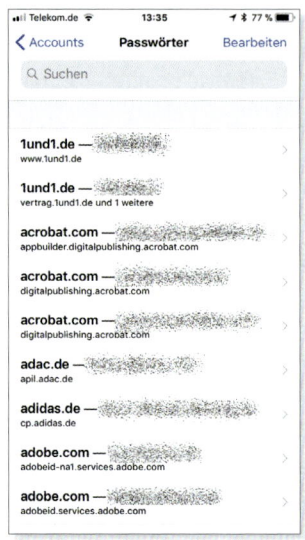 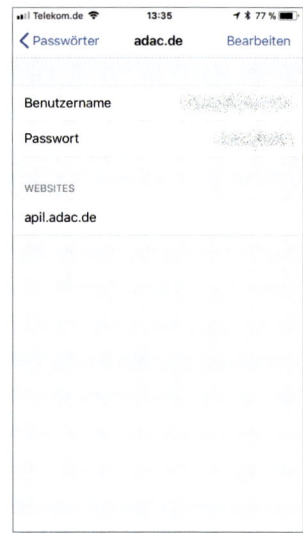

Passwörter und Kreditkartendaten lassen sich nachträglich bearbeiten.

Unter macOS finden Sie die Elemente des iCloud-Schlüsselbundes hier:
- *Safari –> Einstellungen –> Passwörter* und
- *Programme –> Dienstprogramme –> Schlüsselbundverwaltung* bei *iCloud*.

iPad/iPhone/Mac etc. suchen

Ein besonderes Highlight von iCloud ist das Auffinden von vergessenen, verlorenen oder gestohlenen iPhones oder iPads. Zum Auffinden der Geräte werden z. B. beim iPhone GPS, das Mobilfunknetz und registrierte WLAN-Hotspots verwendet. Allerdings müssen die Geräte richtig vorbereitet sein, damit man sie mit der Web-Applikation von iCloud finden kann.

Vorbereitungen für iPhone und iPad

Auf den mobilen Geräten müssen zuallererst die *Ortungsdienste* in den *Einstellungen* bei *Datenschutz* aktiviert werden. Die Ortungsdienste gewährleisten, dass die Geräte über GPS, das Mobilfunknetz und WLAN ihren ungefähren Standort berechnen können.

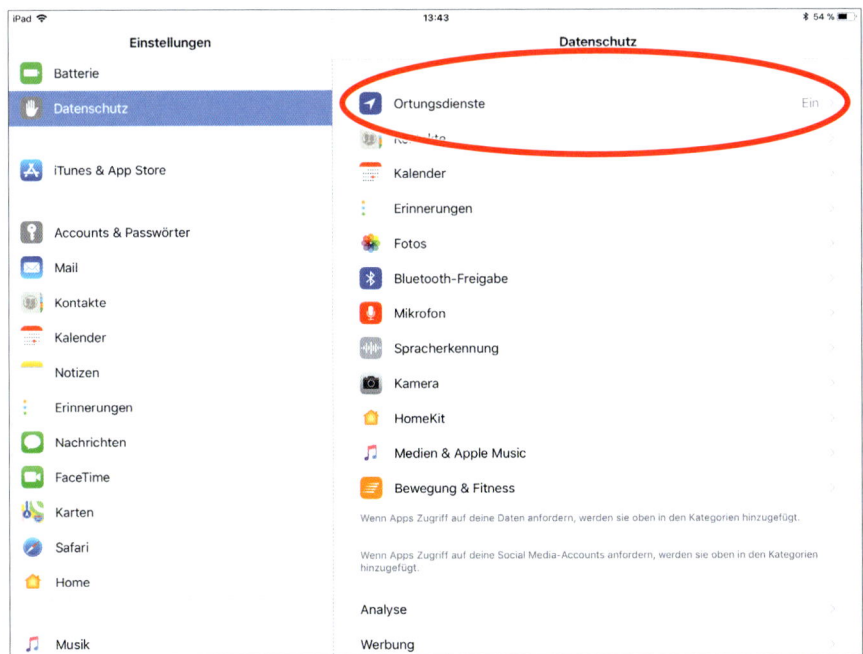

Die Ortungsdienste werden zum Auffinden der Geräte benötigt.

Als nächstes müssen Sie noch die Funktion *Mein iPad suchen* bzw. *Mein iPhone suchen* bei *Einstellungen –> [Ihr Name] –> iCloud* aktivieren. Damit erlauben Sie der Web-Applikation von iCloud, das Gerät anhand der Ortungsdienste zu finden.

iPad/iPhone/Mac etc. suchen

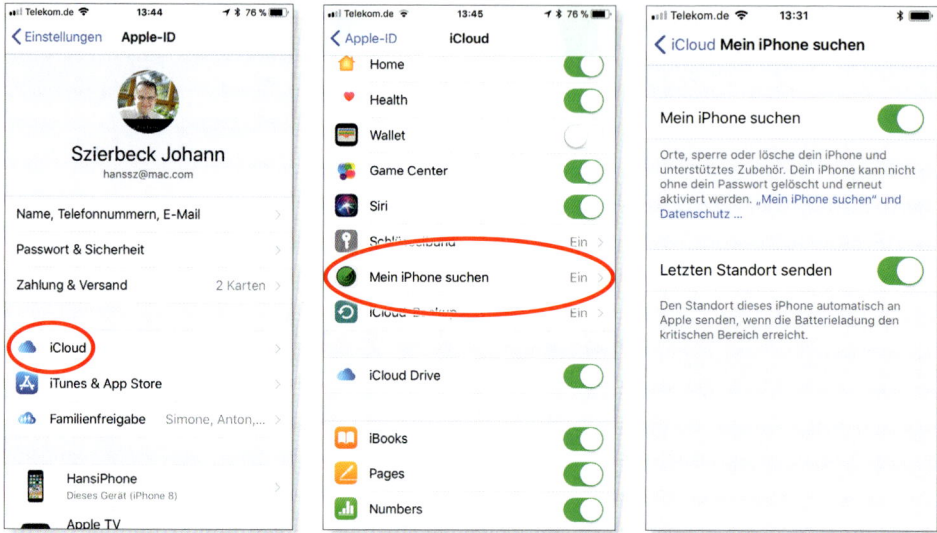

In den iCloud-Einstellungen muss die Option „Mein iPhone/iPad suchen" aktiviert werden. Aktivieren Sie zudem die Eigenschaft „Letzten Standort senden".

Jetzt müssen Sie noch kontrollieren, ob die *Push*-Funktion bei *Einstellungen* –> *Accounts & Passwörter* –> *Datenabgleich* aktiviert ist (siehe Seite 67). Ist dies der Fall, steht dem Auffinden des iPhones bzw. iPads über die Web-Applikation von iCloud nichts mehr im Wege.

Vorbereitungen für den Mac

Mit iCloud ist es ebenso möglich, einen Mac ausfindig zu machen. Im Unterschied zu den mobilen Geräten hat ein Mac aber kein GPS und auch keine eingebaute Verbindung zum Mobilfunknetz. Wie kann der Mac also gefunden werden? Über die WLAN-Hotspots! Sobald der Mac über WLAN ins Internet geht, ist seine ungefähre Position lokalisiert. Das Gleiche trifft zu, wenn man einen Surfstick verwendet. Dieser baut die Internetverbindung ja über das Mobilfunknetz auf. Auf diese Weise kann also auch ein Mac aufgespürt werden.

Auf dem Mac muss die Funktion „Meinen Mac suchen" eingeschaltet werden.

Um diese Suche zu ermöglichen, müssen Sie auf dem Mac eine spezielle Funktion aktivieren. Damit wird auch verhindert, dass Ihr Mac ungewollt aufgespürt wird. In den *Systemeinstellungen* bei *iCloud* finden Sie die Option *Meinen Mac suchen*.

Zusätzlich müssen auch die *Ortungsdienste* eingeschaltet werden. Diese finden Sie in den *Systemeinstellungen* bei *Sicherheit –> Privatsphäre*. Wenn Sie sie aktivieren, kann Ihr Mac ab sofort über die Web-Applikation von iCloud gefunden werden.

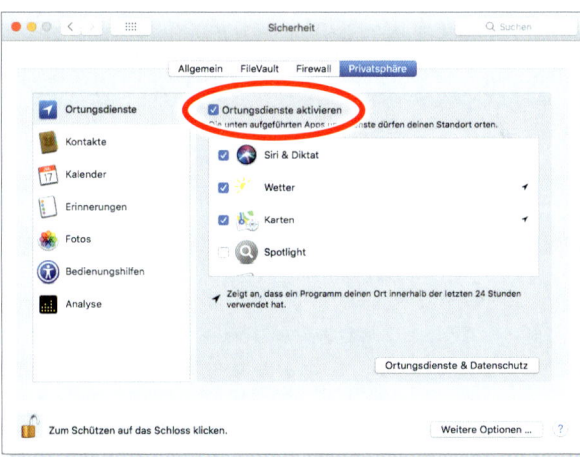

Zum Auffinden des Macs müssen auch die Ortungsdienste eingeschaltet sein.

Die Geräte mit der Web-Applikation suchen

Wenn nun der Fall eingetreten ist, dass Sie Ihre Geräte wiederfinden müssen, loggen Sie sich mit Ihrer Apple-ID ins Internetportal *www.icloud.com* ein. Nach dem Einloggen stehen Ihnen verschiedene Web-Applikationen zur Verfügung, unter anderem auch *Mein iPhone*.

iPad/iPhone/Mac etc. suchen

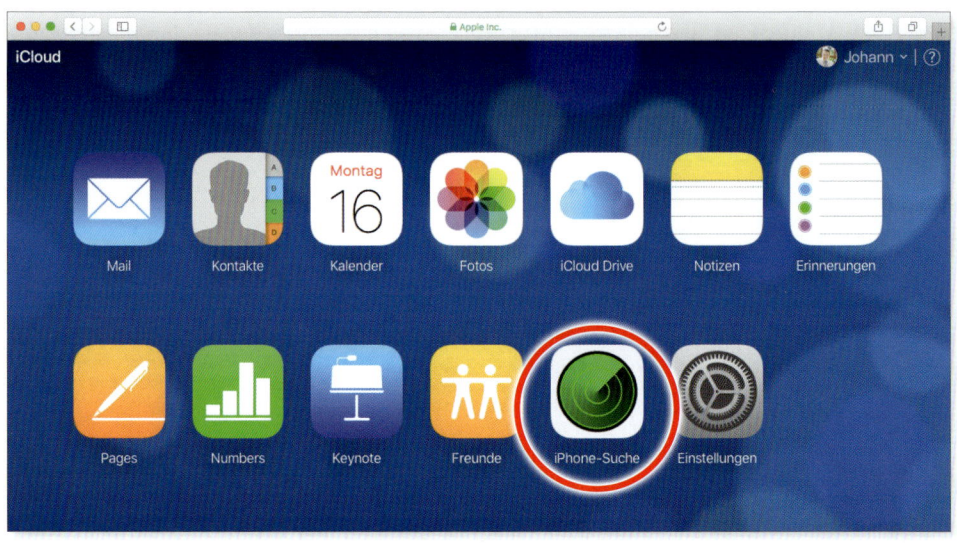

Die Web-Applikationen von „www.icloud.com".

Sobald Sie die Web-Applikation *iPhone-Suche* öffnen, beginnt die Suche nach Ihren Geräten. Diese kann unter Umständen einige Zeit dauern.

> **!** Die Web-Applikation heißt zwar „iPhone-Suche", aber mit ihr werden sowohl iPhones/iPads als auch Apple Watches und Macs lokalisiert. Wenn die Familienfreigabe (siehe Seite 157) aktiviert ist, werden auch die Geräte der Familienmitglieder aufgelistet.

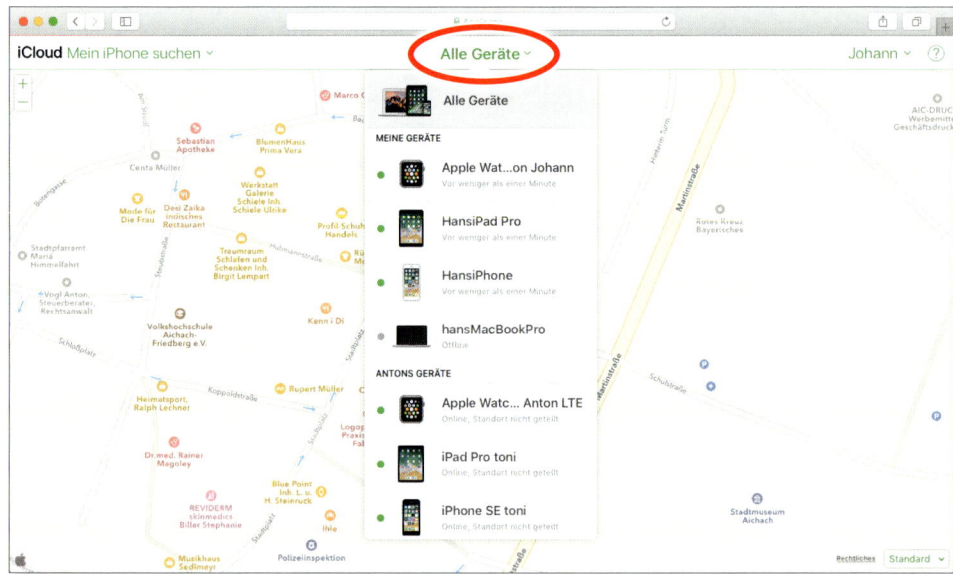

Alle Geräte wurden gefunden.

Oben in der Mitte werden bei *Alle Geräte* die Geräte aufgelistet, die mit Ihrer Apple-ID registriert wurden. Um eines davon auf der Karte zu sehen, müssen Sie es nur anklicken. Ein grüner Punkt auf der Karte zeigt den Standort an, und auf der rechten Seite werden die Optionen dafür eingeblendet.

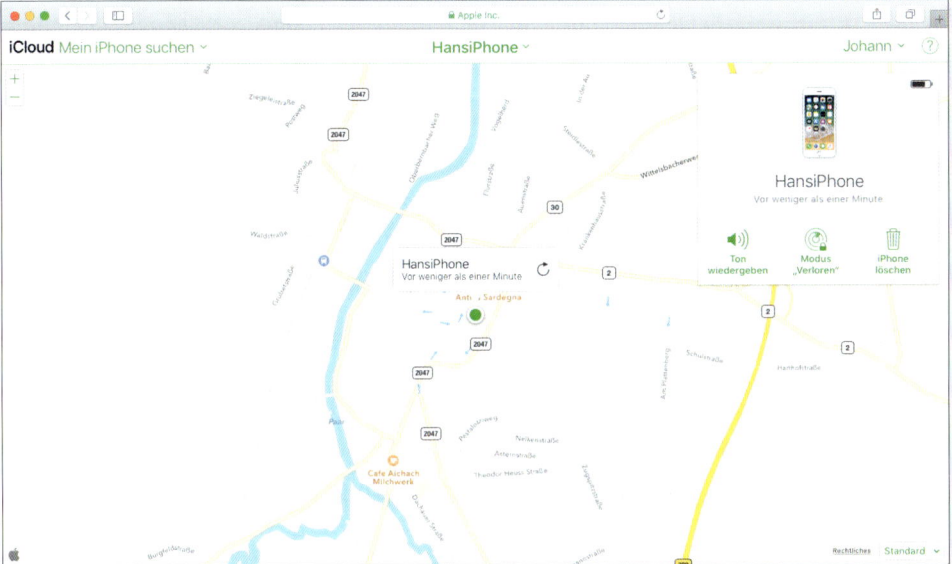

Weitere Funktionen für das gefundene Gerät.

Im Infobereich des Geräts können Sie die folgenden drei Funktionen ausführen:

 Für alle drei Funktionen erhalten Sie nach erfolgreicher Ausführung immer eine E-Mail an Ihre Apple-ID.

– *Ton wiedergeben:* Damit können Sie auf dem Gerät einen Alarmton abspielen. Der Alarmton ist sinnvoll, wenn Sie z. B. das iPhone im Haus verlegt haben.
– *Modus „Verloren":* Damit können Sie das Gerät sperren. Es kann dann nur durch einen vierstelligen Code, den Sie direkt in der Web-Applikation eingeben müssen, wieder entsperrt werden. Zusätzlich können Sie noch eine Nachricht auf dem iOS-Gerät anzeigen lassen, in der Sie z. B. den ehrlichen Finder bitten, eine zuvor eingegebene Telefonnummer anzurufen, unter der Sie erreichbar sind.

iPad/iPhone/Mac etc. suchen

Wenn Sie Ihr iPhone verloren haben, müssen Sie zuerst eine Telefonnummer angeben, unter der Sie erreichbar sind, und noch eine Nachricht, die auf dem Display des iPhones erscheinen soll.

Falls Sie auf Ihrem Gerät bereits eine Codesperre eingerichtet haben (*Einstellungen –> Allgemein –> Codesperre*), wird zum Entsperren der dort angegebene Code verwendet.

- *iPhone löschen:* Damit werden die Daten auf Ihrem Gerät gelöscht. Dabei wird der gesamte Inhalt entfernt, und das Gerät kann nicht mehr verwendet werden. Zum Löschen müssen Sie allerdings zuerst Ihre Apple-ID eingeben. Dies ist eine hilfreiche Funktion, wenn Ihr Gerät gestohlen wurde.

Die gesamten Daten auf dem Gerät können extern gelöscht werden.

Insgesamt gesehen ist *iPhone-Suche* eine hervorragende Funktion, um verlorene, vergessene oder gestohlene Geräte wiederzufinden oder vor unerlaubtem Zugriff auf Ihre Daten zu schützen.

Kapitel 2 iCloud

> ❗ Seit iOS 7 ist es nun für Diebe wesentlich schwerer geworden, ein gesperrtes bzw. gelöschtes iPhone weiterzuverwenden. Man benötigt nämlich unbedingt die Apple-ID und das Passwort, mit dem das iPhone registriert ist. Nur wer diese Informationen besitzt, kann ein gestohlenes bzw. gefundenes iPhone entsperren und weiterverwenden. Wenn Sie zudem die Zwei-Faktor-Authentifizierung (siehe Seite 35) verwenden, ist das iPhone bzw. iPad für fremde Personen vollkommen nutzlos.

Übrigens gibt es sowohl für das iPhone als auch für das iPad eine App namens *iPhone-Suche*, mit der ebenfalls die vorhin genannten Funktionen ausgeführt werden können.

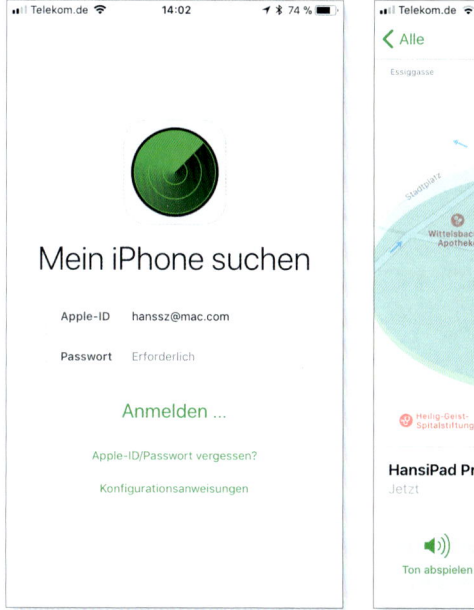
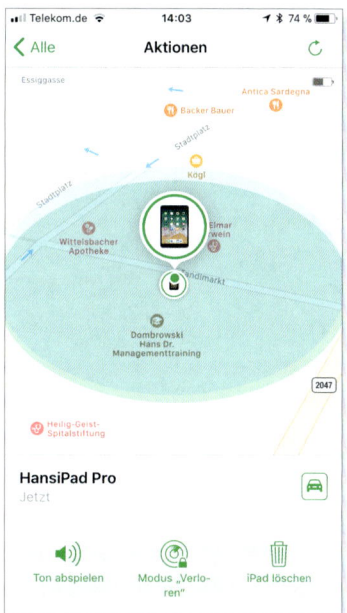

Die App „Mein iPhone" kann ebenfalls auf entfernte Geräte zugreifen.

Backups vom iPad/iPhone

Bisher wurden Backups vom iPhone und iPad oftmals lokal auf einem Rechner gespeichert bzw. dort erstellt, sobald es angeschlossen, iTunes gestartet und beide Geräte miteinander synchronisiert wurden. Diesen Vorgang kann man nach wie vor durchführen – oder die Backups künftig bei iCloud hinterlegen.

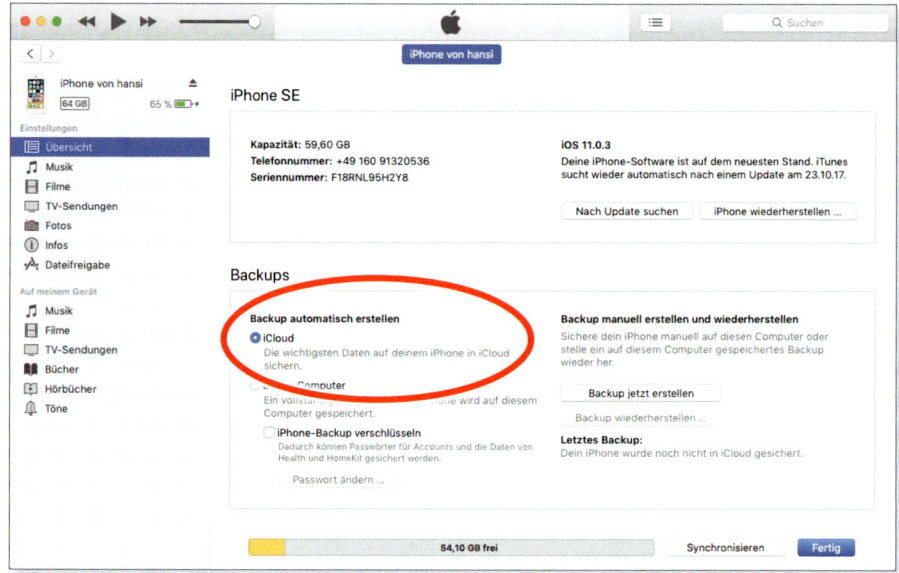

Backups können entweder in der iCloud oder lokal mit iTunes erstellt werden.

Welche Daten werden gesichert?

Folgende Dinge werden beim Backup gesichert:
- gekaufte Musik, Apps und Bücher
- aufgenommene Fotos und Videos
- Geräteeinstellungen (Telefon-Favoriten, Hintergründe und Mail-Accounts)
- App-Daten
- Homescreen und Anordnung von Apps
- Nachrichten (iMessage, MMS und SMS)
- Alarmtöne
- Apple Watch Einstellungen

Beim Backup werden nicht die eigentlichen Daten der Musiktitel, Apps und Bücher gesichert, sondern nur deren Erwerb. In der iCloud wird also lediglich eine Liste der erworbenen Musiktitel, Filme, Apps und Bücher gespeichert. Beim Zurückspielen des Backups auf das Gerät werden diese Sachen dann automatisch vom iTunes- bzw. App-Store wieder heruntergeladen (siehe Abschnitt „Backup wiederherstellen" auf Seite 143).

Wenn man kurz darüber nachdenkt, ist dieses Konzept sehr vernünftig: Erstens hat man nur einen begrenzten Speicherplatz bei iCloud, und zweitens dauert die Übertragung von Hunderten von Musiktiteln und Apps sehr lange.

Einstellungen

In den *Einstellungen* bei *[Ihr Name]* –> *iCloud* auf dem iPhone bzw. iPad und iPod touch befinden sich die beiden Funktionen *Speicher verwalten* und *iCloud-Backup*. Damit kann nicht nur der aktuelle Speicher bei iCloud überprüft und bei Bedarf erweitert, sondern auch vom Gerät ein Backup zu iCloud übertragen werden. Wenn Sie die Funktion *iCloud-Backup* aktivieren, beginnt das Gerät sofort damit, seine Daten zu iCloud zu übertragen.

 Bitte beachten Sie, dass beim Aktivieren des iCloud-Backups bei einer Synchronisierung mit iTunes kein lokales Backup mehr erstellt wird. Die Backups können entweder bei iCloud oder bei iTunes liegen, nicht bei beiden gleichzeitig.

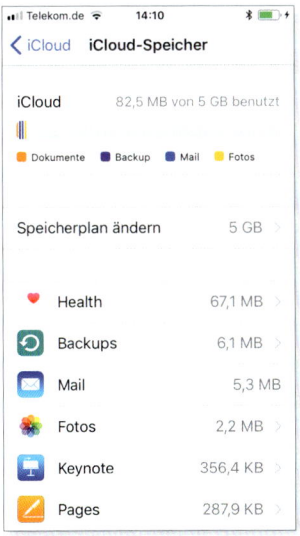

In den iCloud-Einstellungen kann der verfügbare Speicherplatz (links) ermittelt und ein Backup (rechts) erstellt werden.

141

Backups vom iPad/iPhone

 Im Regelfall wird alle 24 Stunden automatisch ein Backup des mobilen Geräts erstellt. Dazu muss das iPhone/iPad per WLAN mit dem Internet verbunden sein.

Falls der Speicherplatz bei iCloud nicht ausreicht, dann können Sie manuell etwas vom Backup löschen bzw. ausschließen. Dazu öffnen Sie *Einstellungen –> [Ihr Name] –> iCloud –> Speicher verwalten*. Dort können Sie dann feststellen, wie groß die Backups der jeweiligen Geräte sind.

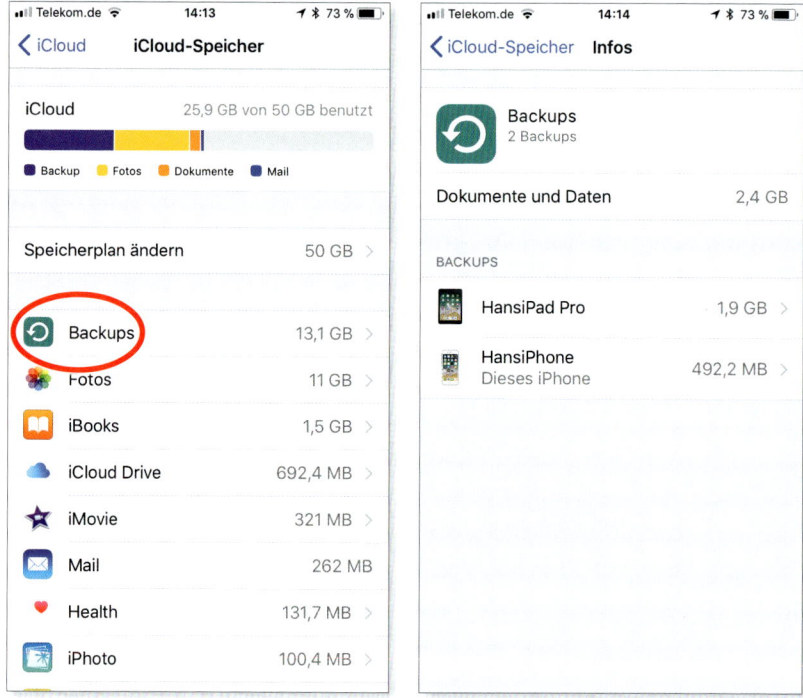

Die Backups der einzelnen Geräte können in den iCloud-Einstellungen eingesehen werden.

Um nun ein Backup zu löschen oder bestimmte Dinge beim Erstellen eines Backups auszuschließen, müssen Sie das gewünschte Gerät antippen. Dadurch gelangen Sie in einen weiteren Bereich, wo nun die einzelnen Backup-Optionen aufgelistet sind und ausgeschaltet werden können. Etwas weiter unten finden Sie auch eine Schaltfläche, um das Backup zu löschen.

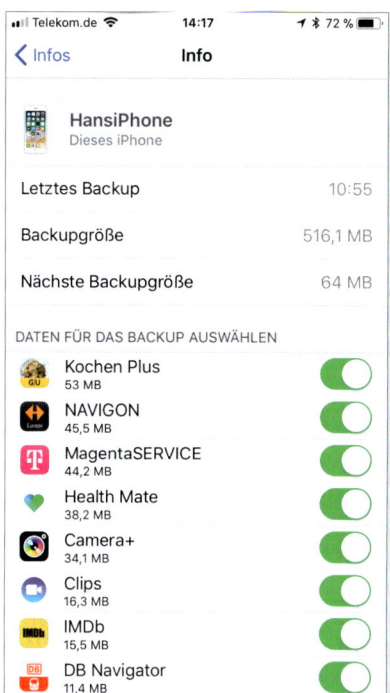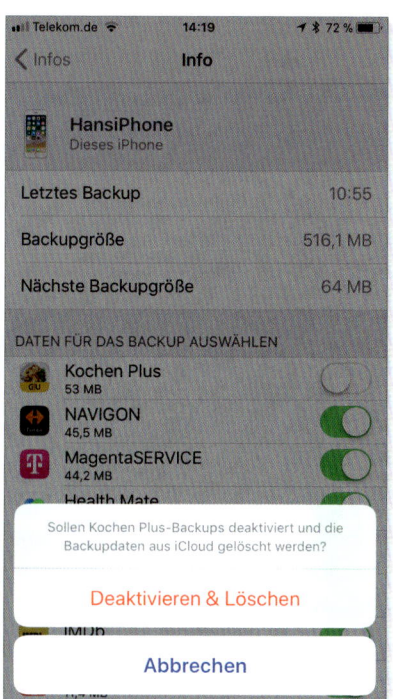

Die Optionen für das Backup (links). Beim Deaktivieren einer Option werden die betreffenden Daten sofort gelöscht (rechts).

Backup wiederherstellen

Wie kann man das iCloud-Backup zur Wiederherstellung eines Geräts nutzen? Ein Gerät kann von einem iCloud-Backup wiederhergestellt werden, wenn es komplett gelöscht bzw. auf die Werksfunktionen zurückgesetzt wurde. Falls Sie also einmal gezwungen sind, das iPhone oder iPad komplett zu löschen, können Sie nach dem Aufspielen des iOS das Gerät mit Hilfe des iCloud-Backups wiederherstellen. Oder wenn Sie ein neues iPhone gekauft haben, können Sie so in Minuten alle Daten vom Vorgängermodell auf das neue übernehmen.

 Um ein iPhone oder iPad komplett zu löschen, wählen Sie den folgenden Menüpunkt aus: **Einstellungen –> Allgemein –> Zurücksetzen –> Alle Inhalte und Einstellungen löschen**.

Sobald Sie den Löschvorgang aktiviert haben, werden Sie gefragt, ob zuvor ein Backup erstellt werden soll. Dies ist ganz besonders hilfreich, wenn Sie Ihre Daten auf ein anderes Gerät migrieren wollen.

Backups vom iPad/iPhone

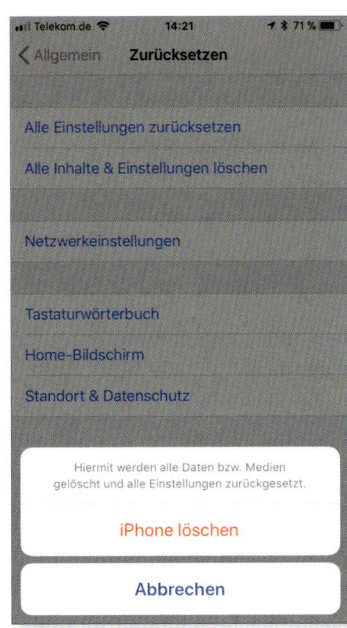

In den „Einstellungen" kann ein mobiles Gerät komplett gelöscht werden.

> **!** Falls Sie eine Zwei-Faktor-Authentifizierung für Ihre Apple-ID aktiviert haben, achten Sie vor dem Löschen darauf, dass Sie noch ein zweites vertrauenswürdiges Gerät angegeben haben (siehe Seite 35). Für die Wiederherstellung aus einem Backup wird die Apple-ID benötigt, die dann erst verifiziert werden muss, und dazu benötigen Sie ein vertrauenswürdiges Gerät.

Nachdem das Gerät neu gestartet ist, meldet es sich mit dem Begrüßungsbildschirm und fordert Sie auf, es zu konfigurieren. Nach der Angabe der Sprache, der WLAN-Verbindung und anderer Einstellungen gelangen Sie zu einem Bildschirm, wo Sie nach der Konfiguration und Wiederherstellung des Geräts gefragt werden.

Kapitel 2 iCloud

Das iPhone wird vom iCloud-Backup wiederhergestellt.

Wenn Sie sich nun für *Aus iCloud-Backup wiederherstellen* entscheiden, nimmt das Gerät über das Internet Kontakt mit iCloud auf und spielt das Backup auf. Dabei werden zunächst alle Einstellungen auf das iOS-Gerät zurückgespielt.

Sobald alle Einstellungen übertragen wurden, erfolgt ein Neustart, und dann werden die gekauften Apps, die Musik und Bücher, die zum Zeitpunkt des Backups vorhanden waren, wieder auf das Gerät überspielt. Dabei werden diese aus dem App Store auf das Gerät geladen. Fertig!

Nach dem Aufspielen des Backups werden die Apps wieder geladen.

Speicherplatz verwalten

 Musikdaten, die nicht bei Apple erworben wurden, müssen manuell mit iTunes auf das Gerät übertragen werden. Es sei denn, Sie haben ein iTunes-Match-Abo (siehe Kapitel 4 ab Seite 214).

Speicherplatz verwalten

iCloud bietet jedem Nutzer kostenlosen Speicherplatz von 5 GByte. Durch das Aufspielen von Backups diverser iOS-Geräte oder das Ablegen von Dokumenten bzw. Dateien im iCloud Drive kann dieser Speicher sehr schnell erschöpft sein. Um wieder Platz bei iCloud zu schaffen, können Sie z. B. Dokumente und Dateien oder alte Backups löschen. Dazu können Sie ein iOS-Gerät oder auch einen Mac verwenden.

iPhone, iPad und iPod touch

Auf den iOS-Geräten gehen Sie zuerst zu *Einstellungen –> [Ihr Name] –> iCloud*. Dort finden Sie die Option *Speicher verwalten*, wo Ihnen angezeigt wird, wie viel Gesamtspeicher Sie haben und wie viel noch zur Verfügung steht. Tippen Sie auf *Speicher verwalten*, um eine detaillierte Übersicht zu erhalten.

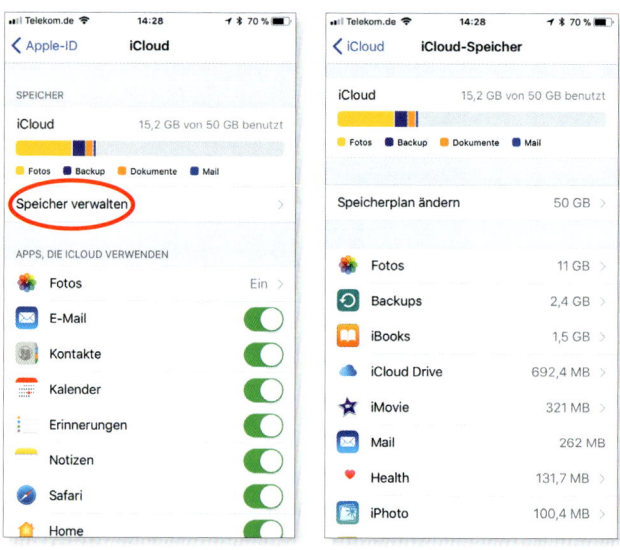

Der iCloud-Speicherplatz wird in den iCloud-Einstellungen verwaltet.

In der detaillierten Übersicht sind u. a. die Backups Ihrer Geräte aufgelistet und jede App, die etwas bei iCloud sichert. Nun können Sie z. B. einzelne Dokumente von *Keynote* bei iCloud entfernen, um wieder Platz zu schaffen.

Sobald Sie die App angetippt haben, werden im nächsten Screen die Dokumente bzw. Daten angezeigt, die bei iCloud von dieser App hinterlegt wurden. Zum Löschen der Dokumente bzw. Daten streichen Sie mit dem Finger nach links, um die Schaltfläche *Löschen* einzublenden.

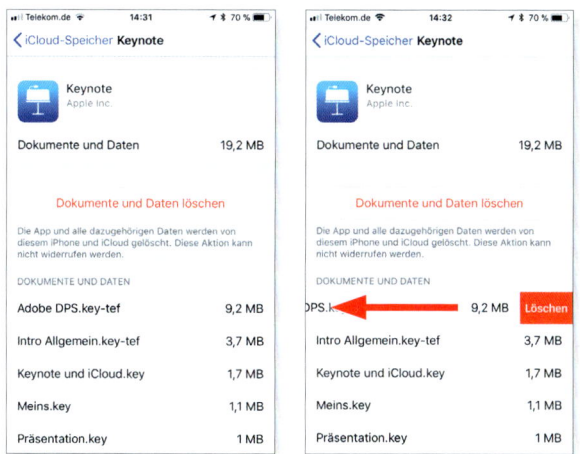

Dokumente und Dateien der Apps lassen sich gezielt entfernen.

macOS

Auch auf einem Mac kann der iCloud-Speicher verwaltet werden. Dazu stehen die gleichen Funktionen zur Verfügung wie auf den iOS-Geräten. Öffnen Sie auf dem Mac die *Systemeinstellungen* und wechseln Sie dort zu *iCloud*. In *iCloud* finden Sie rechts unten die Schaltfläche *Verwalten*.

Der iCloud-Speicher kann auch am Mac verwaltet werden.

147

Speicherplatz verwalten

Sie erhalten nun eine Übersicht über den iCloud-Speicher mit einer Auflistung sämtlicher Programme bzw. Apps, die Daten bei iCloud hinterlegt haben. Klicken Sie eines der Programme an, können Sie alle Daten dieses Programms löschen.

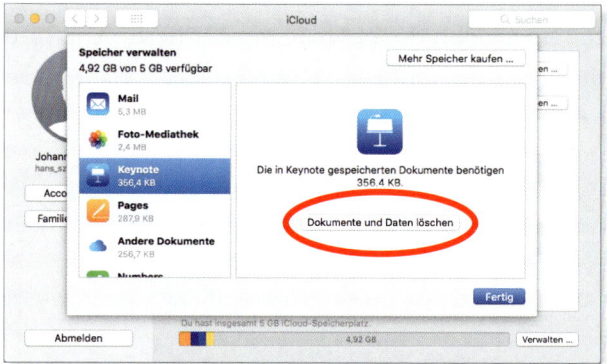

Dateien lassen sich von iCloud auch entfernen.

> ! Einzelne Dokumente der verschiedenen Anwendungen können über das iCloud Drive gelöscht werden. In der Seitenleiste eines Finder-Fensters klicken Sie dazu auf **iCloud Drive**, öffnen den entsprechenden Ordner der gewünschten Anwendung und legen die zu löschenden Dokumente in den Papierkorb.

Windows

Sogar unter Windows können Sie den belegten bzw. verfügbaren Speicher von iCloud einsehen. Dazu müssen Sie die *iCloud-Einstellungen* über das *Systemfach* öffnen und anschließend auf die Option *Speicher* klicken. Damit erhalten Sie eine Übersicht über den belegten Speicherplatz bei iCloud und können bei Bedarf die Daten der diversen Programme entfernen.

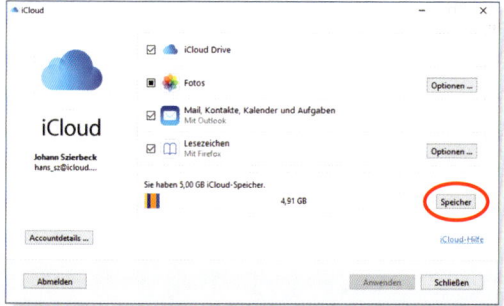 

In den iCloud-Einstellungen kann man auch unter Windows den Speicherplatz von iCloud verwalten.

Wallet

Wallet ist ein Dienst bzw. eine App von Apple, der für Kinokarten, Fahrkarten, Gutscheine und Bordkarten zuständig ist. Mit Hilfe von Wallet ist es z. B. sehr einfach möglich, bei Lufthansa am Gate einzuchecken, da Wallet die Boarding-Karte bereithält. Inzwischen gibt es viele Apps, insbesondere von Fluglinien, Verkehrsverbünden und Reiseportalen, die mit Wallet zusammenarbeiten.

Mit iCloud können Sie nun die Wallet-Daten zwischen iPhone, Apple Watch und iPod touch synchronisieren. Wallet gibt es nur für das iPhone, die Apple Watch und den iPod touch, das iPad unterstützt diese Funktion zurzeit (Stand: November 2017) nicht. Damit das reibungslos funktioniert, müssen Sie in den *Einstellungen* bei *[Ihr Name] –> iCloud* die Option *Wallet* aktivieren.

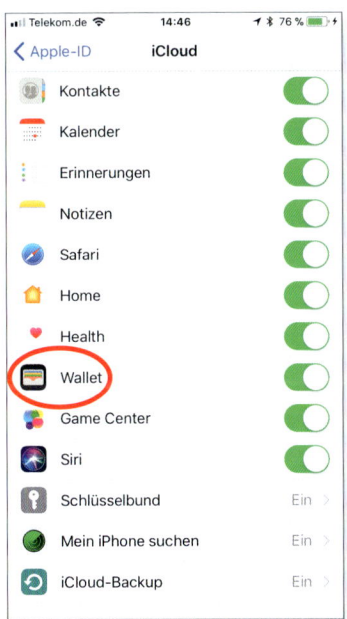

Auch die Karten, Gutscheine und Bordpässe von Wallet werden via iCloud zwischen den iOS-Geräten synchronisiert. Selbst die Apple Watch verfügt über die Wallet-App.

Automatischer Download von Musik, Apps und Büchern

Um das Aufspielen von gekaufter Musik, von Apps und E-Books noch einfacher zu gestalten, können Sie in iTunes auf dem Rechner unter *iTunes –> Einstellungen –> Downloads* den automatischen Download für *Musik*, *Filme* und *TV-Sendungen* aktivieren. Wenn Sie in Zukunft einen neuen Film kaufen, egal ob auf dem iPhone, iPad oder in iTunes, wird dieser dann automatisch auch auf die anderen Geräte bzw. zu iTunes übertragen.

Einkäufe können automatisch mit iTunes und den mobilen Geräten synchronisiert werden.

Für gekaufte E-Books aus dem iBooks Store müssen Sie auf dem Mac im Programm *iBooks* bei Menü *iBooks –> Einstellungen –> Store* die entsprechende Option einschalten.

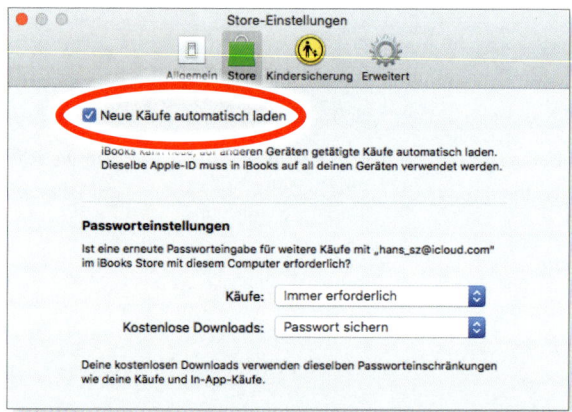

Der automatische Download für E-Books wird im Programm „iBooks" festgelegt.

Damit der automatische Download auch auf dem iPhone, iPad und iPod touch funktioniert, müssen Sie auf diesen Geräten in den *Einstellungen* bei *iTunes & App Store* noch die diesbezüglichen Optionen aktivieren. Danach steht dem Datenabgleich der Apps und Bücher nichts mehr im Wege.

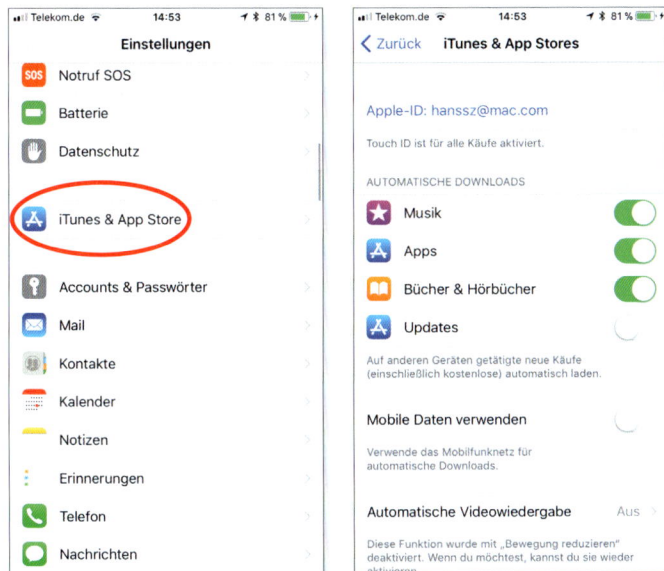

Auf den mobilen Geräten, wie hier beim iPhone, muss der automatische Download für Apps und Bücher noch aktiviert werden.

Sofern Sie zusätzlich die Eigenschaft *Mobile Daten verwenden* aktivieren, wird der automatische Download nicht nur per WLAN, sondern auch über das Mobilfunknetz funktionieren.

Falls eine gekaufte App nicht automatisch an ein Gerät übertragen wird, können Sie den Download auch manuell durchführen. Dazu müssen Sie auf dem iPhone bzw. iPad den *App Store* starten und auf Ihre Apple-ID rechts oben tippen. Dort finden Sie dann den Eintrag *Einkäufe*, der eine Liste aller gekauften Apps und eine zweite Liste mit den noch nicht installierten Apps enthält. Von dort aus können Sie dann mit einem Fingertipp auf das iCloud-Symbol die App nachträglich installieren.

Automatischer Download von Musik, Apps und Büchern

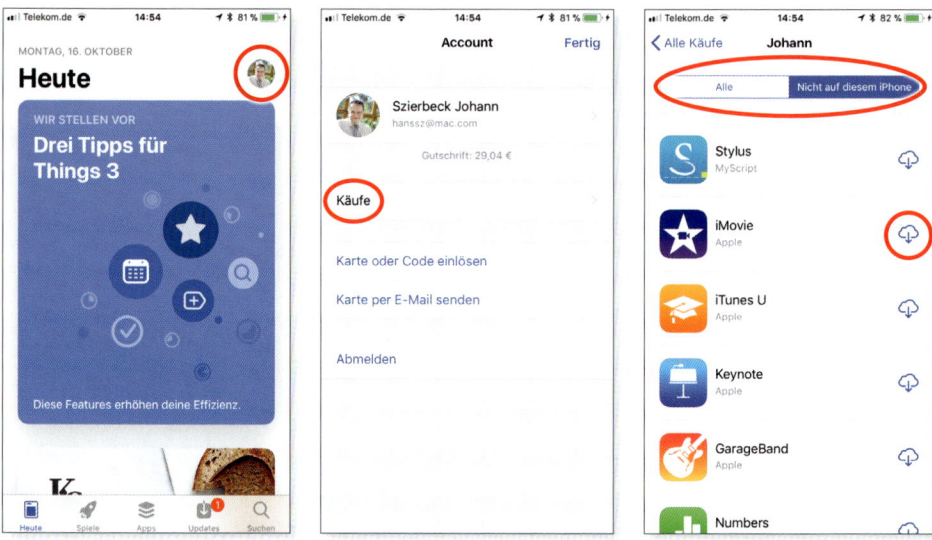

Apps, die Sie gekauft, aber noch nicht installiert haben, können nachträglich über den App Store heruntergeladen werden.

Seit iOS 8 werden gekaufte E-Book vom iBooks Store direkt in der App *iBooks* aufgelistet und können von dort aus auf das Gerät geladen werden. Der Bereich *Käufe* enthält alle erworbenen E-Books.

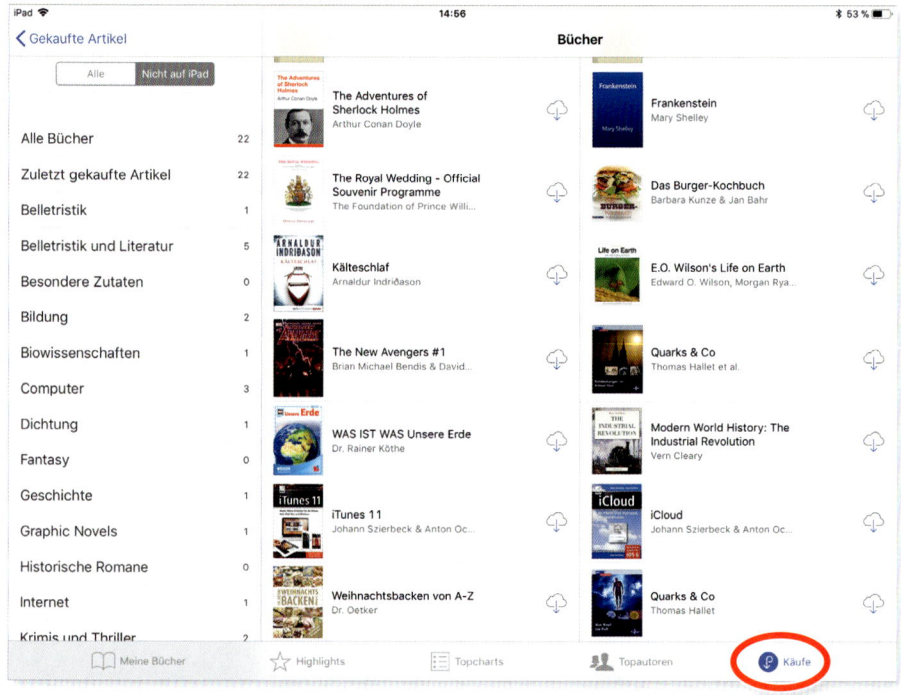

„iBooks" hat eine eigene Sparte mit den Einkäufen im iBooks Store.

152

Bei Filmen und TV-Sendungen werden die Käufe direkt in der App *Videos* angezeigt. Das kleine Wolkensymbol zeigt an, dass der jeweilige Film bzw. die TV-Sendung nicht auf dem Gerät gespeichert ist, sondern bei iCloud. Wenn Sie auf das Wolkensymbol tippen, wird der Film bzw. die TV-Sendung heruntergeladen und kann offline angesehen werden. Das Wolkensymbol ist dann auch nicht mehr sichtbar. Tippen Sie allerdings direkt auf den Film, wird dieser gestreamt. Das bedeutet, er wird während dem Ansehen im Hintergrund heruntergeladen und nur für das Abspielen auf dem Gerät zwischengespeichert. Sobald Sie den Film beenden, ist dieser auch wieder vom Gerät gelöscht. Für diese Art des Abspielens benötigen Sie eine permanente Verbindung zum Internet.

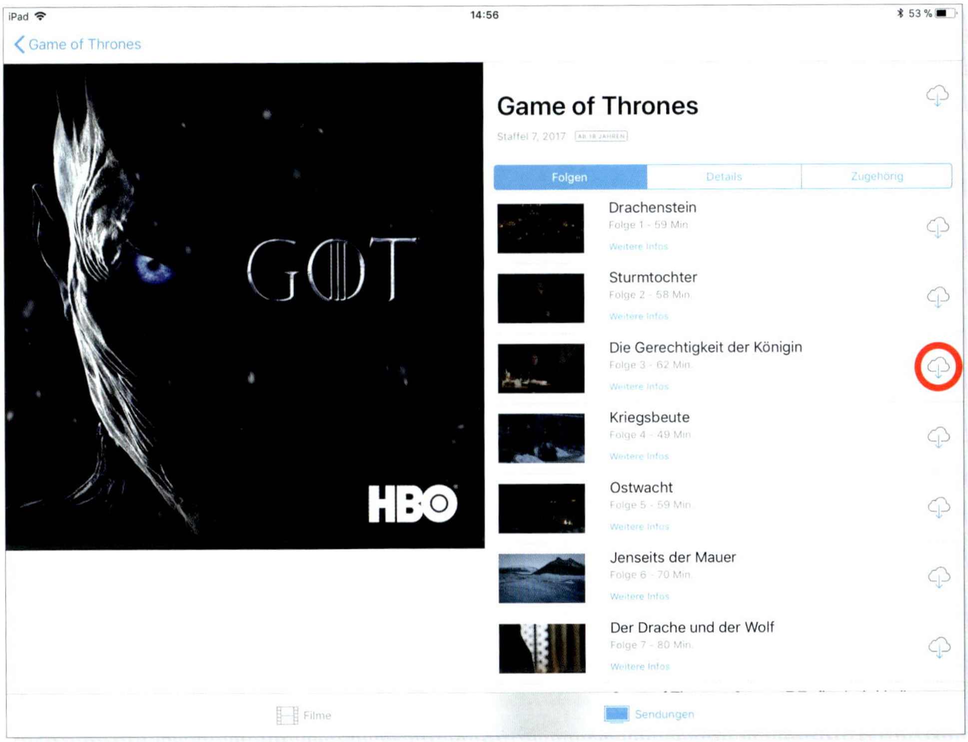

Das Wolkensymbol zeigt an, dass die Filme bei iCloud und nicht auf dem iPad gespeichert sind. Ist das Symbol nicht vorhanden, bedeutet dies, der Film ist auf dem Gerät gesichert und kann jederzeit abgespielt werden, auch ohne Internetverbindung.

Zudem bietet Apple mit *iTunes Match* die Option an, die gesamte iTunes-Musik, auch wenn diese nicht über den iTunes Store gekauft wurde, auf allen Geräten via iCloud zur Verfügung zu stellen. Näheres dazu können Sie im Kapitel 4 ab Seite 214 lesen.

Zugang zu meinem Mac

iCloud hält für Anwender mit mehreren Macs noch eine sehr interessante Funktion parat: *Zugang zu meinem Mac*.

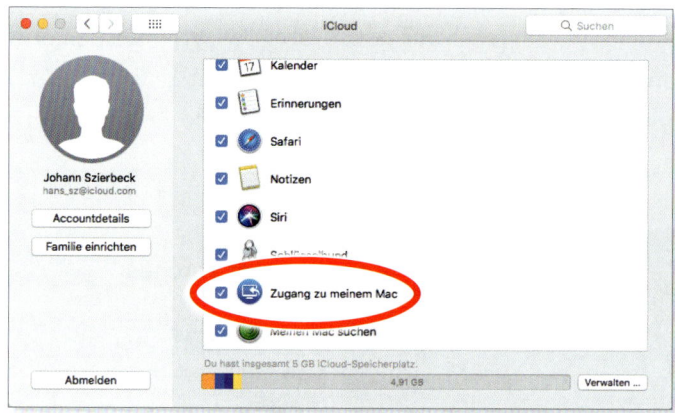

„Zugang zu meinem Mac" ermöglicht den Zugriff aus der Ferne.

Sobald die Funktion aktiviert ist und der Internet-Router das unterstützt, können Sie aus der Ferne mit einem anderen Mac auf den Rechner im Büro oder daheim zugreifen. Neben der Aktivierung dieser Funktion sind auch die Einstellungen in den *Systemeinstellungen –> Freigaben* notwendig.

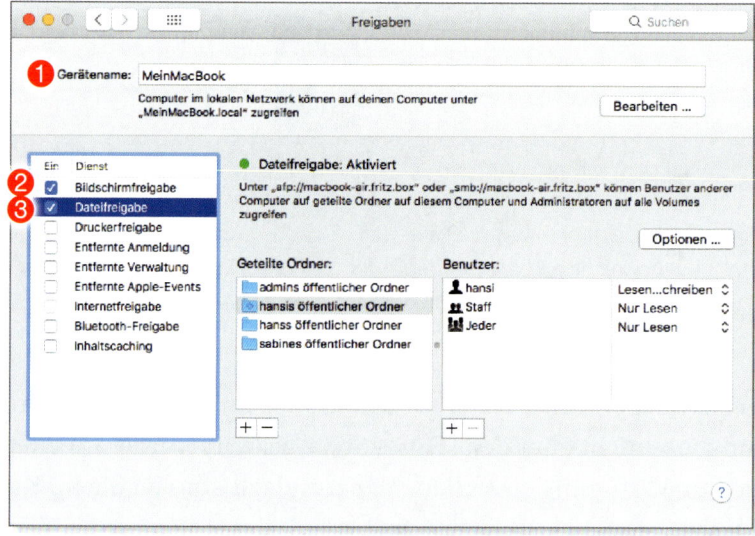

Prüfen und Einstellen der Freigabe-Funktionen.

Besonders wichtig ist der *Gerätename* ❶. Mit diesem Namen meldet sich dann der Rechner im Netzwerk. Zudem ist es sinnvoll, sowohl die *Bildschirmfreigabe* ❷ als auch die *Dateifreigabe* ❸ zu aktivieren. Damit können Sie den Rechner fernsteuern oder auf die dort abgelegten Dateien zugreifen. Bei beiden Freigabediensten sollten Sie im rechten Teil des Fensters noch die Benutzerliste Ihren Bedürfnissen entsprechend anpassen. Zusätzlich müssen Sie bei *Systemeinstellungen –> Energie sparen* die Funktion *Ruhezustand bei Netzwerkzugriff beenden* aktivieren.

Am anderen Rechner müssen Sie folgendes einstellen, damit der entfernte Zugriff funktioniert:

1. Es muss dort der gleiche iCloud-Account eingetragen sein.
2. Bei *Finder –> Einstellungen –> Seitenleiste* sollte das Häkchen bei *Zugang zu meinem Mac* aktiviert sein.

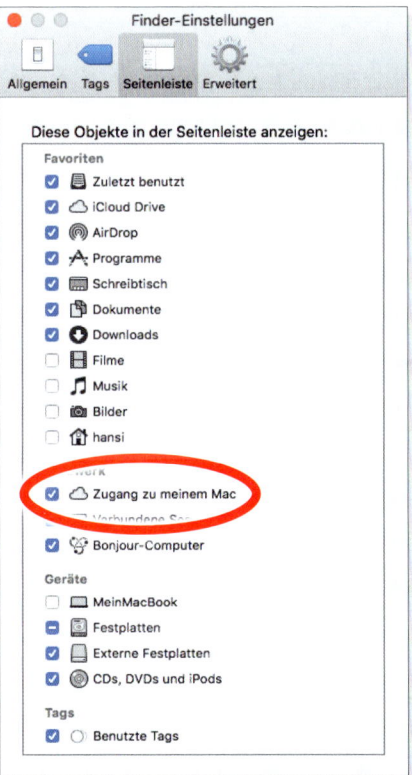

„Zugang zu meinem Mac" erscheint in der Seitenleiste.

Ist das alles geschehen, sollte der entfernte Mac in der Seitenleiste des Finderfensters erscheinen.

Zugang zu meinem Mac

Der vermisste Mac meldet sich.

Nachdem in den Freigaben sowohl die Datei- als auch die Bildschirmfreigabe eingeschaltet ist, kann nun via *Verbinden als* auf die Daten und per *Bildschirm freigeben* auf den Bildschirm des Rechners zugegriffen werden. Geben Sie dann noch die Benutzerdaten ein, und schon sind Sie mit dem anderen Computer aus der Ferne verbunden.

> ! Falls der Zugriff dennoch nicht klappen will, so sollten auf beiden Seiten die Einstellungen des Routers bzw. der Firewall überprüft werden. Die Protokolle NAT-PMP oder UPnP sollten auf dem Router aktiv sein. Sofern Sie eine AirPort Basisstation von Apple verwenden, finden Sie die Einstellung nach Kontaktaufnahme mit dem AirPort Dienstprogramm im Reiter **Internet**. Dort ist die Eigenschaft **NAT Port Mapping Protocol** zu aktivieren.

Familienfreigabe

Eine Funktion, die von vielen Anwendern bereits genutzt wird, ist die Freigabe von Einkäufen in den diversen Stores für Freunde bzw. Familienmitglieder. In der Vergangenheit waren Einkäufe wie Apps, Filme oder Bücher immer an die Apple-ID gekoppelt, mit der der Einkauf getätigt wurde. Man konnte die Apps nur auf einem anderen Gerät nutzen, wenn man dort die gleiche Apple-ID angegeben hatte. Das ist vorbei! Seit OS X Yosemite und iOS 8 können Sie die Einkäufe auch auf andere Apple-IDs, im Normalfall Ihre Familienmitglieder, übertragen. Apple nennt diese Funktion treffenderweise *Familienfreigabe*.

Die Freigabe beschränkt sich aber nicht nur auf die Einkäufe, sondern Sie können damit auch einen gemeinsamen Kalender oder Fotostreams für die Familie anlegen. Außerdem können die Standorte der Familienmitglieder untereinander freigegeben werden. Die Familienfreigabe funktioniert mit bis zu sechs Mitgliedern.

 Mit der Familienfreigabe werden allerdings keine Zeitschriftenabos und In-App-Käufe zwischen den Familienmitgliedern geteilt. Also wenn der Vater einen In-App-Kauf tätig, ist dieser für die Kinder oder die Mutter nicht automatisch verfügbar. Diese müssen den In-App-Kauf erneut tätigen.

Einrichten

Das Einrichten der Familienfreigabe dauert nur wenige Minuten. Voraussetzung dafür ist auf den Macs mindestens OS X Yosemite und auf den iOS-Geräten mindestens iOS 8. Außerdem benötigt jedes Familienmitglied eine eigene Apple-ID.

Die Familienfreigabe finden Sie in den *Systemeinstellungen* bei *iCloud*. Im linken Bereich gibt es dort die Schaltfläche *Familie einrichten*. Wenn Sie diese Schaltfläche anklicken, werden Sie zuerst über die Eigenschaften bzw. Vorteile der Familienfreigabe informiert.

Familienfreigabe

Die Familienfreigabe ist Bestandteil von iCloud und wird dementsprechend dort eingerichtet.

Im nächsten Schritt müssen Sie bestätigen, dass Sie der Organisator als das „Familienoberhaupt" sind. Nur der Organisator hat das Recht, neue Familienmitglieder einzurichten, und er kann auch entscheiden, ob z. B. die Kinder in den diversen Stores etwas einkaufen dürfen.

Der „Organisator" muss bestimmt werden.

Jetzt müssen Sie die Zahlungsmethode bestätigen, mit denen die Einkäufe in den Stores getätigt werden sollen, und danach noch festlegen, ob Sie Ihre Standortfreigabe aktivieren wollen.

 Als Zahlungsmethode muss unbedingt eine Kreditkarte hinterlegt sein. Wenn Sie in der Vergangenheit nur mit gekauften Guthaben-Karten gearbeitet haben, müssen Sie spätestens jetzt eine gültige Bezahlmethode hinterlegen.

 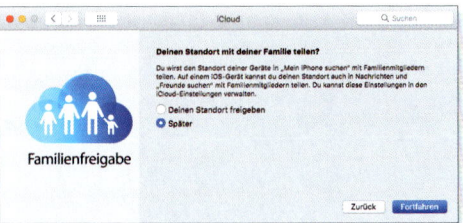

Die Bezahlmethode muss noch bestätigt werden.

Die Familienfreigabe ist nun eingerichtet und Sie können beginnen, Ihre Familienmitglieder in die Freigabe mit aufzunehmen. Als Bestätigung der Aktivierung erhalten Sie von Apple eine E-Mail an Ihre Apple-ID.

Familienmitglieder hinzufügen

Nach dem Einrichten können Sie Familienmitglieder für die Freigabe hinzufügen. Dazu klicken Sie auf die Schaltfläche *Familienmitglied hinzufügen* oder auf das *Plussymbol* links unten. Tippen Sie anschließend die Apple-ID des Mitglieds ein. Sie können aber auch direkt eine neue Apple-ID anlegen.

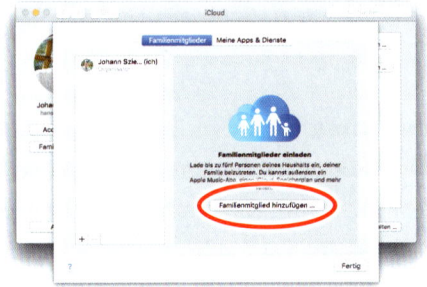 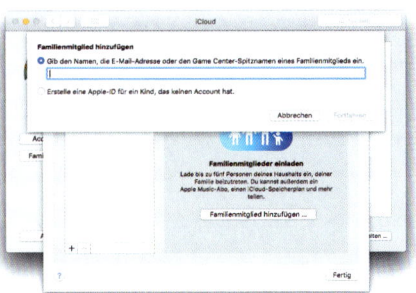

Ein neues Familienmitglied wird hinzugefügt.

Als nächstes müssen Sie den Sicherheitscode Ihrer Kreditkarte eingeben. Dadurch wird bestätigt, dass die Einkäufe des Familienmitglieds mit Ihrer Kreditkarte bezahlt werden. Danach wird das Passwort für die Apple-ID des Familienmitglieds benötigt. Sie können aber auch eine Einladung verschicken. Erst wenn das Familienmitglied diese Einladung bestätigt hat, ist die Freigabe aktiviert.

Familienfreigabe

Eine Einladung wird per E-Mail verschickt.

Auf diese Weise können Sie mehrere Familienmitglieder hinzufügen. Klicken Sie dazu auf das *Plussymbol* links unten im Fenster. Insgesamt dürfen es sechs Personen sein, inklusive Ihnen als Organisator. Dabei darf jedes Familienmitglied, das eine eigene Apple-ID besitzt, die Einkäufe auf zehn Geräten nutzen, wobei fünf davon Computer sein dürfen.

 Damit Ihre Kinder nicht unbeaufsichtigt in den Stores einkaufen, können Sie nach dem Hinzufügen die Option **Kaufanfrage** einschalten. Damit wird vor jedem Einkauf eine Anfrage an den Organisator geschickt.

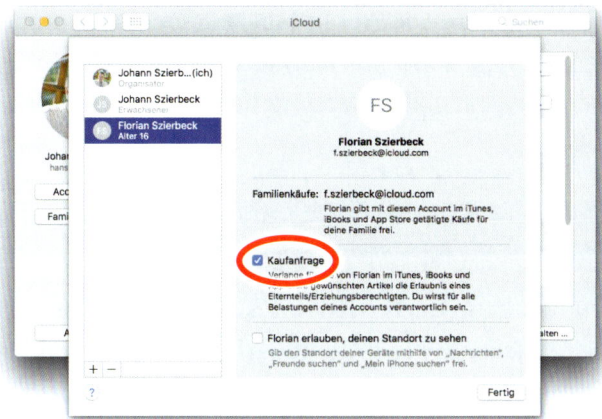

Mit „Kaufanfrage" haben Sie die Kontrolle über die Einkäufe Ihrer Kinder.

Dienste für die gemeinsame Nutzung festlegen

Die Familienfreigabe umfasst mehrere Dienste, die Sie gemeinsam mit Ihrer Familie nutzen können. Neben den Einkäufen im App Store, iTunes Store und iBooks Store lassen sich auch Ihr Apple Music-Abo und die Nutzung des iCloud-Speichers freigeben. Welche dieser Dienste Sie mit Ihrer Familie teilen wollen, können Sie gezielt einstellen.

Öffnen Sie *Systemeinstellungen –> iCloud* und klicken auf *Familie verwalten*. Nun öffnen Sie den Bereich *Meine Apps & Dienste*. Dort finden Sie die Einträge der verschiedenen Dienste. Klicken Sie auf den gewünschten Dienst und schalten die Freigabe bei Bedarf ein bzw. aus. Das war's schon!

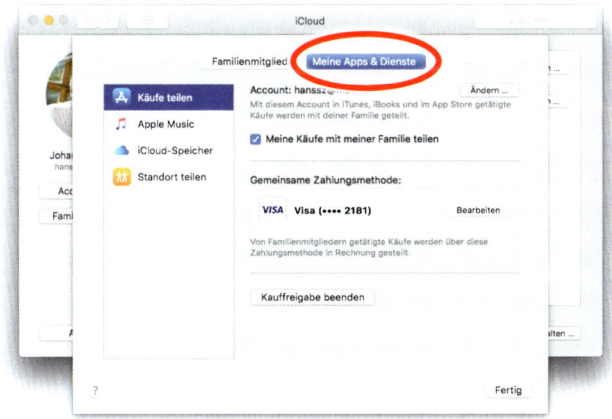

Legen Sie fest, welche Dienste Sie mit Ihrer Familie teilen wollen.

Familienfreigabe

So können Sie beispielsweise Apple Music gemeinsam nutzen, wohingegen die Verwendung von Apps (*Käufe teilen*) unterbunden wird. Übrigens: Via *iCloud-Speicher* kann der Speicherplatz aller Mitglieder für die gemeinsame Nutzung freigegeben werden.

Familienmitglieder entfernen und Freigabe stoppen

Ein Familienmitglied kann auch wieder aus der Freigabe entfernt werden. Öffnen Sie dazu die *Einstellungen* für iCloud auf Ihrem Mac und klicken anschließend auf *Familie verwalten*. Danach müssen Sie auf das *Minussymbol* links unten klicken.

Die Familienfreigabe kann auch komplett gestoppt werden. Dafür müssen Sie nur den Organisator aus der Liste entfernen. Ihre Einkäufe sind dann nicht mehr für die anderen sichtbar, und die Familienmitglieder können nicht mehr mit Ihrer Kreditkarte einkaufen.

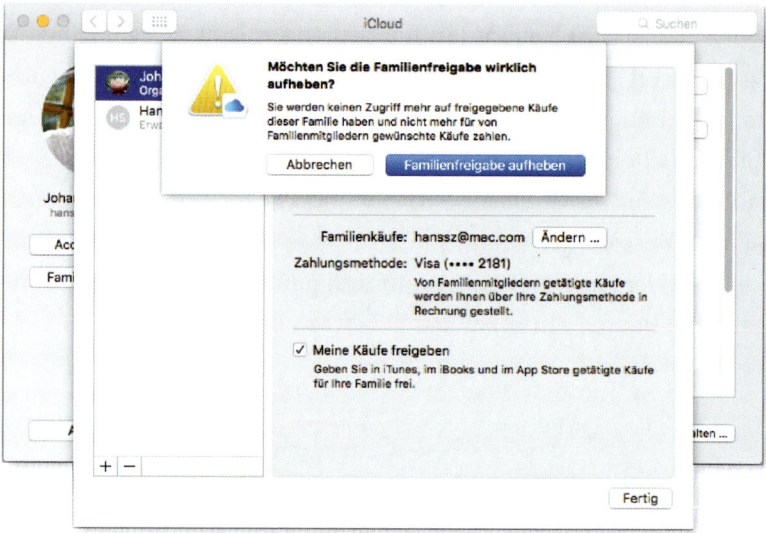

Die Familienfreigabe wird gestoppt.

> ! Das Stoppen der Familienfreigabe geht nur, wenn Sie keine Mitglieder unter 13 Jahren haben. Diese müssen zuerst auf eine andere Familienfreigabe übertragen werden. Erst danach können Sie die Freigabe ausschalten. Das Wechseln der Familie kann aber nur einmal pro Jahr durchgeführt werden.

Kapitel 2 iCloud

Handoff

Sofern Sie auf Ihrem mobilen Gerät mindestens iOS 8 installiert haben und mindestens mit OS X Yosemite arbeiten, können Sie sehr praktisch Inhalte an beiden Geräten ansehen und bearbeiten. Ein Beispiel: Sie schreiben am iPhone eine E-Mail und stellen fest, dass es etwas länger dauert als erwartet. Dann gehen Sie zu Ihrem Mac und erhalten dort links neben dem Dock ein neues Mail-Symbol. Tippen Sie dann darauf, erhalten Sie am Mac die erstellte E-Mail in dem Zustand, den sie am iPhone hat.

Das Dock am Mac zeigt links neben dem Finder an, dass am mobilen Gerät eine neue E-Mail erstellt wird.

Neben dem Dock zeigt auch der Programmumschalter, wenn auf dem iOS-Gerät gerade eine App gestartet ist und Daten eingegeben werden.

Ein anderes Beispiel: Sie sehen sich am iPhone eine Karte in der Karten-App an. Gehen Sie zu Ihrem Mac, und schon sehen Sie das Karten-Icon links neben dem Dock. Klicken Sie darauf, um die Karte am Mac mit genau dem Ausschnitt angezeigt zu bekommen, den Sie am iOS-Gerät ausgewählt haben.

Handoff

Das geht mit Notizen, Safari, dem Kalender, Pages, Numbers, Keynote, den Erinnerungen, Nachrichten und den Kontakten. Dieses Angebot wird vermutlich in Zukunft noch ausgebaut.

Und natürlich funktioniert das auch in die andere Richtung: Wenn Sie am Computer eine dieser Apps gestartet haben, können Sie nahtlos am iPhone oder iPad weiterarbeiten.

 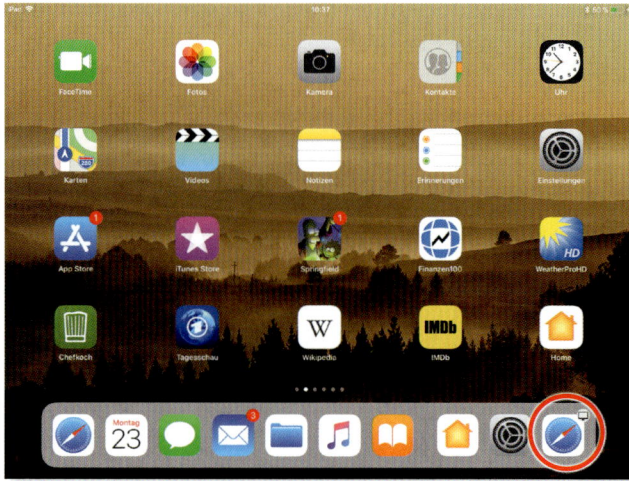

Sowohl in der Multitasking-Übersicht auf dem iPhone als auch im Dock auf dem iPad erkennt man, dass am Mac aktuell in der Safari-App gearbeitet wird.

Um nun am iOS-Gerät weiterzuarbeiten, tippen Sie auf das entsprechende Icon in der Übersicht bzw. im Dock. Selbst die Weitergabe von Aufgaben zwischen zwei iOS-Geräten funktioniert. So können Sie eine am iPhone begonnene E-Mail direkt am iPad weiterbearbeiten. Dieser *Handoff* genannte Dienst funktioniert allerdings nur dann, wenn an beiden Geräten gewisse Voraussetzungen geschaffen sind.

> ❗ Handoff funktioniert wunderbar im Zusammenhang mit der Apple Watch. Wenn Sie z. B. auf der Apple Watch eine Route in der App Karten planen, können Sie per Handoff die Planung auf dem Mac mit einem größeren Display weiterführen. Das funktioniert auch mit vielen anderen Apps der Apple Watch wie z. B. Nachrichten, Kalender oder Mail.

Kapitel 2 iCloud

Auch die Apple Watch nutzt Handoff.

Voraussetzungen für Handoff

Die Handoff-Verbindung läuft über Bluetooth. Dazu ist es aber erforderlich, dass Sie ein halbwegs aktuelles Gerät haben (iMac ab Ende 2012, MacBook Air ab Mitte 2011, MacBook Pro und MacBook Pro Retina ab März 2012, Mac mini ab Mitte 2011 und Mac Pro 2013). Bluetooth muss an beiden Geräten ebenso aktiviert sein wie WLAN. Zur Identifikation ist es außerdem unumgänglich, dass alle Geräte mit derselben Apple-ID als iCloud-Anmeldung arbeiten.

Handoff wird am iPhone und iPad aktiviert unter *Einstellungen –> Allgemein –> Handoff*. Am Mac schalten Sie es in den *Systemeinstellungen –> Allgemein* ein, indem Sie das Häkchen bei *Handoff zwischen diesem Mac und Deinen iCloud-Geräten erlauben* setzen.

Web-Applikationen

iCloud bietet neben dem Datenabgleich der unterschiedlichsten Daten auch ein Internetportal. Unter der Adresse *www.icloud.com* stellt Apple den iCloud-Nutzern einige Web-Applikationen zur Verfügung. Diese können zu jedem Zeitpunkt und mit jedem Internetbrowser genutzt werden. Damit haben Sie z. B. Zugriff auf Ihren E-Mail-Verkehr oder die Kalenderverwaltung für Ihre Termine.

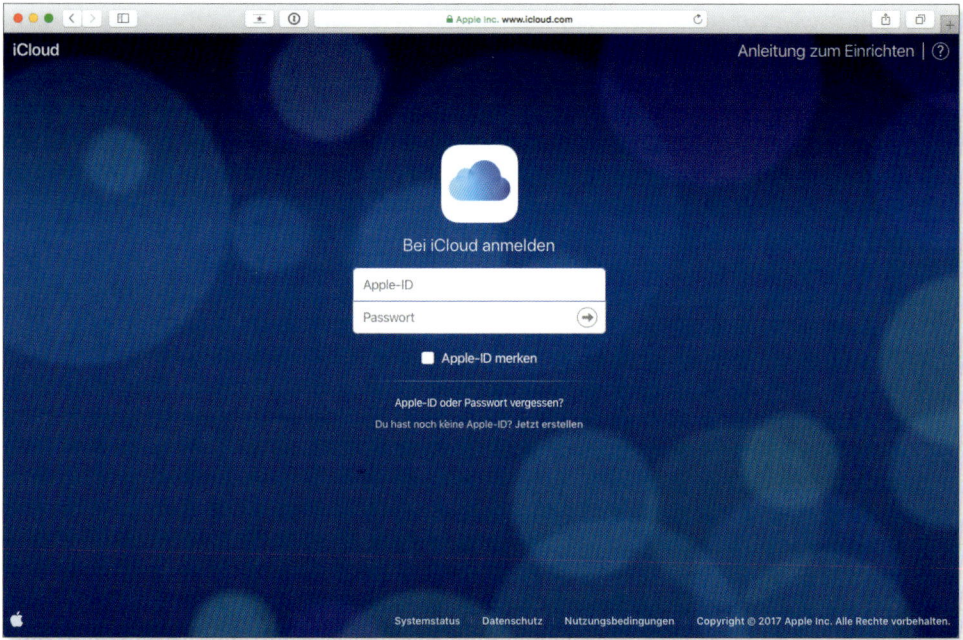

So präsentiert sich das Internetportal von iCloud.

Nach dem Anmelden mit einer gültigen Apple-ID gelangen Sie zur Übersichtsseite. Sollten Sie sich zum ersten Mal bei *icloud.com* einloggen, müssen Sie noch einige Einstellungen vornehmen. Dazu zählen die Sprache, die Zeitzone und, falls Sie es wünschen, ein Bild von Ihnen. Erst danach gelangen Sie zur Übersichtsseite.

 Die Einstellungen zur Sprache, Zeitzone und zu dem Bild können Sie zu jedem Zeitpunkt ändern. Klicken Sie dazu auf der Übersichtsseite auf **Einstellungen** ⓫. Dadurch gelangen Sie zu einem Fenster, das die Daten anzeigt. Dort können diese auch geändert werden.

Falls Sie die Zwei-Faktor-Authentifizierung Ihre Apple-ID aktiviert haben (siehe ab Seite 35), müssen Sie Ihre Identität noch bestätigen, bevor Sie sich endgültig einloggen können. Nach Eingabe des Codes haben Sie Zugriff auf alle Web-Applikationen.

Wenn Sie nun auf der Übersichtsseite sind, sehen Sie mehrere Web-Applikationen aufgelistet: *Mail* ❶, *Kontakte* ❷, *Kalender* ❸, *Fotos* ❹, *iCloud Drive* ❺, *Notizen* ❻, *Erinnerungen* ❼, die Apps von *iWork* ❽, *Freunde* ❾, *iPhone-Suche* ❿ und die *Einstellungen* ⓫. Ein Mausklick auf eines der Icons wechselt zur jeweiligen Web-Applikation.

Die Web-Applikationen von iCloud.

Mail

Wie der Name *Mail* schon sagt, können mit dieser Web-Applikation von iCloud die E-Mails des iCloud-Accounts verwaltet werden. Die Benutzeroberfläche gestaltet sich so ähnlich wie beim Programm *Mail*, das mit jedem Mac ausgeliefert wird. Dementsprechend ist die Handhabung fast identisch.

Web-Applikationen

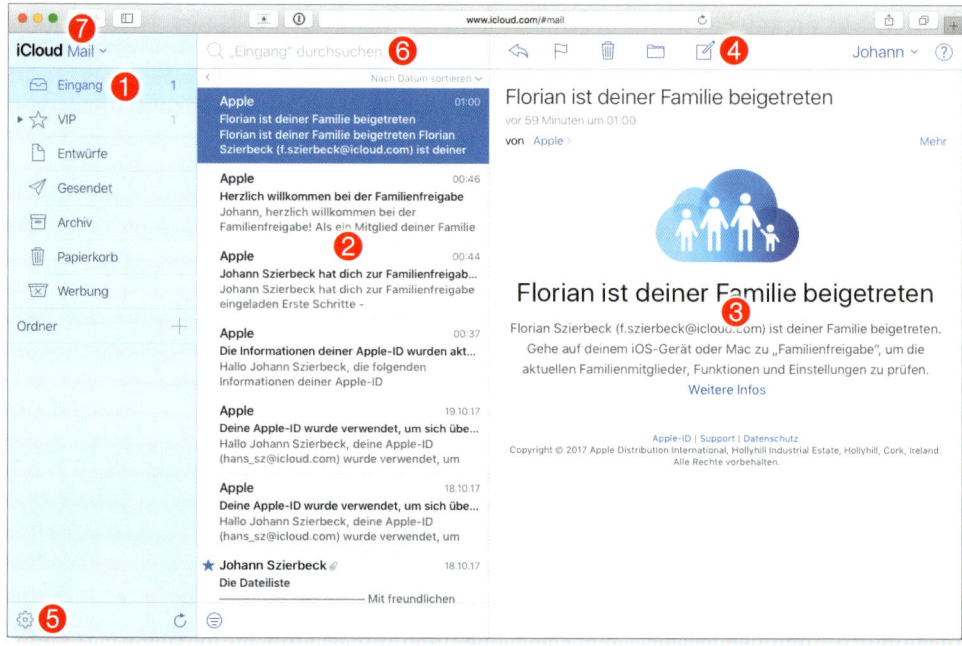

Die Benutzeroberfläche von „Mail" ähnelt der des gleichnamigen Desktop-Programms.

Auf der linken Seite ❶ befinden sich die Ordner für den *Eingang*. In der zweiten Spalte ❷ werden die jeweiligen Inhalte des gewählten Ordners angezeigt. Der rechte Bereich zeigt die Vorschau ❸ einer ausgewählten E-Mail. Im oberen Bereich befindet sich die Symbolleiste ❹, die die verschiedenen Funktionen zum Bearbeiten bzw. Erstellen der E-Mails enthält. Links unten in der Ecke ❺ können Sie die Einstellungen für die Web-Applikation ändern, wie z. B. die automatische Weiterleitung der E-Mails. Zum schnellen Auffinden von E-Mails wurde auch eine Suchfunktion ❻ integriert. Im Großen und Ganzen bedient man die Web-Applikation *Mail* wie ihren großen Bruder auf dem Mac. Wenn Sie bereits Erfahrung mit der Desktop-Anwendung *Mail* haben, werden Sie sich auch hier sehr schnell zurechtfinden.

Wollen Sie zu einer anderen Web-Applikation wechseln, dann klicken Sie auf *iCloud* ❼ links oben in der Ecke.

 Die Web-Applikation **Mail** von iCloud verwaltet nur die E-Mail-Adresse von iCloud. Beim Einrichten eines neuen iCloud-Zugangs mussten Sie nicht nur eine Apple-ID angeben, sondern erhielten zusätzlich auch eine neue E-Mail-Adresse von Apple. iCloud verwaltet nur diese von Apple vergebene E-Mail-Adresse.

Kontakte

In der Web-Applikation *Kontakte* kann das Adressbuch bzw. können die Kontakte von iCloud verwaltet werden. Falls Sie bei den iCloud-Einstellungen auf dem iPhone, iPad oder Rechner den Datenabgleich mit dem Adressbuch aktiviert haben, finden Sie alle Kontakte in der Web-Applikation wieder. Dort können Sie nun die Adressen nachschlagen, bearbeiten oder neue hinzufügen. Die Benutzeroberfläche entspricht dabei genau dem Aussehen auf dem iPad und dem Mac, weswegen Sie sich sehr schnell zurechtfinden werden.

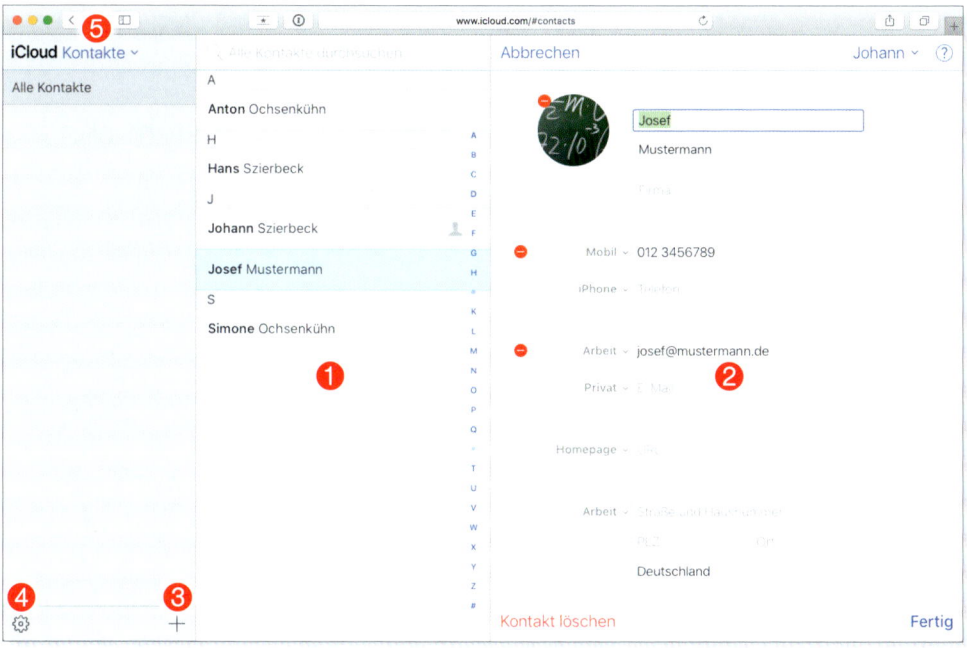

Die Web-Applikation „Kontakte" von iCloud.

In der zweiten Spalte ❶ werden die Kontakte alphabetisch aufgelistet. Wenn ein Kontakt ausgewählt ist, erscheinen auf der rechten Seite ❷ die jeweiligen Informationen zum Kontakt. Klicken Sie auf *Bearbeiten*, lassen sich die Daten des ausgewählten Kontakts ändern. Mit dem kleinen *Plussymbol* ❸ können neue Kontakte erstellt werden. Links unten ❹ befinden sich die *Einstellungen* für die Kontakte. Dort können Sie u. a. die Adressen drucken oder im vCard-Format im- und exportieren. Links oben ❺ können Sie wieder zu einer anderen Applikation wechseln.

Web-Applikationen

 Wenn Sie die Kontakte in der Web-Applikation ändern bzw. bearbeiten, werden diese natürlich sofort an das iPhone, iPad und den Rechner übertragen. So funktioniert iCloud!

Gruppen in Kontakte erstellen

In der App *Kontakte* auf iOS-Geräten können Sie Gruppen einsehen, aber eben keine erstellen. Via icloud.com geht das ganz einfach. Klicken Sie auf den Button *Kontakte* und dann links unten im Fenster auf das *Plussymbol*.

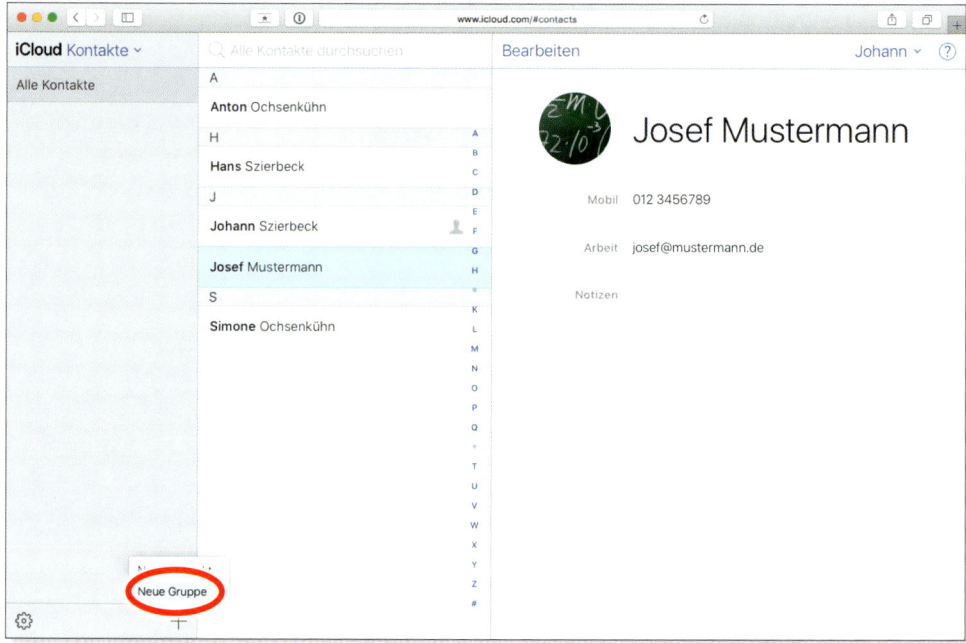

Das Erstellen einer Gruppe ist ein Kinderspiel.

Geben Sie der Gruppe einen aussagekräftigen Namen. Klicken Sie anschließend auf *Alle Kontakte*, um per Drag & Drop der neuen Gruppe Teilnehmer hinzuzufügen.

 Eine Person bzw. ein Kontakt kann gleichzeitig Mitglied in mehreren Gruppen sein.

Um ein Gruppenmitglied wieder zu entfernen, klicken Sie den Eintrag an und verwenden Sie die Backspace-Taste. Wird der Teilnehmer aus der Gruppe entfernt, bleibt er nach wie vor in der Liste aller Kontakte. Wird er dort entfernt, so verschwindet er aus allen Gruppen.

Um die so geänderten Daten dann gleichsam auf das iPad bzw. iPhone oder den iPod touch zu bekommen, sollte die iCloud-Synchronisation für *Kontakte* aktiv sein. Prüfen Sie das auf den iOS-Geräten via *Einstellungen –> [Ihr Name] –> iCloud*.

Kalender

In der Web-Applikation *Kalender* können Sie die Termine verwalten, die Sie mit dem Kalender, Outlook für Windows oder der Kalender-App auf den iOS-Geräten erstellt haben. Der Kalender funktioniert so wie die gleichnamige App auf dem iPad und sieht auch genau so aus.

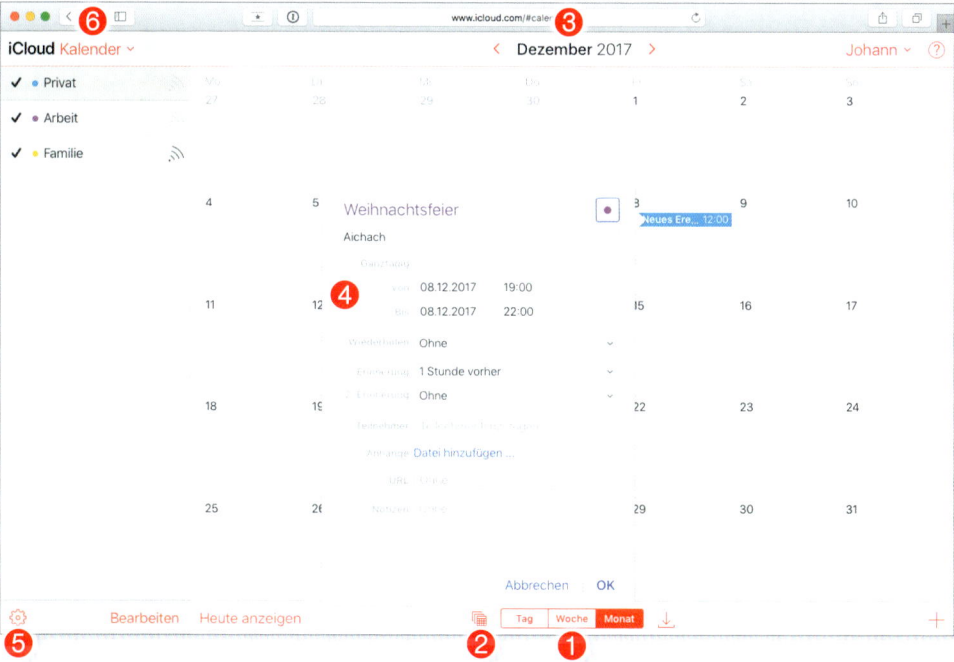

Die Web-Applikation „Kalender" von iCloud.

Im unteren Bereich kann zwischen den verschiedenen Ansichten ❶ gewechselt und können unterschiedliche Kalender eingeblendet werden ❷. Im oberen Bereich ❸ kann das Datum gewechselt werden. Zum Anlegen eines neuen Termins muss man nur einen Doppelklick auf das gewünschte Datum machen. Dadurch öffnet sich ein kleines Fenster ❹, in dem der Termin eingetragen werden kann. Links unten ❺ befinden sich die Einstellungen für die Web-Applikation, und links oben ❻ gelangt man wieder zurück zur Übersicht.

Web-Applikationen

 Wie bei den Kontakten auch werden neue Termineinträge sofort mit den jeweiligen Endgeräten, die mit iCloud arbeiten, synchronisiert.

Fotos

Die Web-Applikation *Fotos* ist für die Verwaltung Ihrer iCloud-Fotomediathek zuständig. Damit Sie die Web-App nutzen können, müssen Sie allerdings zuerst die Funktion *iCloud-Fotomediathek* auf Ihrem iPhone/iPad oder Mac in den iCloud-Einstellungen aktivieren (siehe Seite 105).

Wenn Sie den Bereich *Fotos* bei icloud.com betreten, finden Sie eine Übersicht über alle bei iCloud gespeicherten Bilder. Hier können Sie die Fotos nicht nur ansehen, sondern auch verwalten. Die Web-Applikation hat die gleiche Bedienoberfläche wie das Programm *Fotos* auf dem Mac.

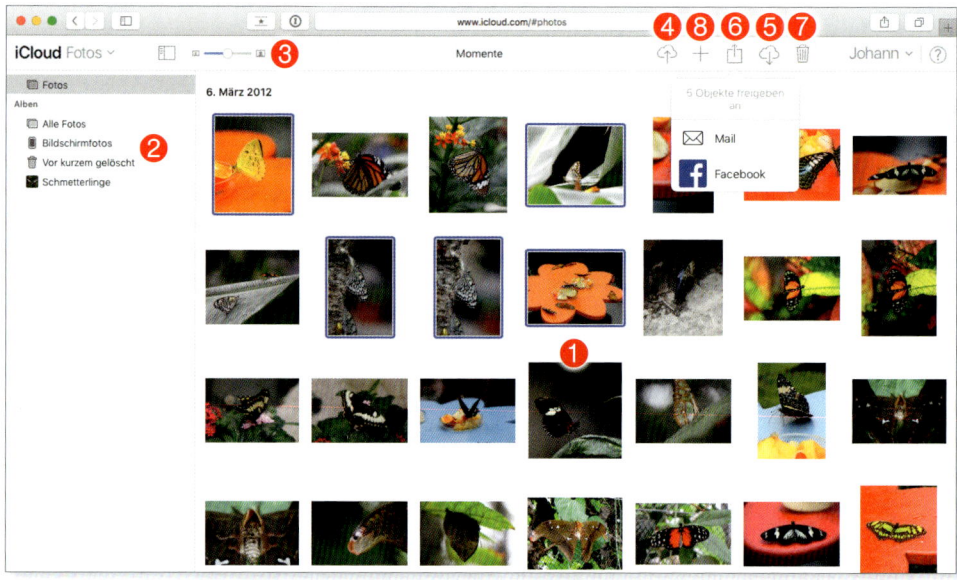

Die Web-Applikation „Fotos" zeigt Ihre komplette iCloud-Fotomediathek an.

Im Hauptbereich ❶ sehen Sie eine Vorschau der Bilder. Wenn Sie ein Bild doppelklicken, wird es in vergrößerter Ansicht geöffnet. Bei ❷ können Sie zwischen den Alben wechseln. Die Vorschauminiaturen können Sie mit dem Schieberegler ❸ vergrößern bzw. verkleinern. Mit der Funktion *Hochladen* ❹ können Sie direkt im Browser neue Bilder zu iCloud hochladen.

Um mehrere Bilder zu löschen oder auf den Rechner zu laden, müssen Sie die Bilder mit gedrückter *cmd*- bzw. *Strg*-Taste anklicken. Danach können Sie die ausgewählten Bilder mit *Laden* ❺ auf den Rechner herunterladen bzw. mit

Teilen ❻ die Fotos per Mail verschicken oder mit *Löschen* ❼ die ausgewählten Bilder entfernen. Die Bilder lassen sich aber auch in ein neues oder bereits vorhandenes Album ❽ übertragen.

Sobald Sie in der Übersicht einen Doppelklick auf ein Bild ausführen, wird dieses in einer vergrößerten Ansicht geöffnet. Dort stehen Ihnen dann in der Symbolleiste die Funktionen zum *Herunterladen* Ⓐ, *Versenden* Ⓑ und *Löschen* Ⓒ zur Verfügung. Zusätzlich können Sie das Bild als *Favorit* Ⓓ kennzeichnen. Um zum nächsten Bild zu gelangen, müssen Sie nicht zur Übersicht zurück wechseln Ⓔ, sondern können die beiden Pfeilsymbole am linken und rechten Rand oder die Miniaturleiste im unteren Bereich Ⓕ verwenden.

Bilder können auch einzeln dargestellt und bearbeitet werden.

iCloud Drive

Dieser Bereich von icloud.com enthält die Ordner und Dateien, die Sie bei iCloud Drive gespeichert haben. Näheres zum Einsatz von iCloud Drive finden Sie ab Seite 109.

Web-Applikationen

Notizen

Ein weiterer Dienst von *icloud.com* sind die *Notizen*. Dieser Dienst entspricht den gleichnamigen Apps auf den iOS-Geräten und dem Mac.

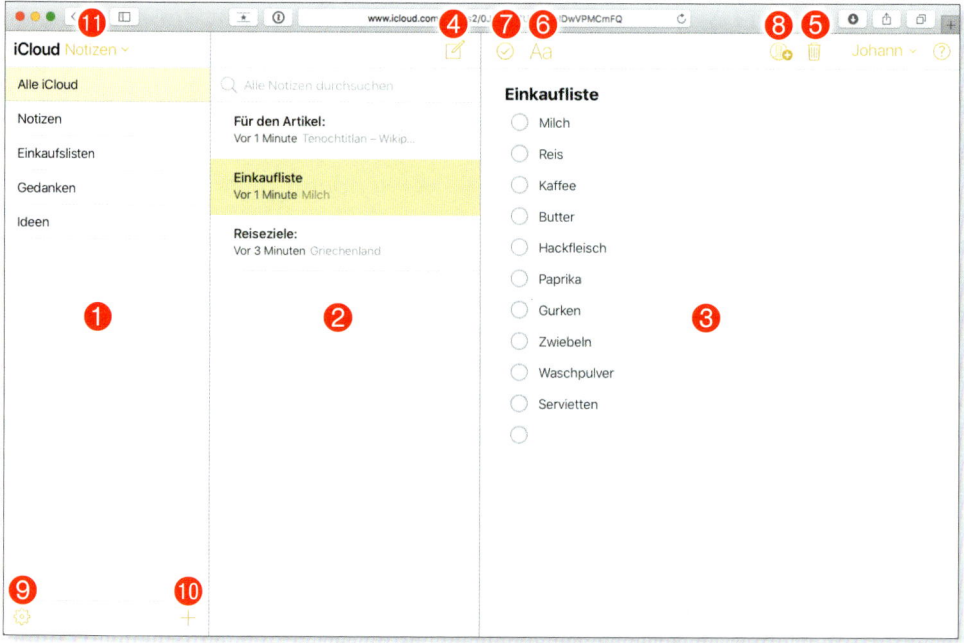

Die „Notizen" bei „icloud.com".

Im linken Bereich ❶ sehen Sie die Übersicht über alle bei iCloud vorhandenen Notiz-Ordner. Sobald Sie einen Ordner ausgewählt haben, erscheinen die dazugehörigen Notizen in der Spalte daneben ❷. Wenn Sie eine Notiz auswählen, dann wird sie im rechten Bereich ❸ eingeblendet und kann dort auch bearbeitet werden. Neue Notizen erhalten Sie, indem Sie auf das Symbol für eine neue Notiz ❹ klicken. Gelöscht werden Notizen mit *Löschen* ❺, wenn Sie eine Notiz formatieren wollen, haben Sie mit ❻ die Möglichkeit, das Aussehen des Textes zu ändern, und mit ❼ können Sie Checklisten erstellen. Notizen können über die *Freigabe*-Funktion ❽ mit anderen Anwendern geteilt werden. Links unten finden Sie wieder die *Einstellungen* ❾ und die Funktion, um einen neuen Notiz-Ordner anzulegen ❿. Wie immer gelangen Sie mit einem Mausklick auf *iCloud* ⓫ links oben zur Übersicht.

Erinnerungen

Dieser Web-Dienst entspricht wieder den gleichnamigen Apps auf dem iPhone, iPad, iPod touch und dem Mac. In Outlook für Windows entsprechen die *Erinnerungen* den *Aufgaben*.

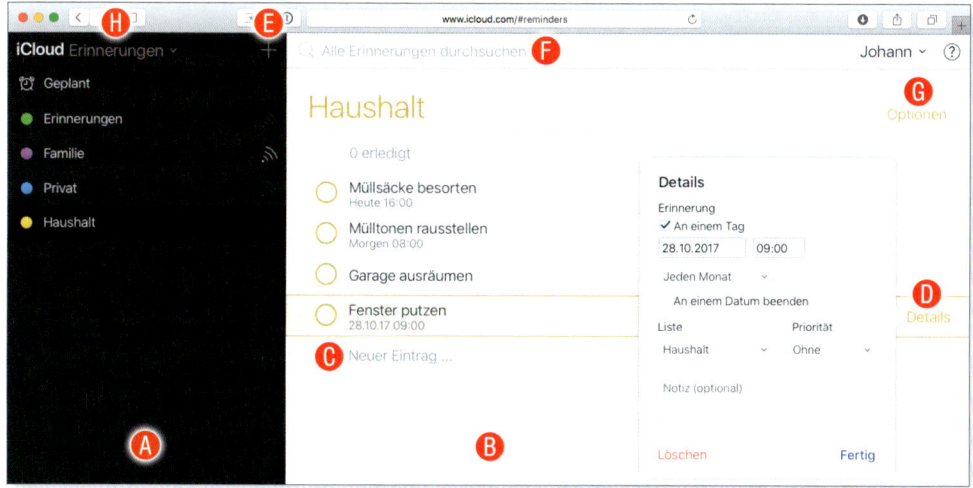

Die „Erinnerungen" bei „icloud.com".

Im linken Bereich **A** werden die Erinnerungslisten angezeigt, die bei Bedarf auch für andere Personen freigegeben werden können (siehe Seite 83). Eine neue Liste können Sie mit dem *Pluszeichen* **E** links oben anlegen. Um eine Liste zu löschen oder die Farbe zu ändern, klicken Sie auf die Schaltfläche *Optionen* **G** rechts oben. Die Reihenfolge der Listen kann durch einfaches Verschieben nach oben oder unten geändert werden.

Haben Sie eine Erinnerungsliste ausgewählt, werden im rechten Bereich **B** die aktuellen Einträge angezeigt. Einen neuen Eintrag können Sie mit einem Klick auf *Neuer Eintrag* **C** erstellen. Tippen Sie anschließend den gewünschten Text ein und klicken Sie dann auf die Schaltfläche *Details* **D**, die dahinter angezeigt wird. In den Details können Sie unter anderem das Datum und die Uhrzeit für die Erinnerung angeben.

Sogar eine Suchfunktion **F** ist integriert, um alle Einträge zu durchforsten. Wie gewohnt, gelangen Sie mit *iCloud* **H** links oben wieder zurück zur Übersicht.

Web-Applikationen

iWork: Pages, Numbers und Keynote

iWork ist ein Paket von Office-Anwendungen, mit denen man Präsentationen (*Keynote*), Tabellenkalkulationen (*Numbers*) sowie Textverarbeitung und Layouts (*Pages*) erstellen kann. Das iWork-Paket gibt es sowohl als Desktop-Anwendungen für den Mac als auch für iPhone und iPad. Und seit September 2013 ebenfalls als Web-Applikation.

Mit Hilfe der Web-Applikationen von iWork lassen sich die Dokumente des iWork-Pakets zwischen den Endgeräten austauschen. Wenn Sie also z. B. eine Präsentation in Keynote auf dem Mac erstellt haben, können Sie diese zu iCloud hochladen und haben sie dann sofort auch für das iPad verfügbar.

Das wirklich Tolle an icloud.com und den Web-Apps ist die Möglichkeit, die iWork-Dokumente direkt im Browser zu bearbeiten. Wenn Sie also mal unterwegs sind und weder den eigenen Rechner noch Ihr iPad oder iPhone dabeihaben, können Sie trotzdem von jedem beliebigen Rechner mit Internetzugang die iWork-Dokumente bearbeiten bzw. neue erstellen. Genial!

Dokumente bei iCloud speichern und öffnen

Damit Sie auf jedem iCloud-Gerät einen Zugriff auf die iWork-Dateien haben, müssen diese natürlich zuerst bei icloud.com gespeichert werden.

Auf dem iPad passiert das Hochladen automatisch, sobald Sie ein neues Dokument anlegen, wenn Sie die entsprechende Option in den *Einstellungen* bei *Keynote* bzw. *Pages* oder *Numbers* gemacht haben (*Dokumentspeicher –> iCloud Drive*). Auf dem Mac können Sie entscheiden, ob die Dokumente lokal auf der Festplatte oder bei iCloud abgelegt werden. Im Speicherdialog der iWork-Programme können Sie als Ort *iCloud Drive* auswählen. Tippen Sie nur noch den Dateinamen ein, und das Dokument wird zu iCloud hochgeladen und ist somit auf den anderen Geräten verfügbar.

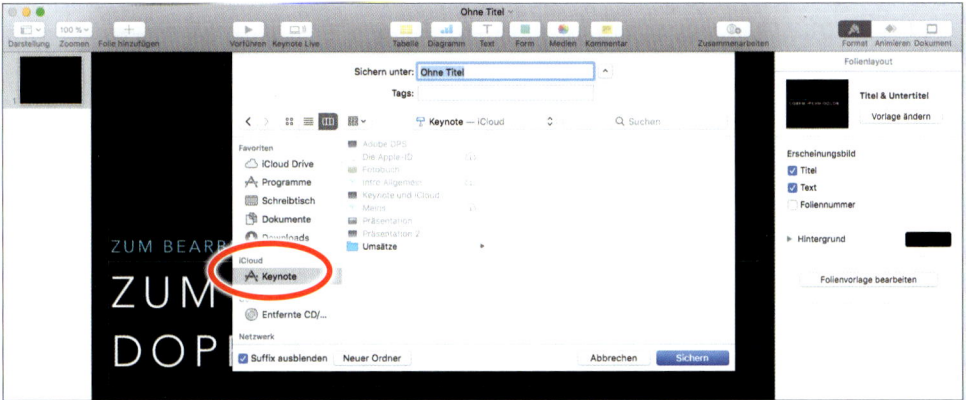

Beim Speichern kann z. B. in Keynote als Speicherort „iCloud" gewählt werden.

Das Öffnen bzw. Bearbeiten von iWork-Dokumenten, die bei iCloud gespeichert sind, ist auf dem iPad oder iPhone ganz einfach. Die beiden Geräte zeigen in Pages, Numbers oder Keynote in der Übersicht sofort alle Dateien an. Auf dem Mac ist das nicht der Fall. Wenn Sie in Pages, Numbers oder Keynote auf dem Mac die iCloud-Dokumente öffnen und bearbeiten wollen, müssen Sie im *Öffnen*-Dialog bei *iCloud* zum jeweiligen Bereich wechseln.

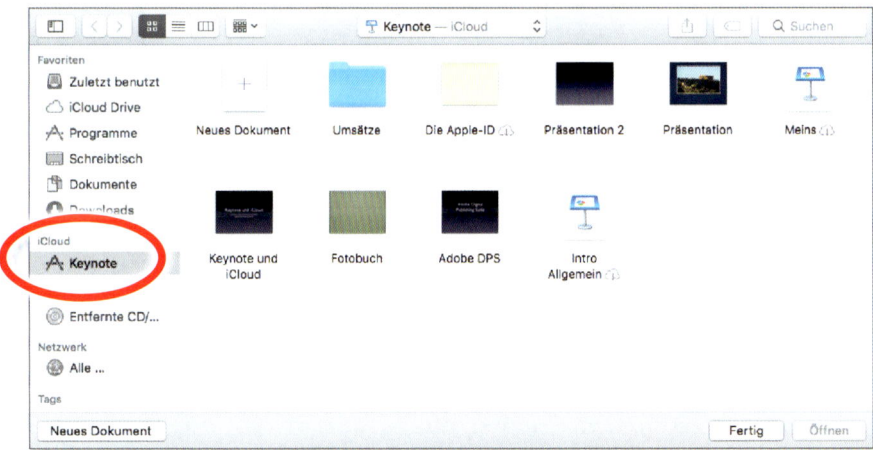

Damit Sie am Mac die iCloud-Dokumente öffnen können, müssen Sie im „Öffnen"-Dialog zu „iCloud" wechseln.

> **!** Wie bei den anderen Web-Applikationen auch, werden Änderungen sofort an die anderen Geräte übermittelt. Wenn also z. B. der Name geändert oder eine neue Datei hochgeladen wird, sind diese Änderungen auch auf dem iPhone oder iPad durchgeführt.

Web-Applikationen

iWork-Dokumente exportieren

Die Web-Applikationen von iWork haben auch Exportfunktionen, um die Dateien in andere Formate zu übertragen. Für die jeweiligen Apps stehen unterschiedliche Exportformate zur Verfügung. Jede der Apps kann sein Dokument als PDF speichern. Zusätzlich können Sie Pages-Dokumente als Word-Datei, Numbers-Dokumente als Excel-Datei und Keynote-Dokumente als PowerPoint-Datei sichern.

Der Exportvorgang ist sehr einfach. Sie wechseln zur gewünschten App und wählen in der Übersicht das jeweilige Dokument aus. Ein Mausklick auf das Symbol mit den drei Punkten öffnet das Kontextmenü. Im Kontextmenü wählen Sie anschließend die Funktion *Kopie senden* aus. Anschließend wählen Sie das Exportformat, das dann per E-Mail verschickt wird. Nach einigen Sekunden können Sie die Datei per iCloud-Mail versenden.

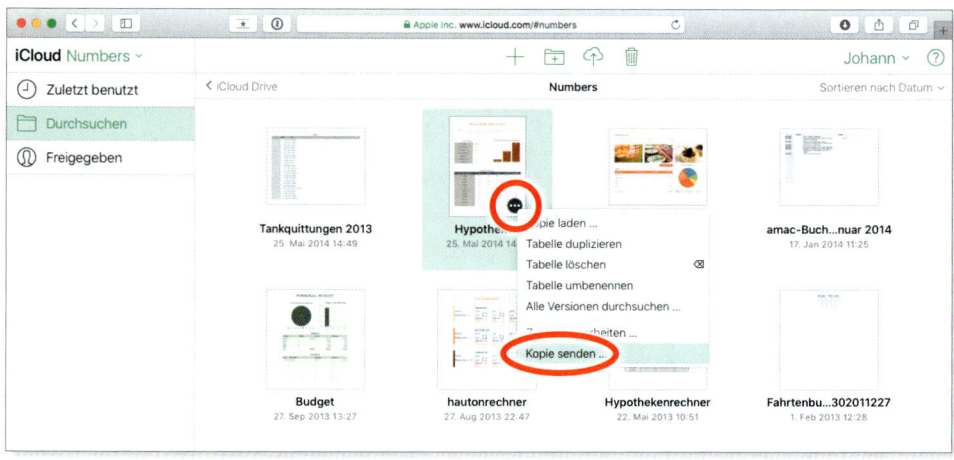

Eine Numbers-Tabelle kann auch als Excel-Datei gespeichert werden, …

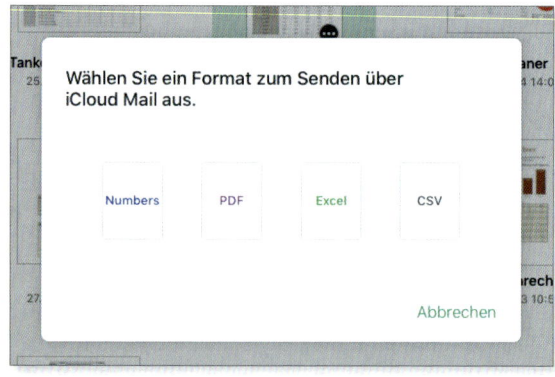

… die dann per iCloud-E-Mail verschickt wird.

iWork-Dokumente erstellen und bearbeiten

Seit Mitte 2013 bietet das Onlineportal icloud.com die Möglichkeit, die Dokumente des iWork-Pakets (Pages, Numbers, Keynote) nicht nur mit iOS-Geräten zu synchronisieren, sondern auch neue Dokumente anzulegen oder direkt im Browser zu bearbeiten.

Das Erstellen eines neuen iWork-Dokuments ist sehr einfach: Öffnen Sie die gewünschte Web-Applikation und klicken Sie in der Übersicht auf das *Plussymbol* im oberen Bereich. Anschließend wählen Sie eine der Vorlagen aus, mit der das Dokument erstellt werden soll.

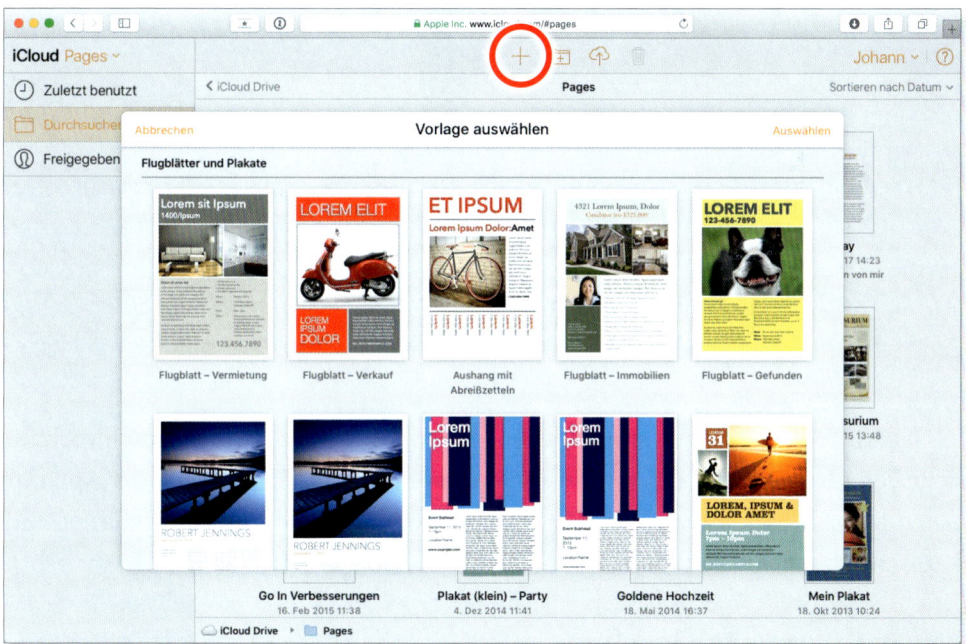

Mit dem „Plus" wird ein neues Dokument angelegt, das aus einer der Vorlagen generiert wird, wie hier bei „Pages".

Nach der Auswahl der Vorlage wird ein weiteres Fenster geöffnet, in dem Sie das Dokument bearbeiten können. Dabei stehen Ihnen die typischen Werkzeuge und Funktionen zur Verfügung, die Sie für das Bearbeiten benötigen.

Web-Applikationen

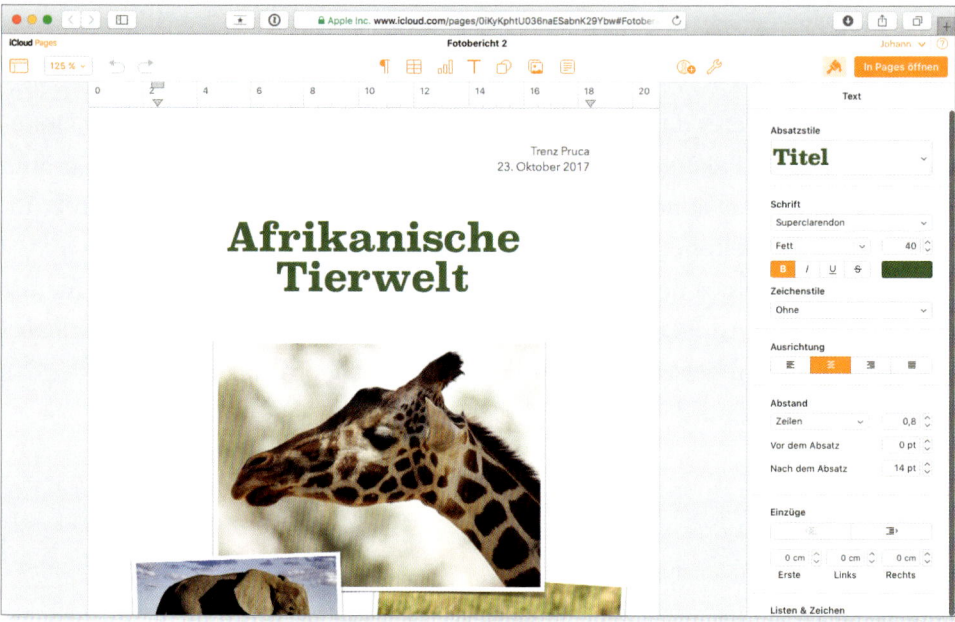

Die Arbeitsoberflächen von Pages, Numbers und Keynote bieten alle notwendigen Bearbeitungsfunktionen, wie hier bei Pages.

 Jede Änderung in einem Dokument wird sofort gesichert und zu icloud.com übertragen. Das bedeutet natürlich, Sie benötigen eine permanente Internetverbindung.

Natürlich können nicht nur neue Dokumente angelegt, sondern auch vorhandene geändert werden. Dazu müssen Sie in der jeweiligen Übersicht der App nur einen Doppelklick auf ein Dokument machen. Es wird daraufhin geöffnet und kann nun bearbeitet werden.

iWork-Dokumente löschen

Neben dem Erstellen und Bearbeiten von Dokumenten ist auch das Löschen ein wichtiger Punkt. Die iWork-Dokumente, die in der iCloud gespeichert sind, lassen sich auf ganz einfache Weise entfernen.

Bei icloud.com müssen Sie dafür in der Übersicht nur das Dokument markieren und anschließend die *Backspace*-Taste (Löschen nach links) drücken. Alternativ dazu können Sie auch einen Mausklick auf das Mülleimer-Symbol im oberen Bereich machen oder das Kontextmenü verwenden.

Auf dem Mac öffnen Sie im *Finder* das *iCloud Drive* und legen die Dateien dann in den Papierkorb. Damit wird die jeweilige Datei sofort gelöscht. Auf einem iOS-Gerät drücken Sie in der Übersicht etwas länger auf das Dokument, um das

Kontextmenü zu öffnen. Darin tippen Sie dann auf *Löschen*. Die Datei ist somit bei iCloud entfernt und auch nicht mehr auf dem Mac und den iOS-Geräten verfügbar.

Dokumente gemeinsam bearbeiten

Alle Dokumente des iWork-Pakets können für die gemeinsame Bearbeitung durch andere Personen freigegeben werden. Dadurch lassen sich dann die Dokumente gleichzeitig von mehreren Anwendern bearbeiten.

Klicken Sie dazu auf das Freigabe-Symbol Ⓐ in der Symbolleiste und verschicken Sie eine Einladung an andere Personen Ⓑ. Diese müssen ebenso über einen iCloud-Zugang verfügen, damit sie die Dokumente bearbeiten können. Vergessen Sie nicht die Zugriffsrechte Ⓒ festzulegen.

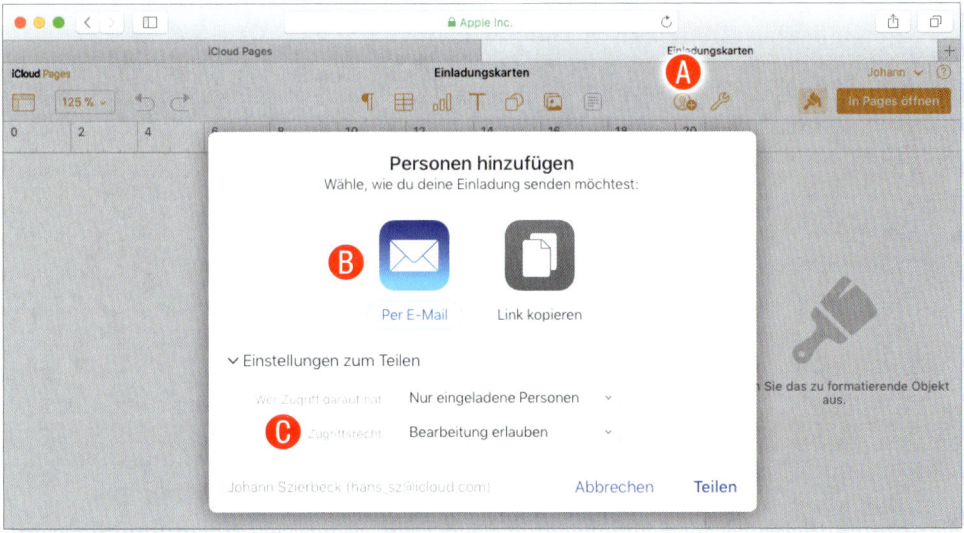

iWork-Dokumente können gleichzeitig von mehreren Personen bearbeitet werden.

Freunde

Mit der Web-Applikation *Freunde* können Sie die Standorte von ausgewählten Personen einsehen. Eine genaue Beschreibung der Funktion finden Sie in Kapitel 5 ab Seite 223.

Web-Applikationen

iPhone-Suche

Mit der Web-Applikation *Mein iPhone* können Sie vergessene, verlorene oder gestohlene iPhones, iPads und Macs aufspüren. Eine genaue Beschreibung der Funktion finden Sie ab Seite 133.

Einstellungen von icloud.com

In den Einstellungen von icloud.com können eine Reihe interessanter Funktionen ausgeführt werden:
- Verwaltung der Apple-ID ❶
- Übersicht der Familienfreigabe ❸
- Verwaltung der Geräte ❷
- Erweiterte Funktionen wie das Wiederherstellen von Daten oder das gemeinsame Abmelden in allen Browsern

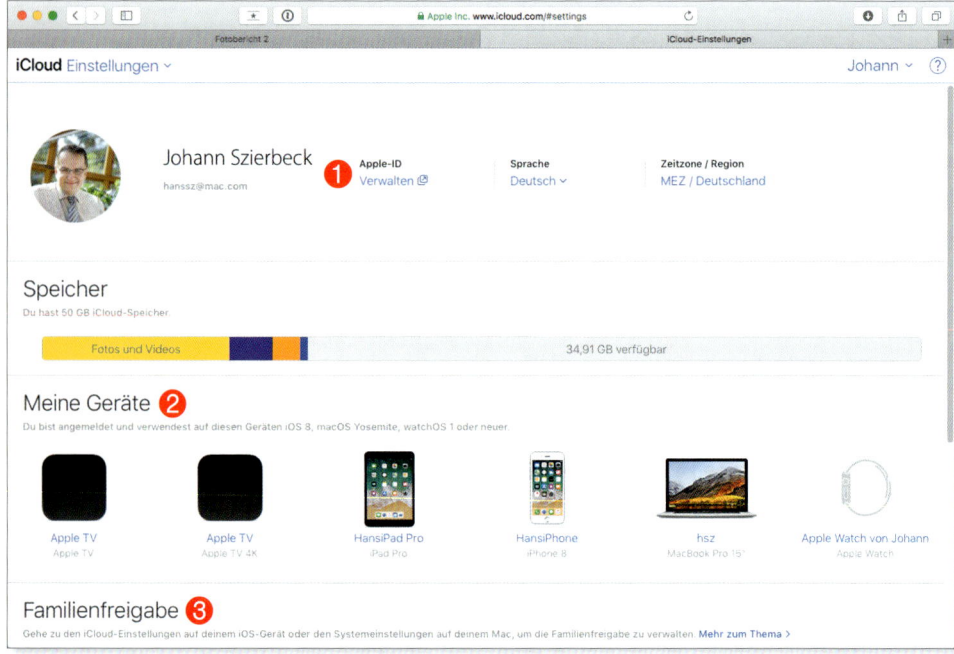

Hier finden Sie z.B. alle Geräte (Computer, iPhone, iPad und Apple Watch), die mit Ihrer Apple-ID konfiguriert sind. Nicht mehr in Ihrem Besitz befindliche Geräte können hier abgemeldet werden.

Kapitel 2 iCloud

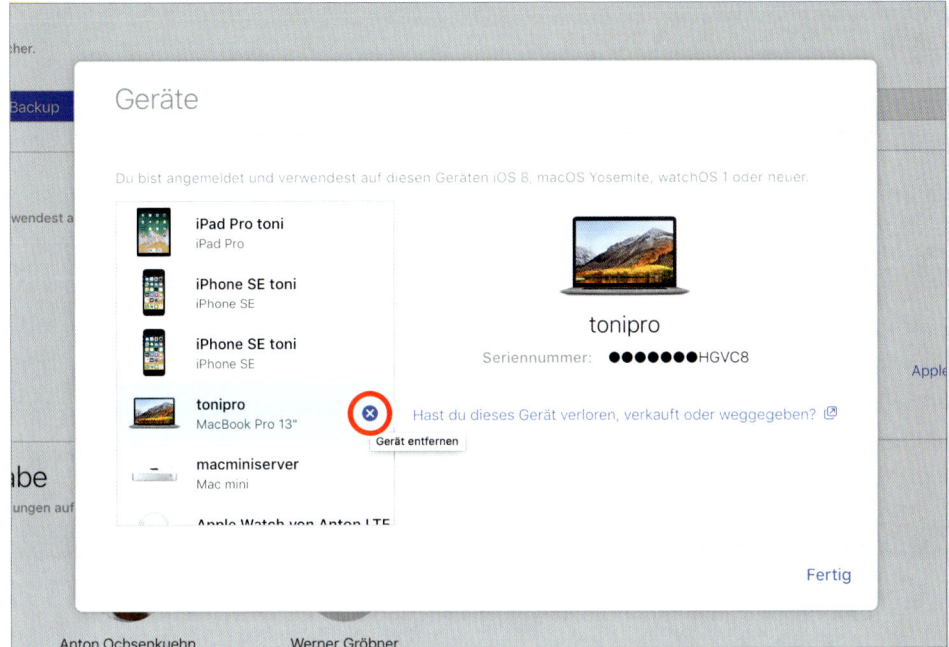

Geräte, die Sie nicht mehr besitzen oder verkauft haben, können ganz einfach aus der Geräteliste entfernt werden.

Noch interessanter sind die Funktionen bei *Erweitert*: Dort können Sie versehentlich gelöschte Daten (Dateien, Kalenderinformationen, Erinnerungen, Kontakte) zurückholen.

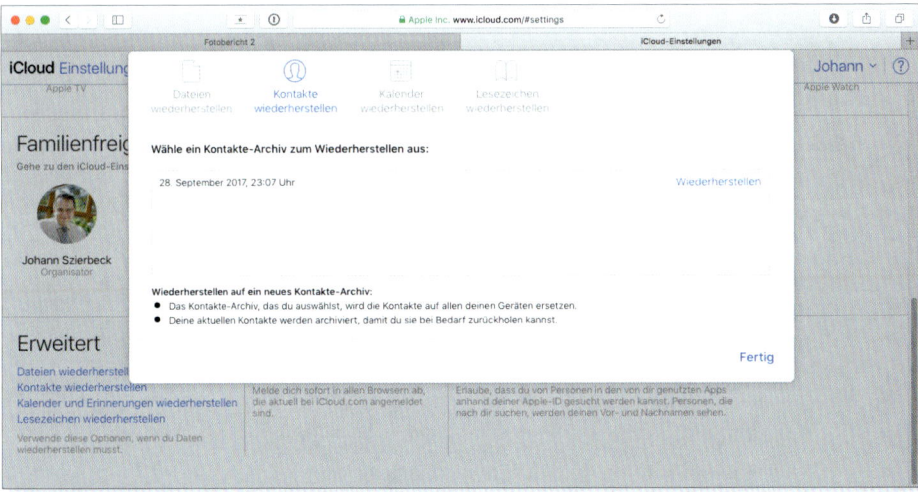

Das Zurückspielen versehentlich gelöschter Daten ist sehr einfach gelöst und mit wenigen Mausklicks erledigt. Bedenken Sie aber, dass nur Dateien, die vor weniger als 30 Tagen gelöscht wurden, wieder zurückgeholt werden können.

Systemstatus

Ab und zu werden die Dienste von iCloud gewartet oder haben Ausfälle. Damit Sie wissen, was los ist, wenn einer der iCloud-Dienste mal nicht funktioniert, hält Apple eine spezielle Internetseite für den Systemstatus bereit. Unter *http://www.apple.com/de/support/systemstatus/* können Sie den aktuellen Status der einzelnen Dienste einsehen. Ein rotes Symbol bedeutet, dass dieser Dienst momentan nicht verfügbar ist. Am unteren Ende der Seite sehen Sie auch einen Zeitplan für die Wartungsarbeiten.

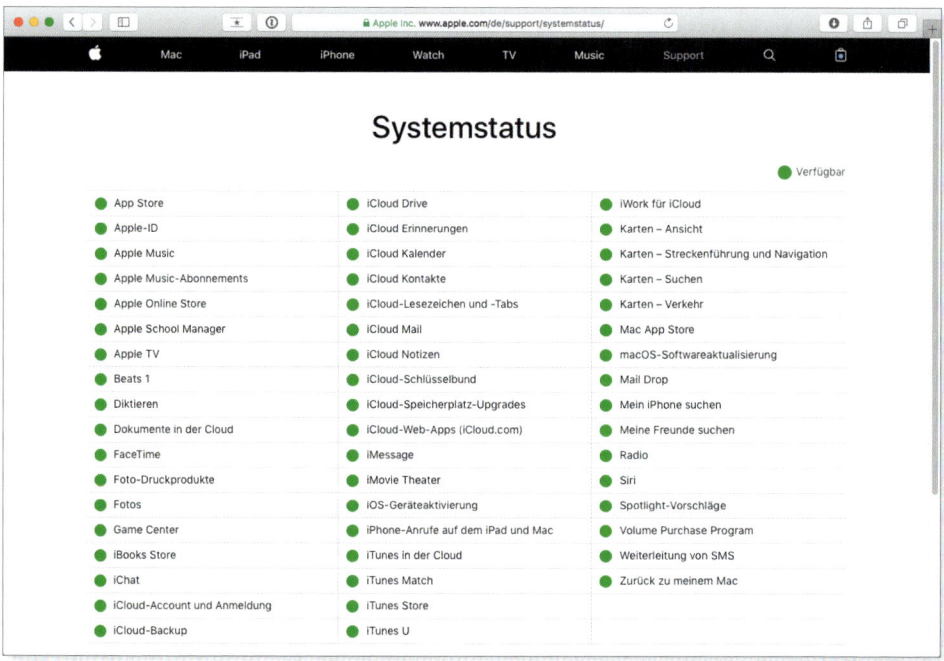

Die Internetseite mit dem Systemstatus der iCloud-Dienste.

iCloud entfernen

Natürlich hat Apple in iCloud auch eine Funktion hinzugefügt, die es Ihnen ermöglicht, das iCloud-Konto von den Geräten wieder zu entfernen. Auf dem iPhone oder iPad geht das sehr schnell und einfach, wenn Sie *Einstellungen –> [Ihr Name]* öffnen und dort auf die Schaltfläche *Abmelden* tippen.

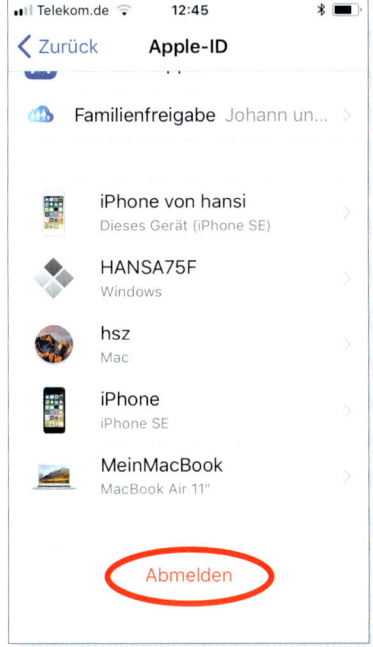

Der iCloud-Account kann auch wieder entfernt werden.

 Falls Sie vorhaben, Ihr iPhone, iPad oder einen Mac zu verkaufen oder zu verschenken, sollten Sie die Geräte unbedingt bei iCloud abmelden und alle Daten entfernen lassen.

Nach dem Antippen der Abmeldefunktion können Sie noch festlegen, welche der Daten Sie auf dem Gerät behalten wollen. So können Sie z. B. das Adressbuch mit den Kontakten auf Ihrem iPhone belassen. Ansonsten werden alle Fotostream-Bilder und Dokumente, die bei iCloud bzw. iCloud Drive gesichert sind, von Ihrem Gerät gelöscht. Diesen Sicherheitshinweis müssen Sie bestätigen.

iCloud entfernen

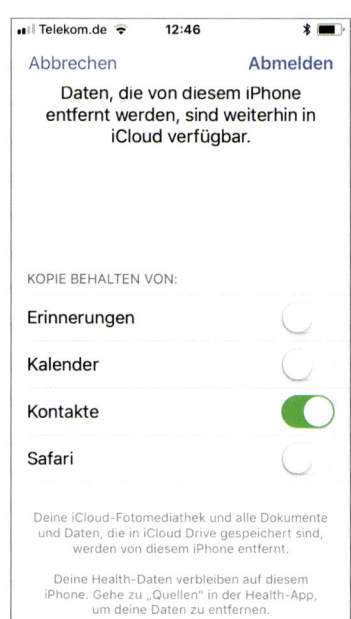

Entscheiden Sie, welche Daten gelöscht werden sollen.

Auch das Entfernen des iCloud-Accounts von Ihrem Mac geht sehr einfach vonstatten. Öffnen Sie die *Systemeinstellungen* aus dem *Apfel*-Menü und klicken Sie auf *iCloud.* Sie erhalten nun die Einstellungen zu Ihrem iCloud-Account. Wenn Sie auf die Schaltfläche *Abmelden* klicken, wird der iCloud-Account von Ihrem Rechner entfernt.

Durch das Abmelden wird auch der iCloud-Account gelöscht. Sie müssen noch entscheiden, was mit den Daten passieren soll.

Jetzt müssen Sie in mehreren Schritten noch entscheiden, was mit den unterschiedlichen Daten passieren soll, die auf Ihrem Mac von iCloud gesichert wurden. Sie können z. B. wählen, ob die Kontakte auf dem Mac verbleiben oder gelöscht werden sollen. Das Ganze verhält sich ähnlich wie beim Löschen des iCloud-Dienstes auf dem iPad oder iPhone.

Haben Sie alle Entscheidungen für die iCloud-Daten auf Ihrem Rechner getroffen, ist der Account gelöscht. Sie können nun durch Eingabe einer anderen Apple-ID einen neuen iCloud-Account einrichten.

 Unter Windows ist die Vorgehensweise gleich. Sie öffnen die **iCloud-Einstellungen** im **Systemfach** und melden sich bei iCloud ab. Anschließend können Sie entscheiden, welche Daten vom Rechner gelöscht werden.

Das Entfernen von iCloud in Windows wird ebenfalls mit „Abmelden" durchgeführt.

Funktionsüberblick

Um Ihnen einen Überblick über die Funktionen und deren Einsatz auf den verschiedenen Plattformen zu geben, finden Sie hier eine Tabelle mit dem Funktionsumfang von iOS, OS X bzw. macOS, Windows und dem Onlineportal icloud.com.

Funktion	iOS	Mac	Windows	icloud.com
Mail				
iCloud-E-Mail-Adresse	✔	✔	✔	✔
Signaturen synchronisieren	✘	✔	✘	✘
Regeln synchronisieren	✘	✔	✘	✘
VIPs	✔	✔	✘	✔
Etikett „Markiert"	✔	✔	✔	✔
Notizen	✔	✔	✔	✔
Kontakte	✔	✔	✔	✔
Gesperrte Kontakte von iMessage und FaceTime	✔	✔	✘	✔
Kalender	✔	✔	✔	✔
Kalender freigeben	✔	✔	✘	✔
Safari				
Lesezeichen synchronisieren	✔	✔	✔	✘
Leseliste von Safari synchronisieren	✔	✔	Nur mit Safari	✘
iCloud-Tabs	✔	✔	Nur mit Safari	✘
Fotostream	✔	✔	✔	✘
Eigenen Fotostream erstellen	✔	✔	✔	✘
Fotostream kommentieren	✔	✔	✔	✘
Fotos und Videos hinzufügen	✔	✔	✔	✔
iCloud-Fotomediathek	✔	✔	✔	✔

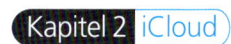

Funktion	iOS	Mac	Windows	icloud.com
iCloud Drive				
iWork-Paket (Pages, Numbers, Keynote)	✔	✔	✘	✔
TextEdit auf dem Mac	✔	✔	✘	✔
Vorschau auf dem Mac	✔	✔	✘	✔
Sonstige Dateien und Dokumente ablegen	✔	✔	✔	✔
Einkäufe aus iTunes und App Store synchronisieren				
Apps	✔	✔	✘	✘
Musik	✔	✔	Nur mit iTunes	✘
Bücher	✔	✔	Nur mit iTunes	✘
Erinnerungen	✔	✔	✔	✔
Erinnerungen freigeben	✔	✔	✘	✔
Backup	✔	✘	✘	✘
Wallet	✔	✘	✘	✘
Lesezeichen der Karten-App	✔	✔	✘	✘
iBooks				
Lesezeichen	✔	✔	✘	✘
Notizen	✔	✔	✘	✘
Sammlungen	✔	✔	✘	✘
WLAN-Einstellungen	✔	✔	✘	✘

Kapitel 3: iTunes und iCloud

iTunes ist eine wichtige Schnittstelle zwischen Ihren iOS-Geräten und dem Rechner. Der iTunes Store macht das Programm nicht nur zu einem Shop, sondern auch zum Verwalter der gekauften Artikel. In diesem Kapitel erfahren Sie, wie iTunes mit den iOS-Geräten zusammenarbeitet und die erworbenen Artikel mit Hilfe von iCloud verwaltet.

iTunes und iCloud

Bisher konnte man mit iCloud in iTunes gekaufte Musik, Filme und Hörbücher automatisch mit einem iPhone, iPad oder iPod touch abgleichen. Man muss dazu nur die Einstellungen ändern.

Sie können Musik-, Filmtitel und TV-Sendungen, die Sie zwar gekauft, aber nicht auf dem Rechner haben, online über iCloud abspielen oder erneut herunterladen. Diese Funktion kann sinnvoll sein, wenn z. B. Ihre iTunes-Mediathek verlorengegangen ist oder Sie auf dem Rechner einen neuen Benutzer erstellt haben und mit diesem nun auf Ihre Einkäufe zugreifen wollen. Zudem belasten Sie Ihren Festplattenspeicher nicht – insbesondere Filme und TV-Sendungen benötigen sehr viel Speicherplatz.

Die Anzeige der über iCloud verfügbaren Titel wird automatisch aktiviert, sobald Sie sich im iTunes Store angemeldet haben. iTunes vergleicht den Bestand von Ihrem Rechner mit den gekauften Titeln im iTunes Store bzw. der iCloud. Alle Titel, die nicht auf Ihrem Rechner vorhanden sind, werden anschließend in der Mediathek von iTunes angezeigt. Die iCloud-Titel können Sie am kleinen Wolkensymbol erkennen.

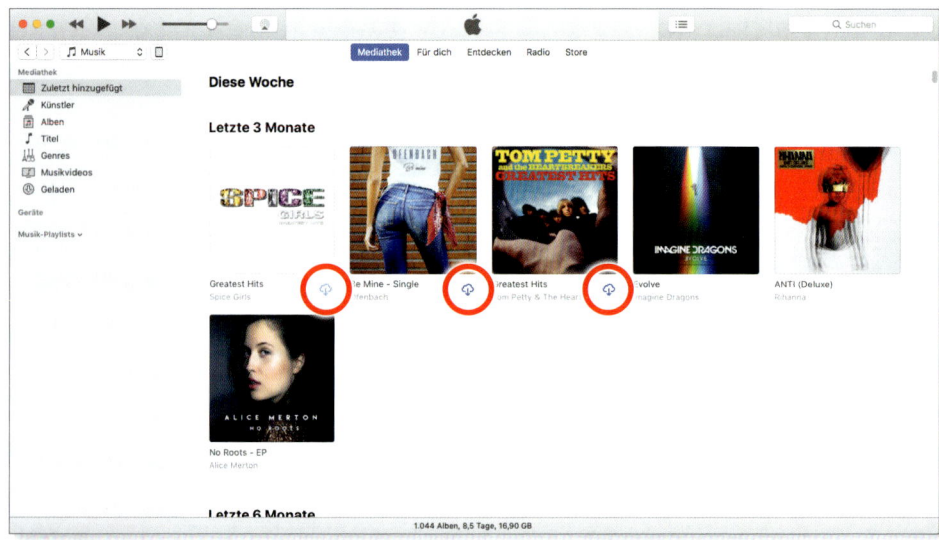

Die Musiktitel aus der iCloud erkennt man am Wolkensymbol.

 Damit die iCloud-Titel in der iTunes-Mediathek aufgelistet werden, muss im Menü **Darstellung** die Option **Alle Musikdateien** bzw. **Alle Filme** bzw. **Alle TV-Sendungen** aktiviert sein.

Was können Sie nun mit den iCloud-Musiktiteln machen? Sie können sie entweder online abspielen lassen oder auf den Rechner herunterladen und dann offline abspielen. Wenn Sie einen Doppelklick auf einen der Titel machen, wird dieser online abgespielt. Voraussetzung dafür ist eine Internetverbindung. Zum Herunterladen eines Titels müssen Sie nur einen Mausklick auf das Wolkensymbol mit dem kleinen integrierten Pfeil machen. Damit wird der Titel sofort in die Mediathek heruntergeladen, und das iCloud-Symbol verschwindet, da das Musikstück nicht mehr über iCloud abgespielt werden muss.

Die gleichen Funktionen gelten auch für gekaufte Filme und TV-Sendungen. Auch diese können entweder heruntergeladen oder online abgespielt werden.

Gekaufte Apps und Bücher erneut laden

Einen etwas anderen Weg müssen Sie beschreiten, wenn Sie gekaufte Apps für iPhone, iPad oder den iPod touch sowie E-Books erneut laden wollen, weil Sie sie vielleicht gelöscht haben.

Apps für iPhone und iPad erneut herunterladen

Apple hat mit iTunes 12.7 den App Store aus dem Programm entfernt. Somit lassen sich Apps nicht mehr auf den Rechner herunterladen. Wollen Sie Apps für Ihr iPhone oder iPad erneut installieren, müssen Sie daher den App Store auf dem jeweiligen Gerät bemühen.

Und zwar so: Öffnen Sie auf dem iPhone/iPad den App Store und tippen Sie rechts oben auf das Symbol für Ihre Apple-ID. Anschließend tippen Sie auf *Käufe* und wechseln zur Kategorie *Nicht auf diesem iPhone/iPad*. Dort sind nun alle Apps aufgelistet, die Sie in der Vergangenheit erworben haben, die aber nicht installiert sind. Tippen Sie auf das Wolkensymbol, um die gewünschte App herunterzuladen und zu installieren. Fertig!

 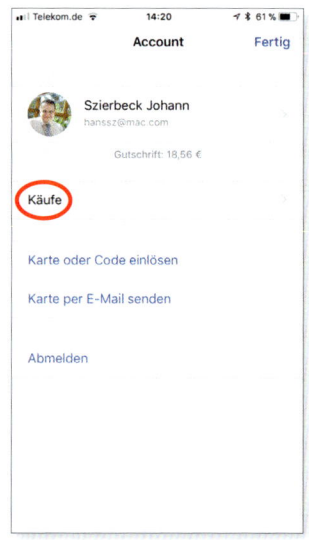 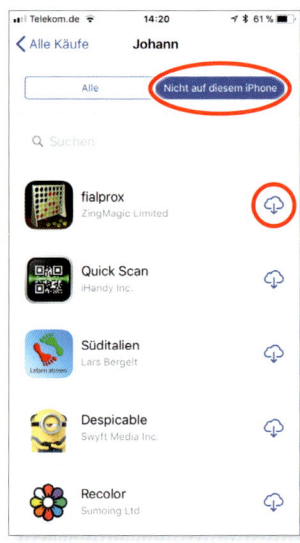

Apps können nur noch über den App Store auf dem iPhone bzw. iPad erneut geladen werden.

Für gekaufte Bücher, die Sie wieder auf Ihren Rechner laden wollen, müssen Sie das Programm *iBooks* auf Ihrem Mac verwenden. Wechseln Sie dort links oben zum *iBooks Store* und anschließend im Bereich *Alles auf einen Klick* zu *Gekaufte Artikel*. Dort können Sie dann die einzelnen E-Books auf den Rechner herunterladen.

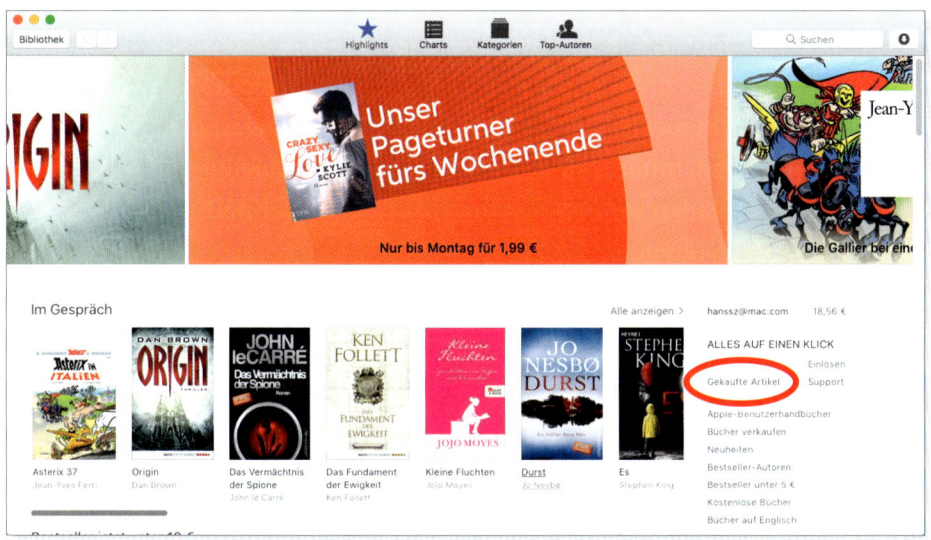

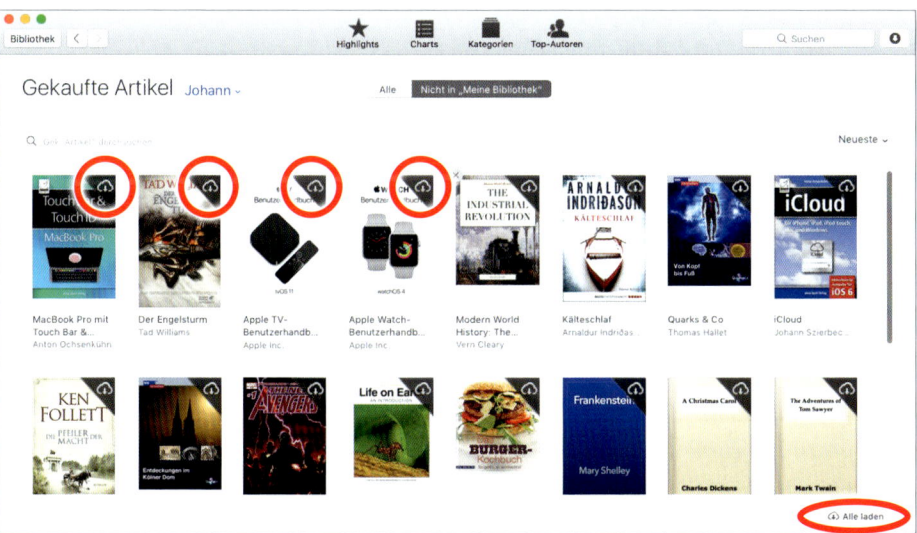

E-Books können im iBooks Store erneut heruntergeladen werden.

Gekaufte Artikel aus- und einblenden

Beim Stöbern im iTunes Store und Mac App Store ist es sehr oft der Fall, dass man kostenlose Apps und Bücher herunterlädt, sie nur ganz kurz ansieht und dann vielleicht nicht mehr haben will. Das Problem dabei ist nur, dass die Apps und Bücher trotzdem unter Ihrer Apple-ID gespeichert bleiben und über iCloud wieder heruntergeladen werden. Dadurch kann sehr schnell eine sehr unübersichtliche Liste entstehen.

Der iTunes Store stellt eine Funktion zur Verfügung, mit deren Hilfe Sie solche Titel aus der Liste der gekauften Artikel ausblenden können. Dazu müssen Sie wieder zum Bereich *Gekaufte Artikel* im iTunes Store gehen (siehe vorherigen Abschnitt).

Um z. B. einen Film verschwinden zu lassen, müssen Sie ihn anklicken. Dadurch wird ein kleines x-Symbol sichtbar, mit dem Sie nun den gekauften Artikel ausblenden können.

 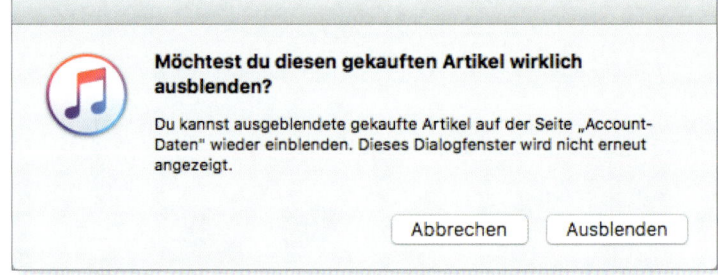

Gekaufte Artikel können aus der Liste ausgeblendet werden.

 Das Ausblenden funktioniert mit Musiktiteln, Filmen, TV-Sendungen, Hörbüchern und Büchern (iBooks Store) auf die gleiche Weise. Sie müssen im Store rechts oben nur die entsprechende Kategorie auswählen.

Was ist aber nun, wenn Sie einen ausgeblendeten Artikel wiederhaben wollen? Auch das ist möglich! Dafür müssen Sie Ihre Apple-ID-Daten aufrufen. Das erreichen Sie am schnellsten, wenn Sie aus dem Menü *Account* die Funktion *Meinen Account anzeigen* wählen. Nach dem Anmeldevorgang erhalten Sie die Übersicht über Ihren iTunes-Account. Etwas weiter unten im Bereich *iTunes in*

der Cloud befindet sich der Abschnitt *Ausgeblendete gekaufte Artikel*. Klicken Sie dort auf *Verwalten*.

Über die iTunes-Account-Verwaltung können Sie Artikel auch wieder einblenden.

Sie erhalten im Anschluss eine Auflistung von allen ausgeblendeten Musiktiteln, Filmen, TV-Sendungen, Apps (nur iOS-Apps) und Hörbüchern. Klicken Sie auf die gewünschte Kategorie und anschließend auf die Schaltfläche *Einblenden* bei dem jeweiligen Artikel. Das war's! Der Artikel ist ab sofort wieder sichtbar und kann heruntergeladen werden.

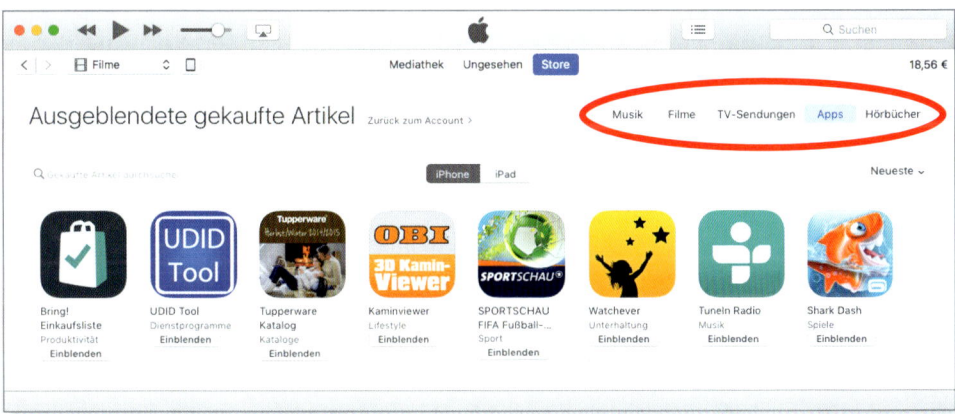

Ein Mausklick, und der Artikel ist wieder sichtbar und kann geladen werden.

 Ausgeblendete Artikel sind ebenfalls auf dem iPhone und iPad nicht mehr verfügbar.

Gekaufte Artikel aus- und einblenden

Apps ausblenden auf dem iPhone oder iPad

Das Ausblenden von Apps können Sie ebenfalls auf dem iPad oder iPhone durchführen. Dazu öffnen Sie den App Store und tippen auf Ihre Apple-ID rechts oben. Dann öffnen Sie die *Käufe*. Sie erhalten nun eine Übersicht über alle erworbenen Apps. Zum Ausblenden wischen Sie die jeweilige App mit dem Finger nach links. Dadurch wird die Option *Ausblenden* sichtbar.

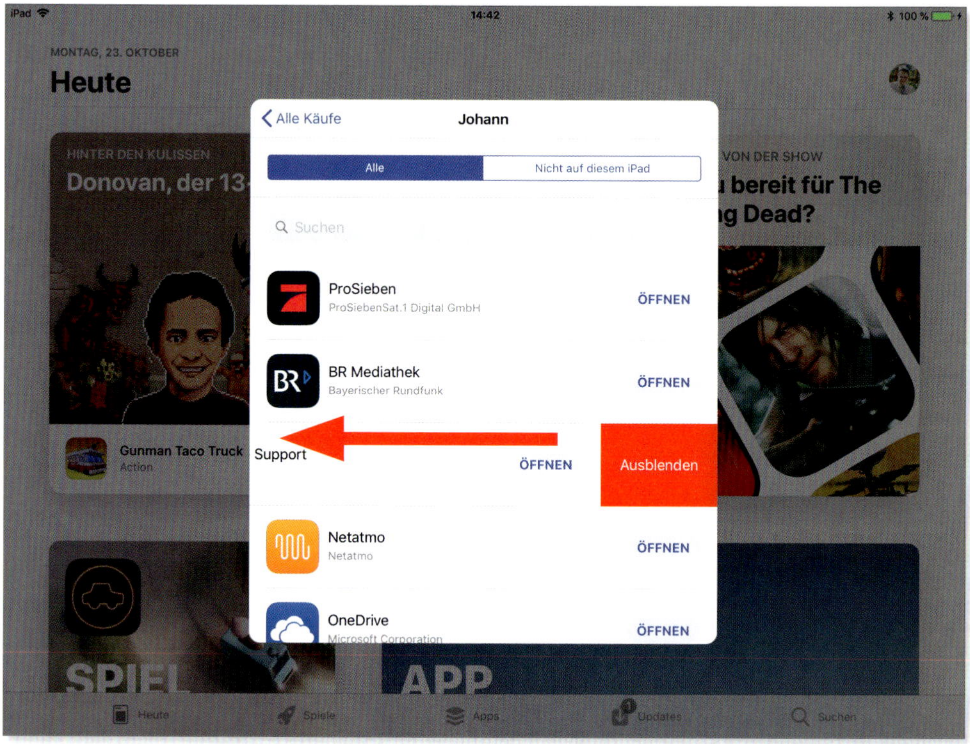

Mit einem Wisch nach links können Sie Apps am iPhone und iPad ausblenden.

 Die Apps lassen sich zwar am iPhone und iPad ausblenden, aber nicht einblenden. Dazu benötigen Sie unbedingt iTunes auf dem Mac bzw. in Windows.

Einkäufe im Mac App Store ein- und ausblenden

Nicht nur Einkäufe in iTunes auf iOS-Geräten oder dem Mac lassen sich aus- bzw. wieder einblenden. Auch der App Store auf dem Mac bietet diese Funktion.

Öffnen Sie den App Store auf dem Mac und wechseln Sie zur Kategorie *Gekaufte Artikel*. Dort werden alle Einkäufe aufgelistet, die Sie auf dem Mac im App Store getätigt haben. Suchen Sie das Programm, das ausgeblendet werden soll. Klicken Sie es mit einem Rechtsklick an und wählen Sie dann *Einkauf ausblenden* aus. Jetzt müssen Sie nur noch den Hinweis bestätigen, der geöffnet wurde.

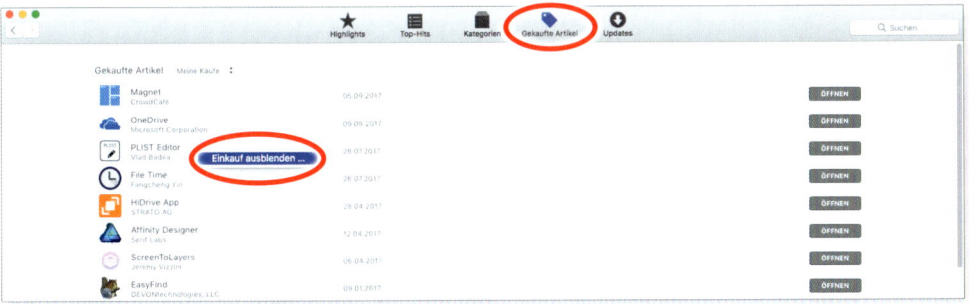

Über das Kontextmenü können Sie Einkäufe ausblenden.

Das war's! Das Programm erscheint nun nicht mehr in der Liste der Einkäufe. Ausgeblendete Programme lassen sich auch jederzeit wieder einblenden. Dazu müssen Sie Ihre Account-Daten des App Stores aufrufen. Wählen Sie aus dem Menü *Store* die Funktion *Meinen Account anzeigen* und melden Sie sich mit Ihrer Apple-ID an: Sie erhalten daraufhin eine Übersicht zur Verwaltung Ihrer Daten.

Einkäufe im Mac App Store ein- und ausblenden

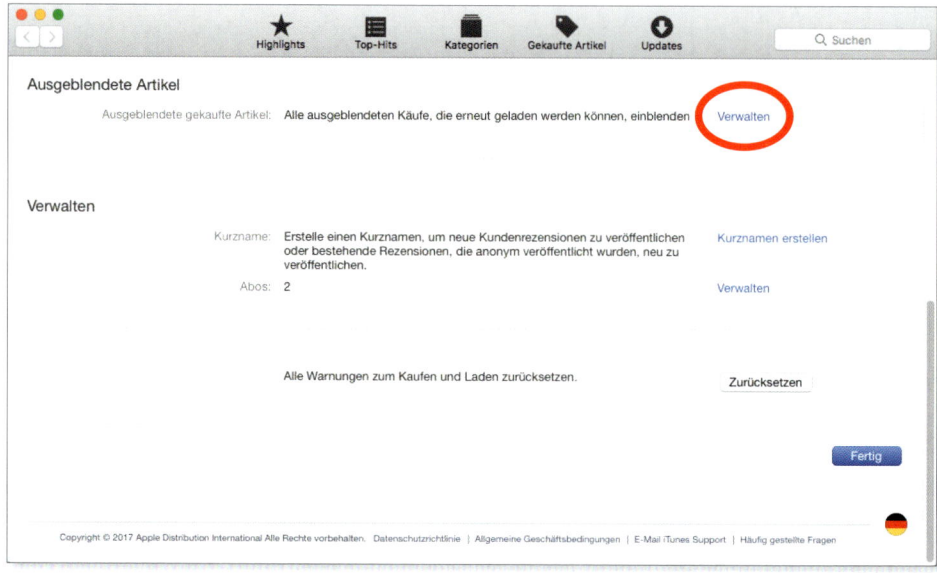

Die Verwaltungsübersicht für Ihre App-Store-Account-Daten.

Im Bereich *Ausgeblendete Artikel* finden Sie die Schaltfläche *Verwalten*. Damit erhalten Sie eine Übersicht über alle ausgeblendeten Programme des Mac App Stores. Sie müssen jetzt nur noch die gewünschte App wieder einblenden – Sie können sie im Anschluss sofort herunterladen bzw. installieren.

Die ausgeblendeten Artikel des App Stores.

Noch nicht geladene iCloud-Titel ein- und ausblenden

Beim Kauf von Musik haben Sie die Möglichkeit, diese auf mehreren Geräten zu verwenden, auch auf anderen Computern. Dazu muss das jeweilige Gerät nur aktiviert werden (siehe Seite 204). Wenn Sie nun einen anderen Computer mit Ihrer Apple-ID aktiviert haben, dann erscheinen auch sofort alle gekauften Titel in iTunes auf dem neuen Rechner. Allerdings sind diese nicht wirklich auf dem Rechner, sondern in der Cloud gesichert. Ein Mausklick auf das Wolkensymbol lädt das jeweilige Lied herunter. Das Gleiche trifft auch auf Stücke zu, die Sie z. B. mit dem iPhone oder iPad gekauft haben. Solche Titel erscheinen mit dem iCloud-Symbol in iTunes auf dem Rechner.

 Falls die iCloud-Titel in der iTunes-Mediathek nicht aufgelistet werden, müssen Sie in iTunes im Menü **Darstellung** die Option **Alle Musikdateien** bzw. **Alle Filme** oder **Alle TV-Sendungen** aktivieren.

Damit Sie nun nicht die Übersicht darüber verlieren, welche Titel in der Cloud vorhanden, aber noch nicht geladen und welche bereits auf Ihrem Rechner vorhanden sind, können Sie mit einer speziellen Funktion alle noch nicht geladenen Cloud-Titel ausblenden. Übrig bleiben dann nur die Stücke, die bereits geladen oder manuell importiert wurden, z. B. per CD-Import.

Die noch nicht geladenen Cloud-Titel können im Menü *Darstellung* (Mac) bzw. *Anzeige* (Windows) mit *Nur geladene Musik* ausgeblendet werden.

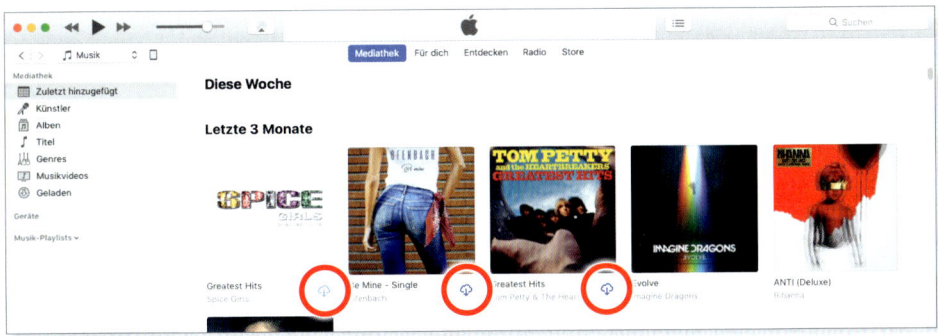

Die noch nicht geladenen Musikstücke sind mit dem Cloud-Symbol gekennzeichnet.

Versehentliche Einkäufe widerrufen

Während des Stöberns im iTunes Store oder App Store kann es schon einmal passieren, dass man aus Versehen eine falsche App oder Musik gekauft hat. Oder man findet unmittelbar nach dem Kauf eine andere App, die viel besser ist. In solchen Fällen will man den Einkauf rückgängig machen. Aber geht das überhaupt?

Ja! Sie benötigen dazu nur einen Internetbrowser. Unter der Adresse *reportaproblem.apple.com* können Sie den Einkauf widerrufen. Rufen Sie die Seite also auf und melden Sie sich mit Ihrer Apple-ID an.

 Sie können nur die Einkäufe der letzten 24 Stunden rückgängig machen. Es ist also nicht möglich, eine App, die Sie seit zwei Wochen nutzen, wieder zurückzugeben.

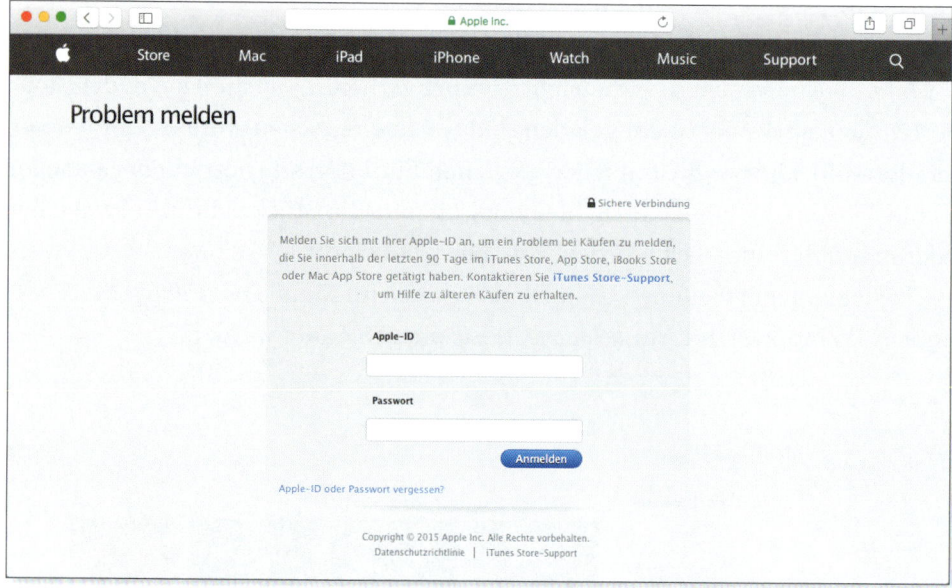

Einkäufe können über ein Onlineportal rückgängig gemacht werden.

Nach der Anmeldung erhalten Sie eine Liste mit allen Ihren Einkäufen. Die Liste ist auch in unterschiedliche Kategorien geteilt zu denen Sie ganz einfach wechseln können. Der jüngste Einkauf steht immer an erster Stelle der Liste.

Haben Sie z. B. die App gefunden, die Sie zurückgeben wollen, klicken Sie rechts daneben auf die Schaltfläche *Problem melden*. Dadurch wird unter dem Einkauf ein Eingabebereich aufgeklappt.

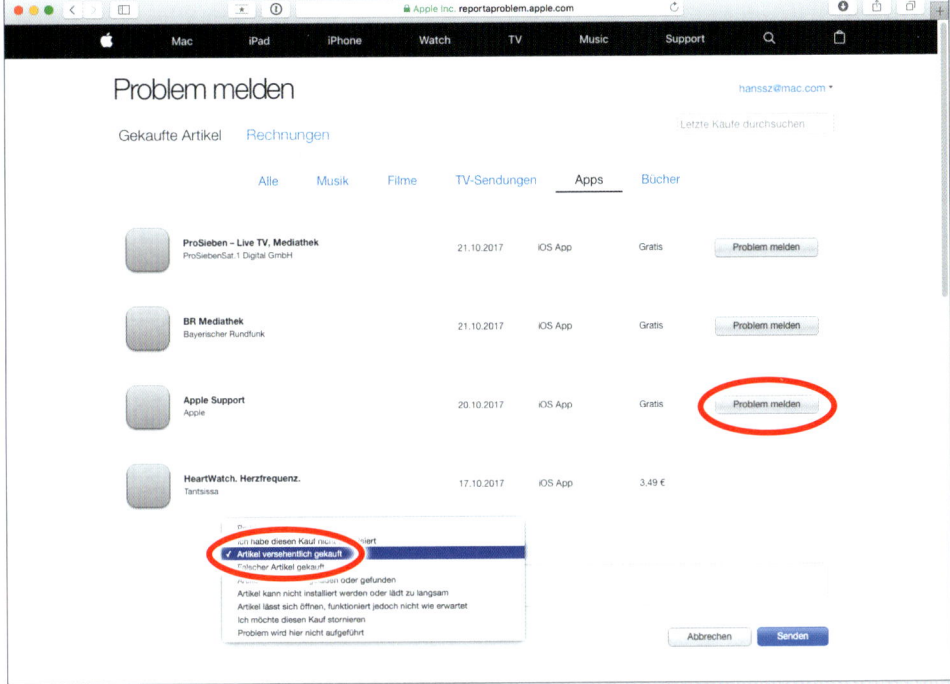

Die Einkäufe sind nach Kategorien und nach Datum sortiert.

Wählen Sie anschließend aus dem Menü die Option *Artikel versehentlich gekauft* aus. Klicken Sie anschließend auf *Senden*. Nach kurzer Zeit wird die App aus Ihrem Account entfernt, und der Betrag wird Ihnen gutgeschrieben.

Geräte zum Abspielen von Einkäufen verwalten

Wenn Sie im iTunes Store etwas erwerben, dann haben Sie das Recht, den erworbenen Artikel (Musik, Film, TV-Sendung) auf fünf unterschiedlichen Computern (Mac- und Windows-Rechnern) und zusätzlich fünf anderen Geräten (iPhone, iPad, iPod touch) abzuspielen. Damit die Einkäufe auf diesen Geräten verwendet werden können, müssen sie zuerst registriert bzw. bei iTunes aktiviert werden.

Beim iPhone, iPad oder iPod touch passiert das automatisch, sobald Sie auf den Geräten mit Ihrer Apple-ID einkaufen. Auf dem Rechner kann die Aktivierung sowie die Deaktivierung auch manuell durchgeführt werden. Dafür gibt es in iTunes im Menü *Account –> Autorisierungen* die Option *Diesen Computer autorisieren* bzw. *Diesen Computer deautorisieren*.

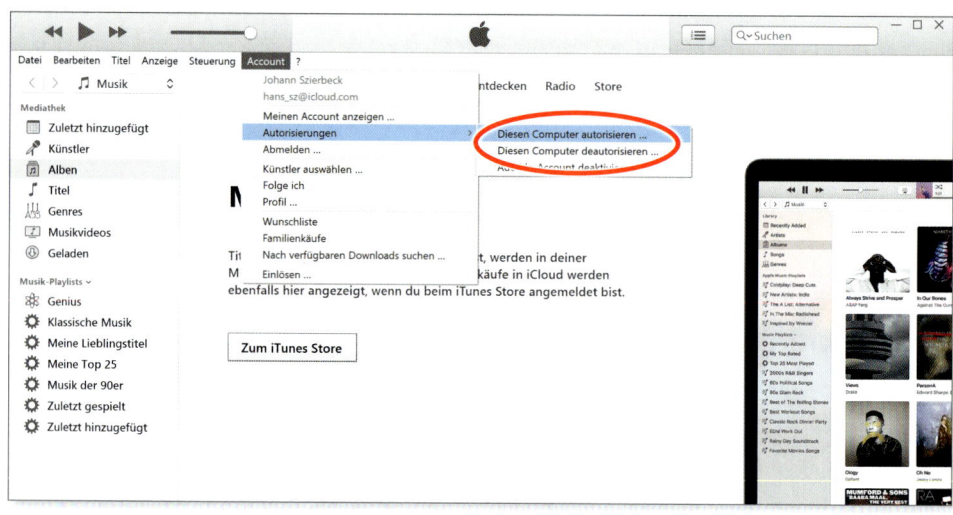

Der Rechner kann für die Verwendung der Einkäufe aus dem iTunes Store aktiviert und deaktiviert werden.

Wann müssen Sie einen Computer aktivieren bzw. deaktivieren? Das Aktivieren müssen Sie durchführen, wenn Sie z. B. einen zweiten Rechner (egal ob Mac- oder Windows-Rechner) verwenden und auf diesem Ihre Einkäufe, also Lieder und Filme, abspielen wollen. Durch das Aktivieren haben Sie über die iCloud bzw. iTunes Match Zugriff auf die gekauften Artikel bzw. bei iTunes Match auf die komplette Mediathek des anderen Rechners.

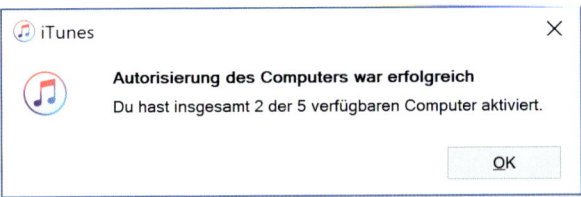

Der Computer ist aktiviert.

Einen Rechner sollten Sie immer dann deaktivieren, wenn Sie z. B. einen neuen Rechner erworben haben und den alten verkaufen wollen. Der alte Rechner schon allein deswegen deaktiviert werden, damit die maximale Anzahl von fünf Geräten nicht überschritten wird.

Wie sieht es aber aus, wenn Sie vergessen haben, den alten Rechner zu deaktivieren und er bereits verkauft oder entsorgt ist? Das ist kein Problem. Sie können zu jedem Zeitpunkt die Registrierung von Geräten rückgängig machen. Dazu müssen Sie die Verwaltung Ihres iTunes-Store-Accounts in iTunes aufrufen. Wählen Sie aus dem Menü *Account* die Option *Meinen Account anzeigen*. Sie werden nach erfolgreicher Eingabe Ihrer Apple-ID zu den Einstellungen des Accounts weitergeleitet. Dort finden Sie bei *Apple-ID – Übersicht* die Sparte *Computeraktivierungen*. Rechts daneben sehen Sie die Schaltfläche *Alle deaktivieren*. Damit wird die Registrierung aller Computer widerrufen. Anschließend müssen Sie natürlich Ihren neuen Computer wieder aktivieren.

 Die Deaktivierung aller Computer kann nur einmal pro Jahr durchgeführt werden.

Die Aktivierung der Computer kann widerrufen werden.

Geräte zum Abspielen von Einkäufen verwalten

Für die anderen Geräte (iPhone, iPad, iPod touch) ist die Vorgehensweise fast gleich. Es gibt eine eigene Verwaltung dafür. Wenn Sie also z. B. Ihr altes iPhone verkauft haben, sollten Sie es aus der Liste der aktivierten Abspielgeräte entfernen. Dafür müssen Sie im Fenster mit den *Account-Daten* auf *Geräte verwalten* klicken und anschließend das iPhone aus der Liste entfernen.

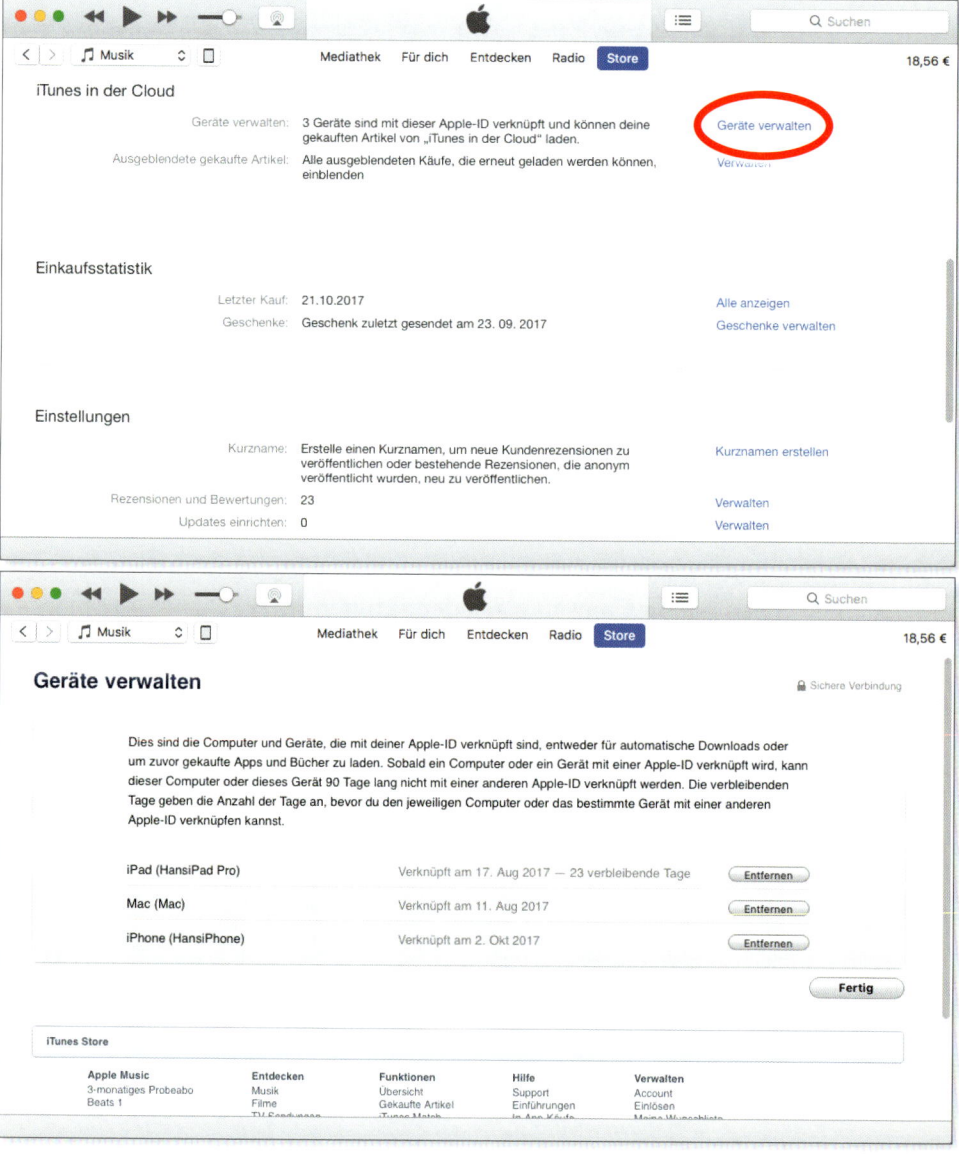

Auch iPhone, iPad und iPod touch können als Abspielgeräte deaktiviert werden.

Privatfreigabe

Mit der *Privatfreigabe* bzw. der *Freigabe* können Sie Ihre Mediathek auf anderen Rechnern und iOS-Geräten im lokalen Netzwerk abspielen. Die Funktion dürfte besonders für Familien interessant sein. Durch ein paar Mausklicks können zum Beispiel die Einkäufe der Mutter auf dem iPad der Kinder abgespielt werden und umgekehrt.

 Voraussetzung für die Privatfreigabe ist eine gültige Apple-ID. Für die Synchronisierung wird allerdings nur eine benötigt.

Zuerst muss die Privatfreigabe aktiviert werden, um die iTunes-Mediathek auf den iOS-Geräten verfügbar zu machen. Klicken Sie im Menü *Ablage* (Mac) bzw. *Datei* (Windows) auf *Privatfreigabe* und anschließend auf *Privatfreigabe aktivieren*. Geben Sie anschließend die Daten Ihrer Apple-ID ein. Nachdem iTunes die Daten überprüft hat, ist die Privatfreigabe aktiviert.

Für die Privatfreigabe wird eine Apple-ID benötigt.

Damit ein anderer Rechner im Netzwerk auf Ihre Mediathek zugreifen kann, müssen Sie die iTunes-Mediathek Ihres Rechners freigeben. Dazu öffnen Sie in iTunes die *Einstellungen* (cmd + Komma bzw. Strg + Komma). Anschließend wechseln Sie zur Rubrik *Freigabe* und aktivieren die Funktion *Meine Mediathek im lokalen Netzwerk freigeben*.

Privatfreigabe

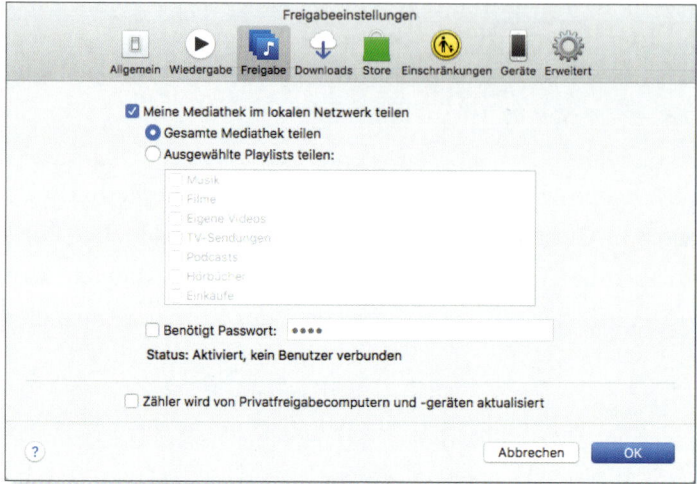

Die Mediathek wird in den „Einstellungen" bei „Freigabe" für andere nutzbar gemacht.

Nach der Bestätigung der Einstellungen sollte nun auf dem anderen Rechner im Netzwerk links oben die Mediathek Ihres Rechners erscheinen: Sie sehen also den Inhalt der anderen Mediathek und können mit dem Abspielen der Musiktitel beginnen.

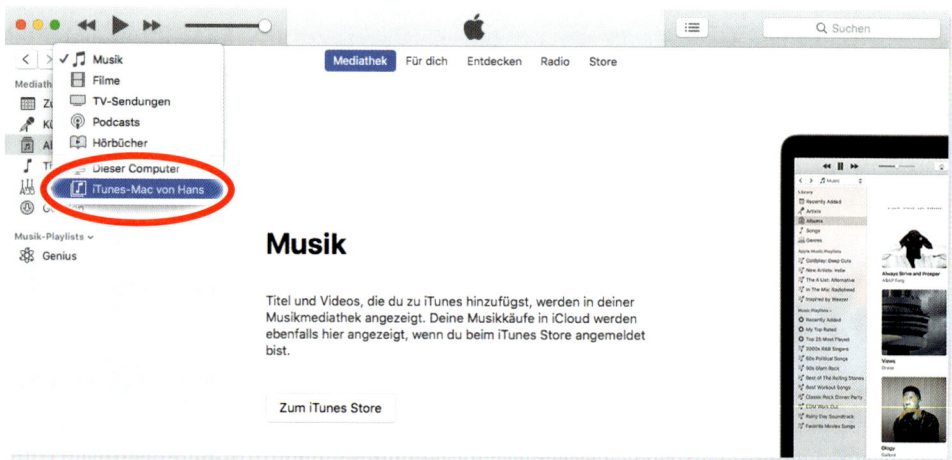

Die freigegebenen Mediatheken im Netzwerk werden links aufgelistet.

> **!** Damit Filme oder TV-Sendungen via Privatfreigabe auf einem anderen Gerät abgespielt werden können, müssen diese vollständig auf dem Rechner vorhanden sein. Laden Sie also bei Bedarf die gewünschten Filme bzw. TV-Sendungen auf Ihren Rechner herunter.

Die Privatfreigabe kann zu jeder Zeit wieder ausgeschaltet werden. Dafür müssen Sie im Menü *Ablage* (Mac) bzw. *Datei* (Windows) nur die Funktion *Privatfreigabe –> Privatfreigabe deaktivieren* auswählen. Damit wird die Privatfreigabe des eigenen Computers ausgeschaltet, und zusätzlich können Sie nicht mehr auf die Privatfreigabe von anderen Rechnern zugreifen.

> Die Privatfreigabe findet auch Verwendung im Zusammenhang mit einem Apple TV. Damit Sie die komplette Mediathek auch dort nutzen können, muss die Privatfreigabe aktiviert sein. So können Sie z. B. Filme oder TV-Sendungen vom Rechner auf das Apple TV streamen und somit auf einem Fernseher betrachten.

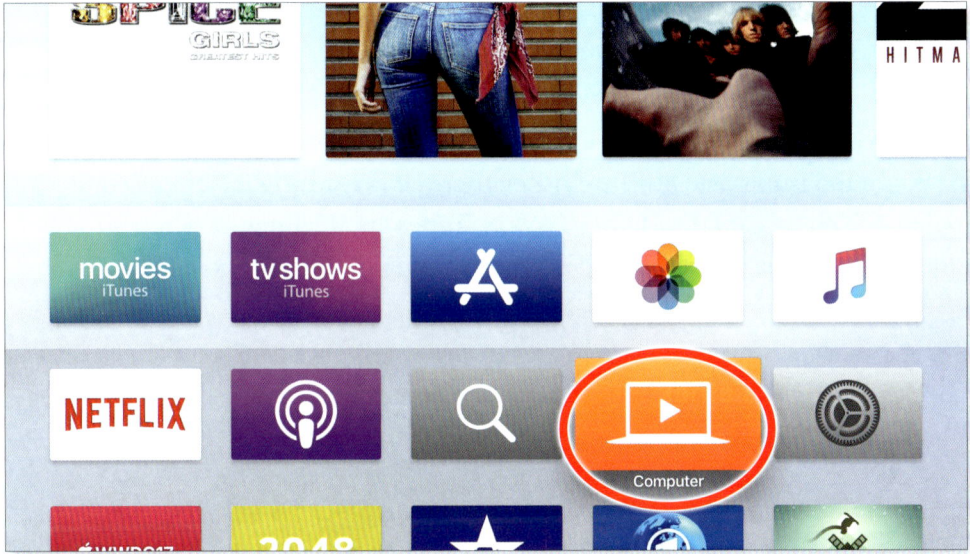

Die „Privatfreigabe" kommt auch beim Apple TV zum Einsatz.

Privatfreigabe auf dem iPhone und iPad

Selbst iPhone und iPad können die Privatfreigabe nutzen, um Inhalte von iTunes auf dem jeweiligen Gerät abzuspielen. Dazu müssen Sie die Freigabe am iPhone bzw. iPad aktivieren. Sie finden den Bereich in den *Einstellungen* unter *Musik* als letzten Punkt in der Liste.

> Die Privatfreigabe gilt auch für die App **Videos** und nicht nur für **Musik**.

Privatfreigabe

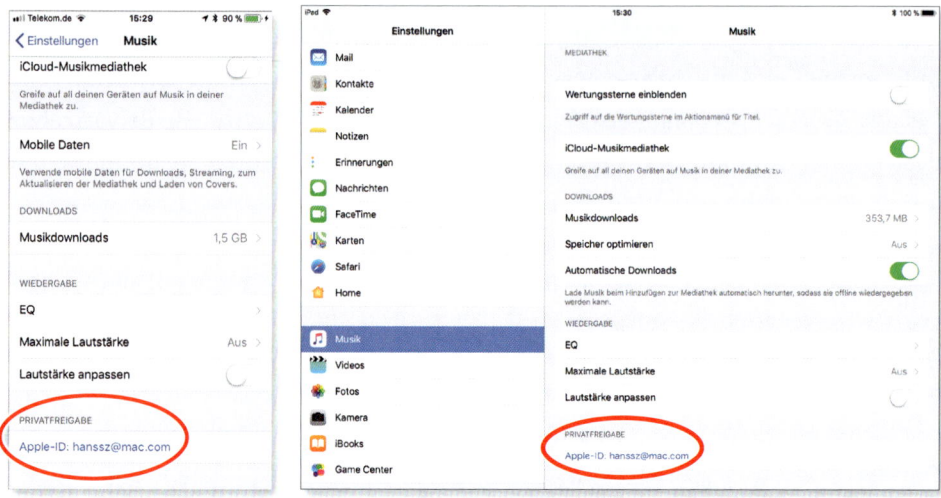

Am iPhone (links) bzw. iPad (rechts) werden die Daten für die Privatfreigabe unter „Einstellungen –> Musik" eingegeben.

Wenn in iTunes und auf Ihrem Rechner die Privatfreigabe eingeschaltet ist, haben Sie Zugriff auf die Mediathek von iTunes am Rechner. Das betrifft sowohl die Musiktitel als auch Filme, TV-Sendungen und Musikvideos.

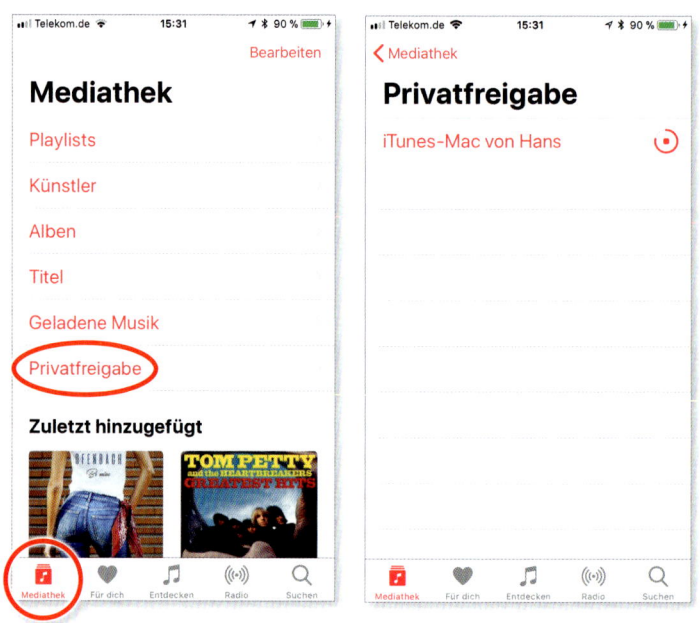

Auf dem iPhone/iPad haben Sie auf die entfernte Mediathek Zugriff, wenn Sie in der jeweiligen App (z. B. „Musik"), auf „Mediathek" tippen (links) und dann bei „Privatfreigabe" die angezeigte Mediathek auswählen (rechts). Anschließend erhalten Sie Zugriff auf die Titel.

Der Ladekreis rechts neben der Freigabe zeigt Ihnen an, dass die Titellisten gerade geladen werden. In der Videos-App ist das Vorgehen sehr ähnlich: Der Punkt *Geteilt* ist auf dem iPhone erst sichtbar, wenn die Privatfreigabe aktiviert ist. Das Gleiche gilt für das iPad.

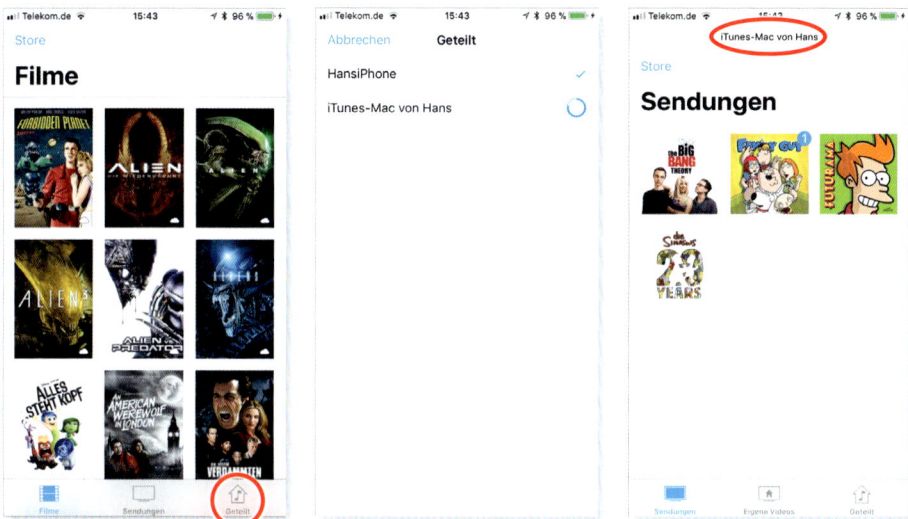

Wenn Sie auf dem iPhone dann über „Geteilt" (links) die entsprechende Mediathek auswählen (Mitte), sind im Anschluss die Videos verfügbar (rechts).

Zurück zur iPhone- bzw. iPad-Mediathek

Falls Sie erneut die Mediathek des iPhones bzw. iPads haben wollen, müssen Sie sie wieder wechseln. Dazu tippen Sie erneut auf *Geteilt* und wählen die Mediathek des iPhones bzw. iPads.

Kapitel 4 iTunes Match & Apple Music

iTunes Match und Apple Music sind zwei Dienste, die zusätzlich zu Ihrem iCloud-Account dazugebucht werden können. Diese Dienste sind allerdings kostenpflichtig und verwenden selbstverständlich iCloud. In diesem Kapitel erfahren Sie, wie iTunes Match eingerichtet wird und welcher Unterschied zu Apple Music besteht.

iTunes Match

Apple bietet mit *iTunes Match* die Option an, die gesamte iTunes-Musik, auch wenn diese nicht über den iTunes Store gekauft wurde, auf allen Geräten via iCloud zur Verfügung zu stellen. iTunes Match vergleicht also die Lieder der Bibliothek mit den Songs im iTunes Store, und sobald diese dort enthalten sind, werden die Musikstücke über die iCloud für Ihren Account und somit auf dem iPhone, iPad und iPod touch verfügbar. Dieser Service ist kostenpflichtig. Er kostet € 24,99 pro Jahr (Stand: November 2017) und kann in iTunes auf dem Rechner aktiviert werden.

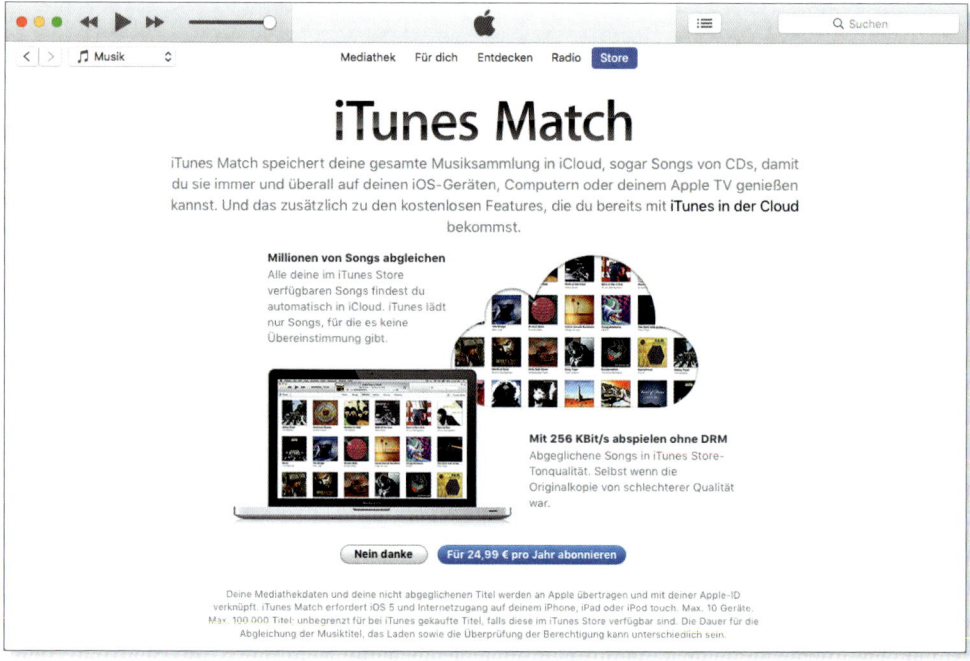

„iTunes Match" ist kostenpflichtig.

 Sie können bis zu 100.000 Musiktitel (Stand: November 2017) mit iTunes Match zwischen Ihren Geräten synchronisieren.

Zum Aktivieren von iTunes Match wechseln Sie in iTunes zum *iTunes Store* und wählen *iTunes Match* in der rechten Spalte aus. Dort erhalten Sie zunächst einige Informationen über den Dienst. Wenn Sie ihn haben wollen, dann klicken Sie auf die Schaltfläche *Für 24,99 € pro Jahr abonnieren*. Anschließend müssen Sie

Ihre Apple-ID angeben. Mehr ist nicht zu tun, der Rest passiert nun vollautomatisch. Zur Bestätigung erhalten Sie eine E-Mail von Apple mit dem Hinweis, dass iTunes Match aktiviert ist und dass das Abo für ein Jahr gilt und automatisch verlängert wird.

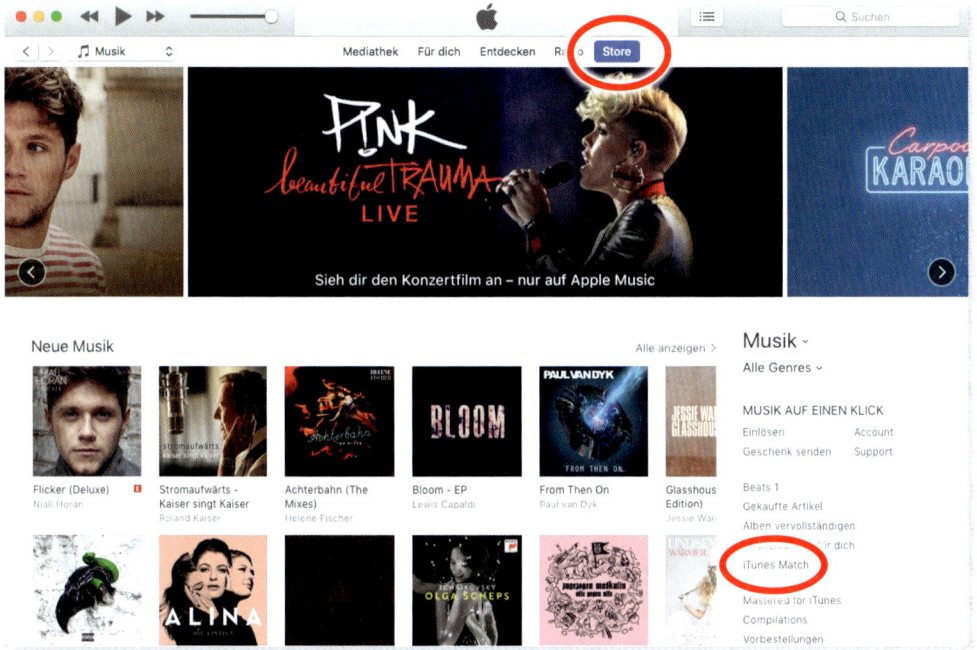

„iTunes Match" wird über den iTunes Store aktiviert.

> ! Das Abo kann bis zu 24 Stunden vor dem Ende der aktuellen Laufzeit storniert werden. Dazu müssen Sie zur Verwaltung Ihrer Apple-ID wechseln. Wählen Sie dafür aus dem Menü **Account** die Funktion **Meinen Account anzeigen**. Suchen Sie nach dem erfolgreichen Anmelden den Bereich **Einstellungen**. Dort finden Sie die **Abos**. Klicken Sie auf **Verwalten** und anschließend auf **Bearbeiten** bei Ihrem iTunes-Match-Abo. Dort sehen Sie dann die Schaltfläche **Abo kündigen**. Damit wird iTunes Match nicht verlängert bzw. es wird gekündigt.

iTunes Match

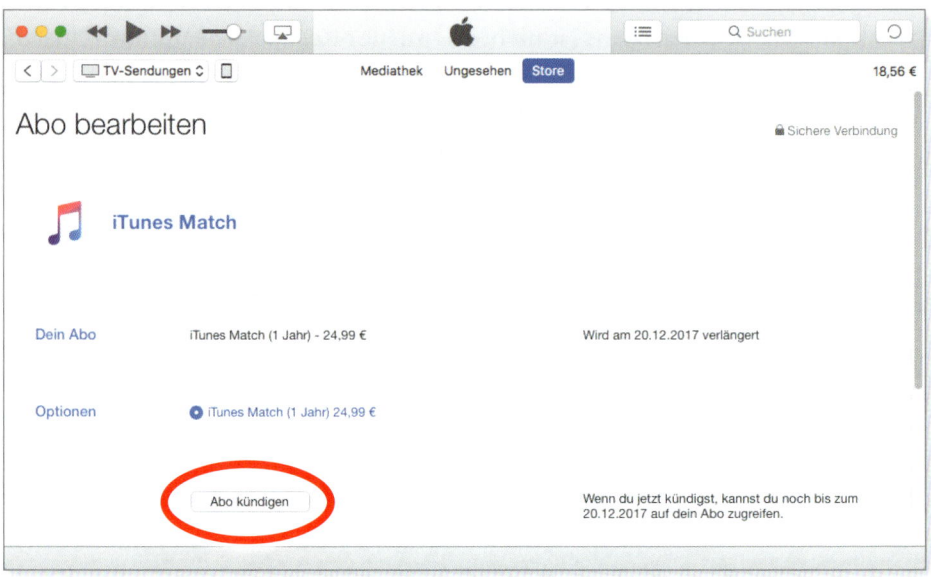

Im iTunes-Store-Account kann die automatische Verlängerung von iTunes Match ausgeschaltet werden.

Aber nun zurück zum Einrichten von iTunes Match: Sie können in iTunes mitverfolgen, wie iTunes Match nach der Aktivierung die Daten Ihrer Mediathek sammelt und mit Apple abgleicht.

 Je nach Umfang Ihrer Musikbibliothek und der verfügbaren Internetleitung kann der Abgleich, den iTunes Match durchführt, sehr lange dauern. Lassen Sie sich also nicht entmutigen, wenn es teilweise einige Stunden dauert, bis iTunes Match seine Arbeit erledigt hat.

Damit auch die mobilen Geräte wie iPhone oder iPad auf die Lieder von iTunes Match zugreifen können, muss es dort noch aktiviert werden. Öffnen Sie dazu auf dem iPhone oder iPad die *Einstellungen* und wechseln Sie zu *Musik*. Dort finden Sie die Option *iCloud-Musikmediathek*. Schalten Sie sie ein und öffnen Sie anschließend die App *Musik*.

Kapitel 4 iTunes Match & Apple Music

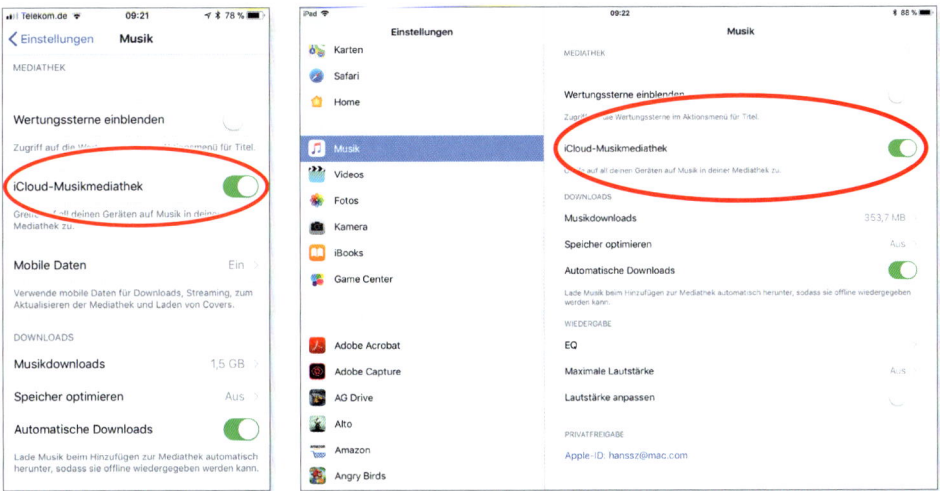

„iTunes Match" muss auf den iOS-Geräten explizit eingeschaltet werden.

> **!** Bitte beachten Sie, dass iTunes Match die komplette Musikbibliothek auf Ihrem iPhone bzw. iPad durch die gespeicherten Titel und Wiedergabelisten von iCloud ersetzt. Sie erhalten dort also die gleiche Mediathek wie in iTunes auf dem Rechner.

Wenn Sie nun die App *Musik* gestartet haben, beginnt sofort die Synchronisation mit iTunes Match bzw. der iCloud. Ist der Abgleich abgeschlossen, haben Sie nun alle Musiktitel und Playlists verfügbar, die Sie auch in iTunes auf dem Rechner haben. Und jetzt kommt der Clou: Immer wenn Sie in iTunes eine neue Playlist erstellen oder eine neue CD einlesen oder manuell einen Song hinzufügen, wird die Änderung der Mediathek automatisch mit Hilfe von iTunes Match auf Ihre iOS-Geräte übertragen. Eine manuelle Synchronisation der Musik mit USB-Kabel oder WLAN ist also nicht mehr nötig. Sie müssen sich in Zukunft nicht darum kümmern, z. B. eine neue Playlist auf das iPhone zu übertragen. iTunes Match erledigt das für Sie. Echt clever!

Wissenswertes

Vielleicht kommt Ihnen jetzt folgender Gedanke: „Wenn iTunes Match einen Abgleich der Mediatheken macht, schleppe ich doch die ganze Zeit meine komplette Musiksammlung auf dem iPhone mit, und es bleibt kein Speicherplatz für andere Dinge!" Nein, das ist nicht der Fall! Sie nehmen nur die Einträge der Mediathek mit, nicht die eigentlichen Musiktitel. Erst wenn Sie einen Song abspielen, wird dieser per Internetverbindung aus der iCloud heruntergeladen. Sie haben also Zugriff auf alle Musiktitel, obwohl diese physisch auf dem iOS-

Gerät gar nicht vorhanden sind. Erst durch den Download via iCloud werden sie dort gespeichert.

Titel, die noch nicht heruntergeladen wurden, erhalten ein kleines Wolkensymbol. Alle anderen Titel sind auf dem Gerät gesichert.

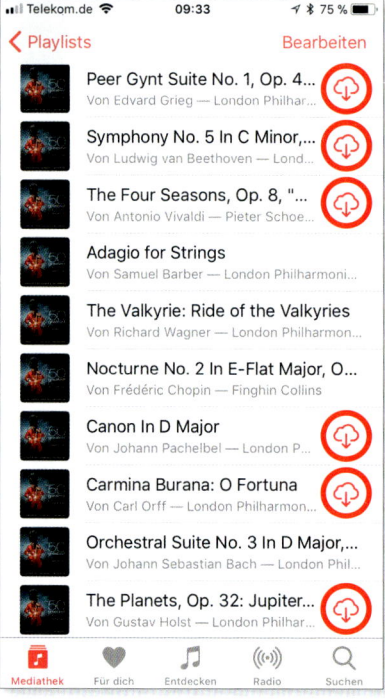

Das Wolkensymbol zeigt an, dass diese Musikstücke noch nicht heruntergeladen sind.

Um einen Titel herunterzuladen, tippen Sie auf das Wolkensymbol. Damit wird der Titel (oder auch ganze Alben und Playlists) auf das Gerät geladen.

 Bitte beachten Sie, dass Sie eine Internetverbindung für iTunes Match benötigen. Nur mit vorhandener Internetverbindung werden die Titel, die bei iTunes Match hinterlegt sind, auch auf dem iPhone bzw. iPad angezeigt und können dort abgespielt werden.

Für iTunes gibt es dazu noch eine interessante Sache: Sie können sich in iTunes den iCloud-Status der Musiktitel zeigen lassen. Dabei wird angezeigt, ob die Musik z. B. im iTunes Store gekauft oder mit iTunes Match hochgeladen wurde.

Für die Statusanzeige müssen Sie die *Darstellungsoptionen* im Menü *Darstellung* (Mac) bzw. *Anzeige* (Windows) öffnen. Dort finden Sie im unteren Teil die

Optionen *iCloud-Download* und *iCloud-Status*. Wenn Sie diese aktivieren, wird in der Listendarstellung bzw. bei den Wiedergabelisten für jeden Titel der iCloud-Status angezeigt.

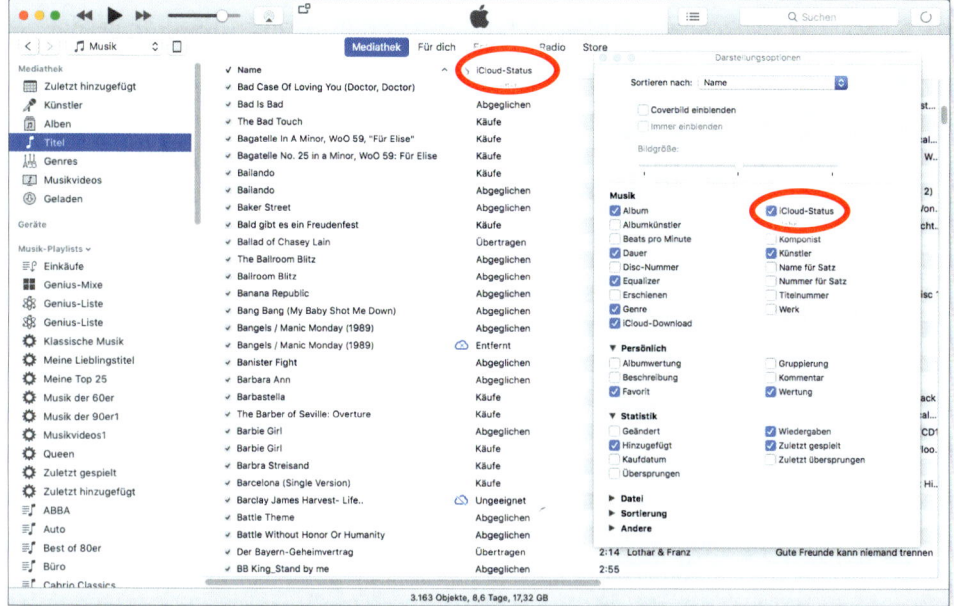

Die „Darstellungsoptionen" für iCloud. Der iCloud-Status wird in einer eigenen Spalte angezeigt.

iTunes Match und Apple TV

iTunes Match arbeitet selbstverständlich mit dem Apple TV zusammen. Während Sie bei der *Privatfreigabe* auf dem Apple TV und iTunes nur Zugriff auf Titel haben, wenn Ihr Rechner eingeschaltet ist, erhalten Sie mit iTunes Match jederzeit die Möglichkeit, Musik abzuspielen. Das heißt, Sie haben via Apple TV Zugriff auf die gesamte Musikbibliothek, die in der iCloud gespeichert ist. Diese Titel können dann auf Ihrem Fernseher abgespielt werden. Apple TV streamt die Musik während des Abspielens; das bedeutet, dass die Titel dort nicht gespeichert sind, sondern bei Bedarf heruntergeladen werden.

Wie bei den iOS-Geräten haben Sie auch auf dem Apple TV immer Zugang zur aktuellsten Mediathek. Wird in iTunes etwas geändert, ist diese Änderung sofort auf dem Apple TV verfügbar.

Apple Music

Apple Music ist ein Streamingdienst, den Apple seit Juni 2015 anbietet. So wie bei anderen Musikstreamingdiensten wie etwa Spotify werden bei Apple Music die Titel nicht gekauft, sondern abonniert. Sie bezahlen einen monatlichen Beitrag von € 9,99 und können dann aus über 30 Millionen Musiktiteln wählen. Die Titel können dabei beliebig oft auf Ihren Geräten wiedergegeben werden. Apple Music bietet auch ein Familienpaket an: Dieses kostet € 14,99 und kann von bis zu sechs Familienmitgliedern genutzt werden.

Und damit Sie nicht die Katze im Sack kaufen, gibt es ein dreimonatiges Probeabo. Sie können also drei Monate lang Apple Music ausprobieren und gründlich testen. Erst nach drei Monaten wird der monatliche Betrag fällig.

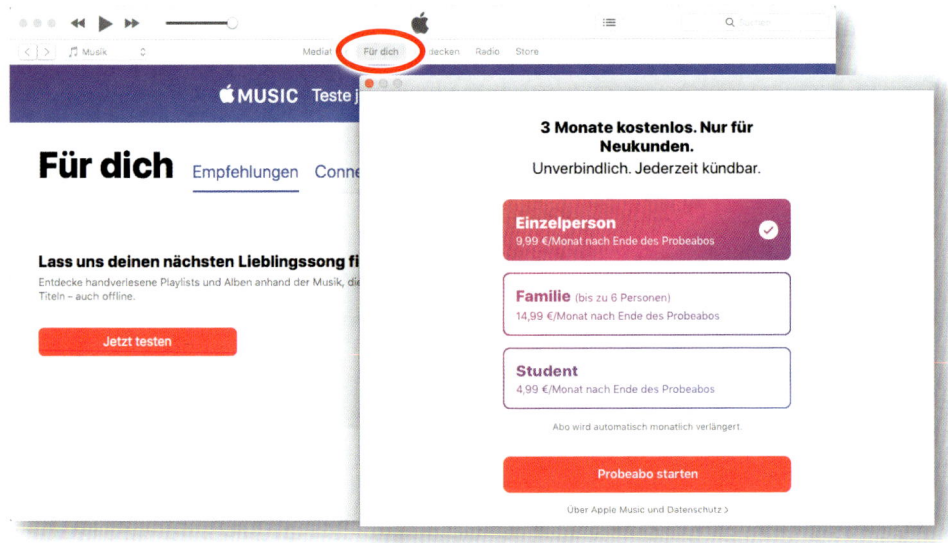

Das Abo für „Apple Music" wird in iTunes abgeschlossen.

Falls Sie Apple Music abonnieren wollen, starten Sie iTunes und wechseln zum Bereich *Für dich*. Dort erhalten Sie eine Schritt-für-Schritt-Anleitung zum Abschließen des Probeabos.

Genauso wie bei iTunes Match wird nach erfolgreichem Abschluss Ihre gesamte Musikmediathek analysiert und mit Apple Music abgeglichen. Damit wird sichergestellt, dass Ihre bereits vorhandenen Lieder und Wiedergabelisten sofort in der *iCloud-Musikmediathek* verfügbar sind. Wenn Sie also anschließend

Ihr iPhone oder iPad zur Hand nehmen und dann die App *Musik* öffnen, finden Sie dort die gleichen Titel und Wiedergabelisten, wie Sie sie in iTunes auf dem Rechner haben. Darin unterscheiden sich iTunes Match und Apple Music nicht.

Welchen Unterschied gibt es also zwischen iTunes Match und Apple Music? Der Hauptunterschied besteht darin, dass Sie mit iTunes Match nur die Musiktitel anhören können, die Sie in der Vergangenheit gekauft bzw. von CDs auf Ihren Rechner übertragen haben. Während Sie bei Apple Music aus über 30 Millionen Musiktiteln wählen können, auch Musik, die Sie in der Vergangenheit nicht gekauft haben, sorgt iTunes Match also nur dafür, dass Ihre vorhandene Musikmediathek mit allen Geräten synchronisiert wird. Sie können damit keine neuen Musiktitel erwerben oder anhören, diese müssen Sie nach wie vor einzeln im iTunes Store kaufen. In dieser Beziehung sind Sie also mit Apple Music im Vorteil.

Apple Music hat aber auch Nachteile. Mit beiden Diensten können Sie Musik sowohl online als auch offline anhören. Sie können also mit Apple Music auch Titel auf Ihre Geräte herunterladen und auch dann abspielen, wenn Sie keine Internetverbindung haben. Das Gleiche gilt auch für iTunes Match. Jetzt kommt aber der Haken: Wenn Sie das Abo von Apple Music kündigen, werden alle zuvor heruntergeladenen Musiktitel gelöscht, auch in iTunes. Da iTunes Match nur Ihre gekauften Musiktitel verwaltet, bleiben beim Kündigen dieses Abos alle Musiktitel in iTunes bzw. bei iCloud erhalten und können weiterhin abgespielt werden.

Damit Sie sich besser zwischen den beiden Diensten entscheiden können, hier eine Übersicht über iTunes Match und Apple Music.

	iTunes Match	**Apple Music**
Kosten	€ 24,99 pro Jahr	€ 9,99 pro Monat als Einzelabo € 14,99 pro Monat als Familienabo
Synchronisierung der Musikmediathek und Wiedergabelisten zwischen den Geräten	Ja	Ja
Musiktitel on- und offline abspielbar	Ja	Ja
Apple-TV-Unterstützung	Ja	Ja
Verfügbare Musiktitel	nur in der Vergangenheit gekaufte oder in iTunes überspielte Musiktitel	über 40 Millionen

Apple Music

	iTunes Match	Apple Music
Kündigung des Abos entfernt Musiktitel	Nein	Ja
Apples „Beats 1- Radiosender	Nein	Ja

 Natürlich können Sie beide Dienste gleichzeitig abonnieren. Damit haben Sie dann alle Vorteile von iTunes Match und Apple Music.

Das Thema „Apple Music" ist sehr umfangreich und würde den Rahmen dieses Buchs sprengen. Aus diesem Grund empfehlen wir Ihnen das Buch „iTunes 12 & Apple Music" vom amac-buch Verlag. Dieses Buch enthält eine ausführliche Beschreibung von Apple Music und dessen Nutzung.

Hier erfahren Sie wirklich alles zu iTunes, Apple Music und Co. (ISBN: 978-3-95431-039-5).

Kapitel 5 Freunde finden

Neben einem iPhone, iPad oder Mac können Sie mit einem iCloud-Account auch Personen ausfindig machen. Mit iCloud hat Apple zeitgleich eine App mit dem Namen „Freunde" veröffentlicht. Diese App für das iPhone, iPad und den iPod touch ermöglicht es Ihnen, Freunde und Bekannte, die ebenfalls ein mobiles Apple-Gerät besitzen, auf einer Karte ausfindig zu machen. Dieses Kapitel zeigt Ihnen, wie Sie mit der App Ihre Freunde und Familienmitglieder finden.

App „Meine Freunde suchen"

Die App *Freunde* verwendet den Ortungsdienst Ihres iPhones/iPads/iPhone touch bzw. Macs, um den aktuellen Standort zu ermitteln. Vielleicht haben Sie jetzt die Befürchtung, dass Sie damit überwacht werden könnten. Keine Sorge, Ihre Position kann nur von Freunden und Bekannten ermittelt werden, wenn Sie explizit die Erlaubnis dafür geben. Ohne Ihr Wissen können Ihre Freunde also Ihre Position nicht orten.

Ideal ist die App natürlich für Eltern, die gerne wissen wollen, wo sich ihre Kinder gerade befinden. Es gibt nur drei Voraussetzungen für den Einsatz der App: Sie benötigen ein mobiles Apple-Gerät (iPhone, iPad oder iPod touch), einen kostenlosen iCloud-Account, und die mobilen Geräte müssen mindestens mit iOS 5 arbeiten.

Wenn diese Voraussetzungen erfüllt sind, können Sie die kostenlose App aus dem App Store herunterladen und installieren.

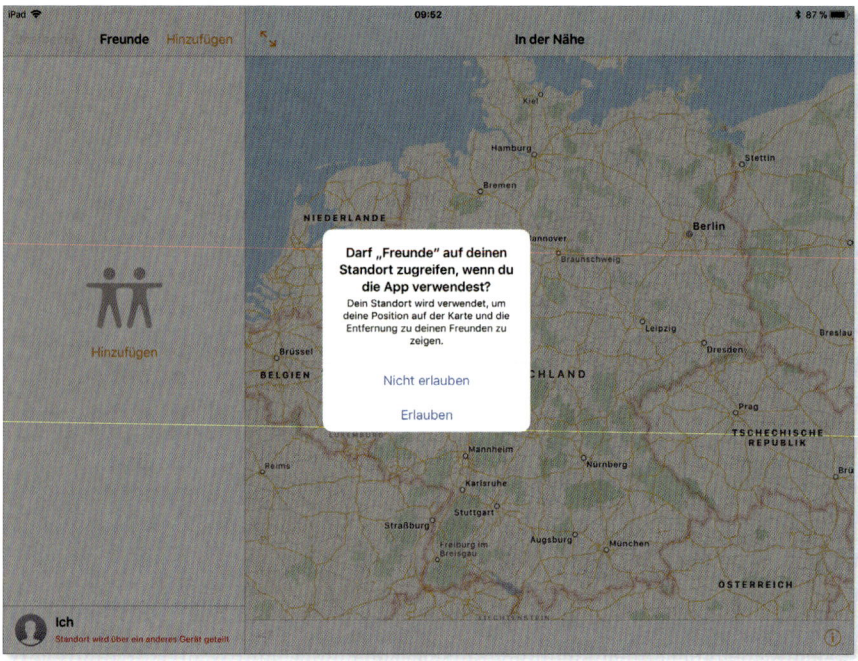

Der eigene Standort muss für die Funktionen der App freigegeben werden.

Die App verwendet automatisch die Apple-ID, die Sie in den Einstellungen hinterlegt haben. Eine explizite Anmeldung ist in der App also nicht nötig. Nach

dem Start werden Sie gefragt, ob die App den aktuellen Ort ermitteln darf. Diese Anfrage sollten Sie unbedingt bestätigen, da die App ansonsten den eigenen Standort nicht verifizieren kann.

Eigener Standort

Die erste Funktion, die Sie in der App durchführen können, ist die Ermittlung des eigenen Standorts. Diesen sehen Sie sofort nach dem Start der App. Ein blauer pulsierender Punkt in der Karte kennzeichnet Ihren aktuellen Standort.

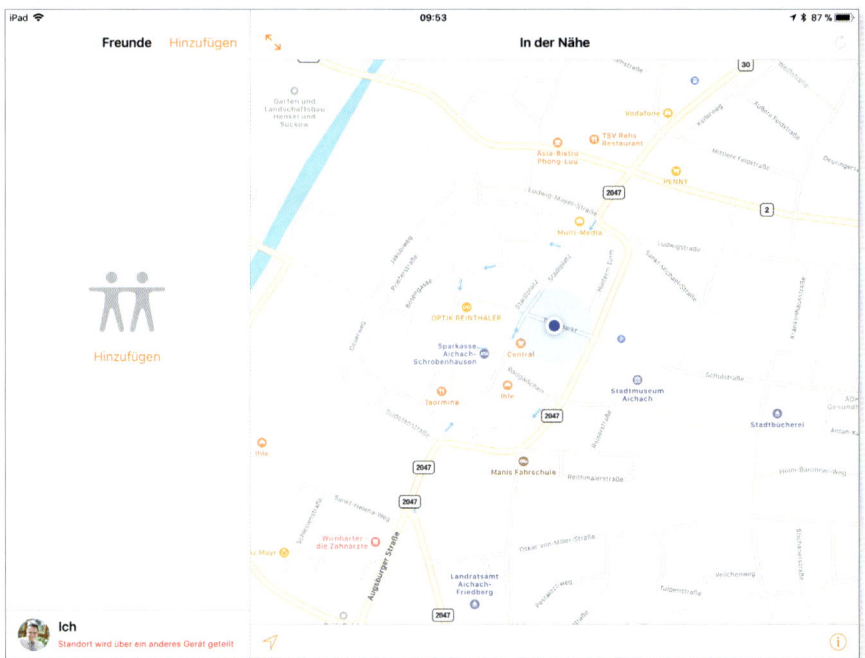

Der blaue Punkt kennzeichnet den eigenen Standort.

Neben der App *Freunde* kann auch die App *Nachrichten* den eigenen Standort an andere Personen weitergeben. Dazu müssen Sie bei einer Konversation in der App *Nachrichten* auf das *Info*-Symbol tippen. Anschließend können Sie mit der Option *Standort teilen* bzw. *Meinen aktuellen Standort senden* die eigene Position den Teilnehmern der Konversation mitteilen.

Eigener Standort

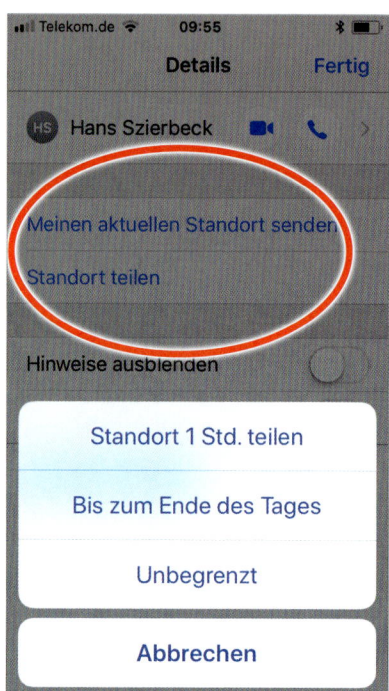

Die App „Nachrichten" auf dem iPad und iPhone enthält ebenso eine Funktion zur Freigabe des eigenen Standorts.

Freunde finden

Um den Standort eines Freundes bzw. Bekannten zu ermitteln, müssen Sie zuerst die Erlaubnis dafür einholen. Sie müssen Ihren Freund also erst fragen, ob Sie seinen Standort wissen dürfen. Die Anfrage stellen Sie, indem Sie auf *Hinzufügen* tippen. Wenn Sie darauf tippen, öffnet sich ein Eingabefenster, in das Sie die Apple-ID bzw. den Adressbuchkontakt des Freundes bzw. Bekannten eintippen müssen, dessen Position Sie wissen wollen.

 Ihr Freund bzw. Bekannter muss unbedingt über einen iCloud-Zugang mit Apple-ID verfügen. Denn nur Anwender mit einem iCloud-Account können den Standort gegenseitig ermitteln.

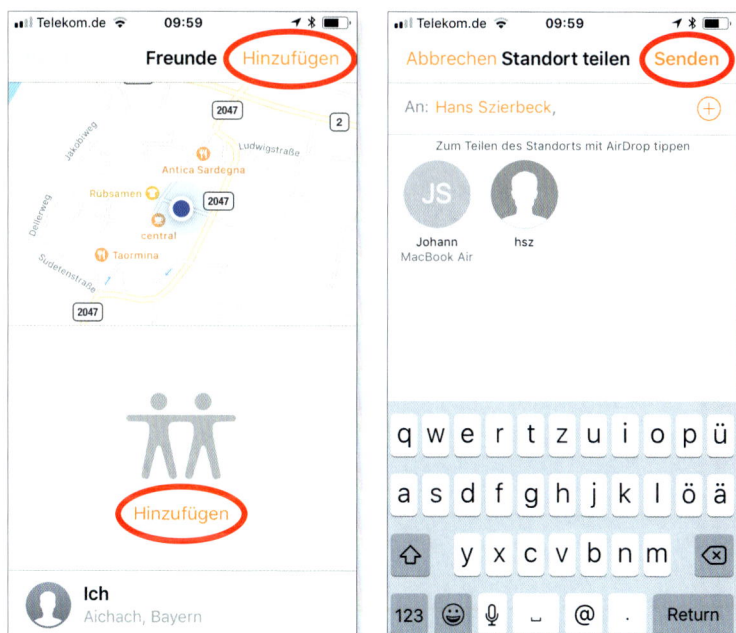

Eine Anfrage wurde gestartet.

Die Anfrage zur Positionsermittlung wird bei Ihrem Freund sofort in der App angezeigt. Dieser kann dann die Anfrage akzeptieren (zeitlich begrenzt oder unbegrenzt) – und damit seine aktuelle Position preisgeben – oder sie ablehnen.

Freunde finden

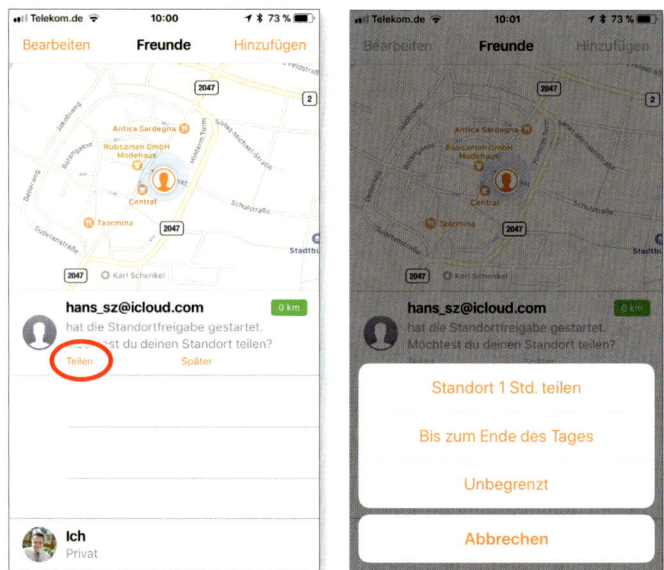

Die Anfrage erscheint sofort in der App des Freundes.

Wenn die Anfrage akzeptiert wurde, können Sie nun auf einer Karte die Position Ihres Freundes oder Bekannten mitverfolgen. Die Position des Freundes wird durch ein oranges Symbol auf der Karte gekennzeichnet, während Ihre eigene Position mit einem blauen Symbol angezeigt wird.

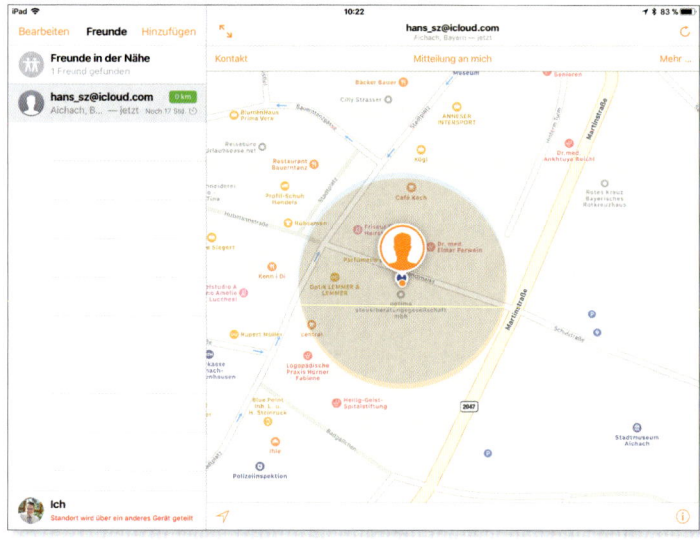

Der Standort des Freundes wird durch ein oranges Symbol angezeigt.

Die ganze Sache funktioniert natürlich auch umgekehrt, wenn ein Freund Sie um eine Standortfreigabe bittet.

Kapitel 5 Freunde finden

> ! Bedenken Sie bitte, dass Ihr Standort permanent angezeigt wird. Sie können Ihren Standort ebenso temporär ausblenden. Dazu müssen Sie in den Bereich **Ich** in der unteren Symbolleiste tippen und dort die Funktion **Standort teilen** deaktivieren. Damit sind Sie für Ihre Freunde unsichtbar.

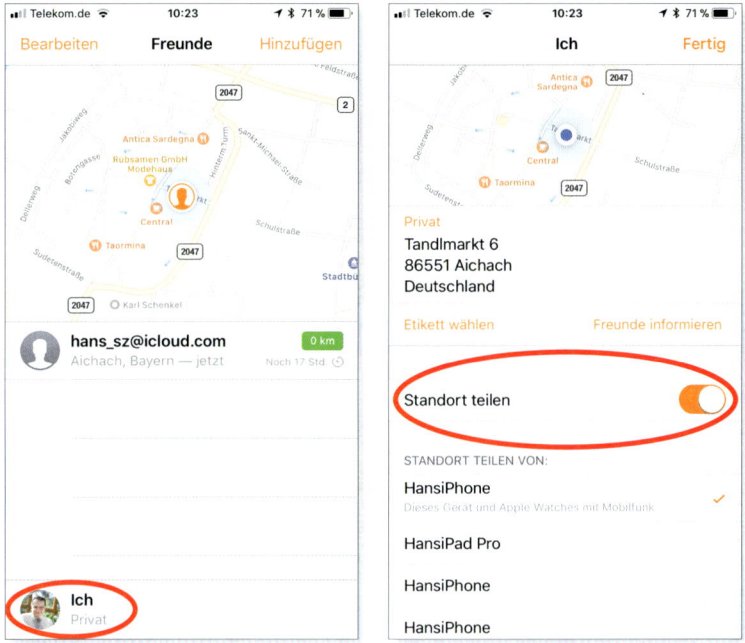

Der eigene Standort kann vorübergehend ausgeblendet werden.

Freunde entfernen

Freunde, die Ihrem Standort folgen bzw. deren Standort Sie folgen, können Sie jederzeit wieder aus der App entfernen. Dazu wählen Sie die Funktion *Bearbeiten* und entfernen anschließend die entsprechende Person aus der Liste. Etwas schneller geht es, wenn Sie den Freund in der Liste nach links wischen: Damit wird die Option *Löschen* eingeblendet.

Freunde finden

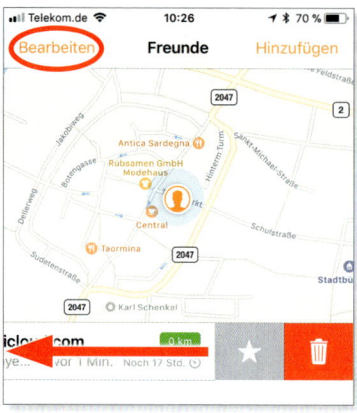

Mit einem Fingerwisch nach links kann eine Person entfernt werden.

Zusätzliche Funktionen

Die App kann nicht nur den aktuellen Standort von Freunden anzeigen, sondern noch andere Funktionen ausführen. Wenn Sie eine Person in der Liste ausgewählt haben, können Sie mit *Mehr* u. a. die genaue Standortadresse erfahren und andere Funktionen ausführen.

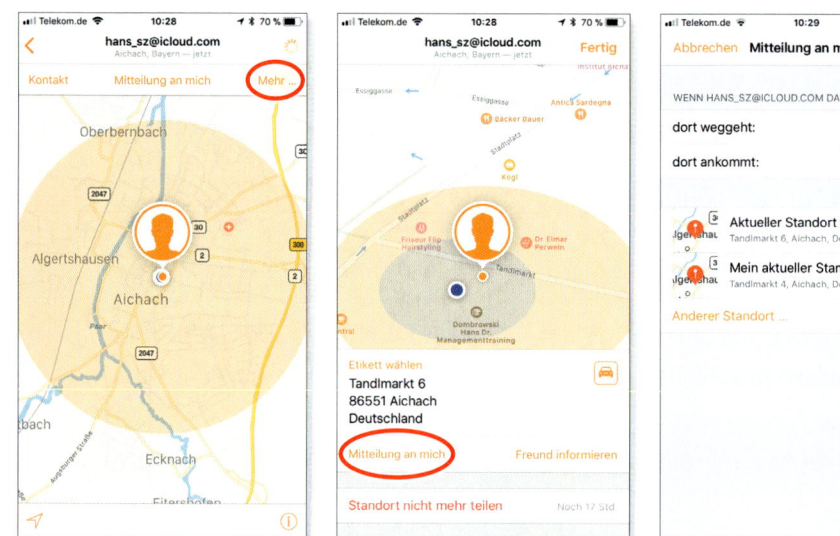

Die App hat noch mehr zu bieten. Sie erhalten eine Nachricht, wenn der Freund einen Ort verlässt oder erreicht.

Mit der Option *Mitteilung an mich* können Sie automatisch eine Nachricht erhalten, wenn Ihr Freund seinen aktuellen Standort verlässt oder an einem bestimmten Ort ankommt.

Diese Funktion gibt es auch andersherum: Sie können Ihren Freund automatisch benachrichtigen, wenn Sie z. B. den aktuellen Standort verlassen oder einen bestimmten Ort erreichen. Dazu benötigen Sie die Funktion *Freund informieren*.

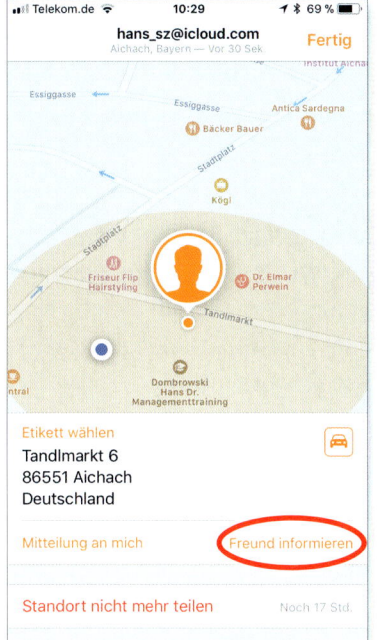 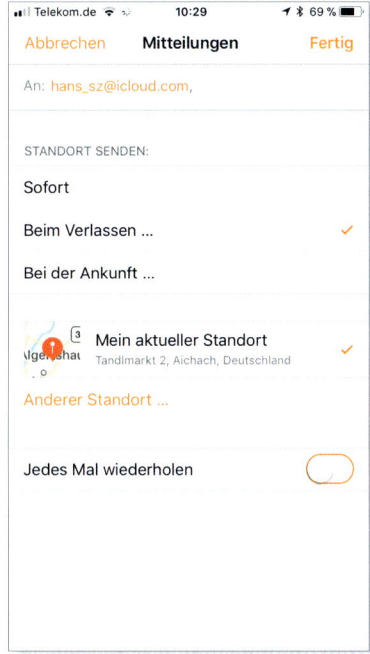

Informieren Sie Ihren Freund per App, wenn Sie Ihren aktuellen Standort verlassen.

> Die Benachrichtigung wird nur einmalig ausgeführt, Sie können aber permanent Nachrichten versenden. Wollen Sie z. B. Ihren Ehepartner immer eine Nachricht zukommen lassen, wenn Sie das Büro verlassen, dann aktivieren Sie die Option **Jedes Mal wiederholen**.

Kindersicherung

Die App verfügt über eine Sicherung, mit deren Hilfe z. B. Eltern verhindern können, dass ihre Kinder den eigenen Standort ausblenden oder neue Freunde hinzufügen. Die Kindersicherung für die App finden Sie unter *Einstellungen –> Allgemein –> Einschränkungen –> Standort teilen*.

> ❗ Falls die Einschränkungen ausgeschaltet sind, müssen Sie diese zunächst mit einem Fingertipp auf **Einschränkungen aktivieren** einschalten: Sie werden aufgefordert, einen vierstelligen Code zur Aktivierung der Einschränkungen einzutippen. Mit diesem Code können Sie die Einschränkungen später wieder bearbeiten oder ausschalten. Sie sollten sich den Code also sehr gut merken.

Wenn Sie nun die Option *Änderungen nicht zulassen* aktivieren, wird das Ausschalten der Standortfreigabe gesperrt. Das Ausblenden des eigenen Standorts kann also nicht mehr durchgeführt werden.

Die Standortfreigabe der App kann gesperrt werden.

Indexverzeichnis

Symbole

128-Bit-AES-Verschlüsselung	57
256-Bit-AES-Verschlüsselung	57

A

Abmelden	185
Abonenten können posten	103
Alles auf einen Klick	24
Anwendungsspezifische Passwörter	39
Apple-ID	9, 63
Apple-ID erstellen	15
Apple Music	220
Apple Onlineshop	29
Apple Watch	33
App Store	19

B

Backup	140
wiederherstellen	143
Beim iPhone/iPad anmelden	15
Bildschirmfreigabe	155

C

Cloud-Computing	55
Computeraktivierungen	205

D

Dateien	112
Tags	116
Teilen	115
Dateifreigabe	155
Datenschutz	57
Dokumente und Dateien	109

E

Eigener Standort	225
Einrichten	
iPad und iPhone	66
Mac	63
Windows	64
Einschränkungen	232
Erinnerungen	81, 175

F

Face ID	19
FaceTime	19, 21, 26
Familie einrichten	157
Familienfreigabe	157
Familienmitglied hinzufügen	159
Familie verwalten	162
Favoriten	85
FileVault	29
Fingerabdrucksensor	19
Fotostream	90
Einstellungen	102
freigeben	94
kommentieren	100
weiterverwenden	100
Freigaben	154, 207
Freunde finden	227
Kindersicherung	232
Temporäre Einladungen	232

G

Gerätename	155
Geräteverwaltung	48

H

Handoff	163

Indexverzeichnis

I

iBooks Store	19
iCloud-Backup	141
icloud.com	
Dokumente exportieren	178
Dokumente gemeinsam bearbeiten	181
iWork-Dokumente exportieren	178
iWork-Dokumente speichern und öffnen	176
Keynote	176
Numbers	176
Pages	176
iCloud Drive	114, 163, 173
Finder	110
im Browser	111
in Programmen	121
Tags	116
Windows	123
iCloud Fotofreigabe	90
iCloud-Fotomediathek	105
iCloud-Musikmediathek	220
iCloud-Schlüsselbund	124
iForgot	42
iMessage	19, 21
Internet Explorer	59, 61, 85
iPad/iPhone/Mac suchen	133
iPhone-Suche	182
iTunes Match	153, 214
iTunes Store	19, 23

K

Kalender	74
Link teilen	77
Kalender freigeben	76
Kaufanfrage	160
Keynote	176
Konditionen	56
Kontakte	73
Kreditkarte	127

L

Lesezeichen	85

M

Mac App Store	24
Mail	70
Mail Drop	71
Meine Freunde finden	224
Mein Fotostream	91
Mobile Daten	67

N

Neue Apple-ID erstellen	12
Notizen	89, 174
Numbers	176

O

Öffentlicher Kalender	77
Öffentliche Website	103
Ortungsdienste	133, 135
Outlook	59, 61, 74

P

Pages	176
Passwort zurücksetzen	45
PayPal	11
Persönlicher Hotspot	32
Privatfreigabe	207
Push-Funktion	66

S

Schlüsselbund	124
SMS-Weiterleitung	31
Speicherorte	113
Speicherplatz	56
Speicher verwalten	141
Standort teilen	229
Systemeinstellungen	63

235

T

Tags ... 116
Touch ID ... 19

V

Voraussetzungen ... 58

W

Wallet ... 149
Web-Applikation ... 135, 166
    iWork ... 176
    Kalender ... 171
    Kontakte ... 169
    Mail ... 167
Windows ... 58, 61

Z

Zahlungsarten ... 14
Zugang zu meinem Mac ... 154
Zwei-Faktor-Authentifizierung ... 35

Indexverzeichnis

Weitere interessante Bücher und E-Books
rund um die Themen Apple, iPhone, iPad und Apple Watch finden Sie
unter www.amac-buch.de.